项脊之光

归震川传

陈益◎著

上海人民出版社

目录

引　子

归有光，苏州府昆山县人氏，明代著名散文家。明代的苏州府，曾经涌现出不少杰出的文学家。他们有的是本地人，对吴文化烂熟于心；有的是外地人，却长期寓居苏州，将苏州作为自己的第二故乡，在这里留下了大量脍炙人口的佳作。

袁宏道就是其中的一位。

风流倜傥的袁宏道（字中郎），考中进士的第一任职务是吴县县令。他从湖北公安下长江、走运河，潇潇洒洒地前来上任。

吴县，也就是今天的苏州，一直是一个繁华而又风雅的古城。袁中郎心里想，自己这个风流倜傥的读书人前来当县令，真是再合适不过了。事实上，他在任内也充分显示了才干，政清刑简，革除弊端，廉洁奉公，为老百姓做了许多的好事。

然而，仅仅干了两年，风流的袁中郎就风流不起来了。他深感厌倦，既不愿像以前的知县那样与衙门的胥吏同流合污，也不想整天面对鹑衣百结的粮长、簧口利舌的刁民和虮虱满身的囚徒，杂事缠身，于是干脆提交辞呈。接连不断地上了7次禀牍，才算得到允准。这位浪漫佻达的读书人，把无官一身轻的感觉，比喻成“如游鳞纵壑，倦鸟还山”，“走出刀山剑树，跳入清凉佛土”，真是快活不可言！

随即，他和好友陶望龄一起，开始了在吴越山水之间的漫游。上有天堂，下有苏杭，这里的山水历来如同仙境。袁中郎放浪形骸，无拘无束，高兴的时候就在湖边的树下狂呼乱叫。当县令时的那般威严矜持，早已不知丢到哪儿去了。

一路游览，一路谈笑，身心融入大自然的旖旎景色，全然忘记了人间的烦恼。他们欣赏了五泄的瀑布，饱览了黄山烟岚，也游遍了西湖和天目山胜景，果真像神仙一样。

那天，从天目山归来，袁中郎住进了陶望龄的家，感到有些疲倦。晚上，不想像往日那样在灯下兴致勃勃地写游记，但因百无聊赖心里发空，便在楼上随意翻书，无意中看到《阙编》一帙。

那书印得实在糟糕——恶楮毛书，烟煤败黑，微有字形。他在灯下读了几页，却不由惊异地跳了起来，忙问陶望龄：

“《阙编》的作者是谁？是今人还是古人？”

陶望龄笑着告诉他：“喃，这不是别人，是徐渭徐文长先生，一个狷狂怪异的奇才呀。”

袁中郎大感诧异：“真的？”

他们两人捧着《阙编》，在灯下并肩阅读。一边读，一边叫，叫完了又继续读，看来是太兴奋了，连酣睡中的童仆都被他们的声响惊醒，还以为是发生了什么事情。

袁中郎不由感慨道：“我今年30了，可是到今天才知道海内还有一位徐文长先生，真是相识太晚！”

从此以后，袁中郎成了徐文长的热心崇拜者，不仅到处推崇他的诗文和绘画艺术，还专门写下了一篇《徐文长传》，刻画出一位狂放不羁而又命运多舛的杰出艺术家形象。这篇《徐文长传》，成为散文家袁中郎全部作品中最为精彩的代表作，也是仅有的一篇传记文，流传至今。

徐文长自然是中国艺术史中的一个奇才。但他并非眼睛长在了额角上，永远望着天空，他也有自己的景仰者。散文家钱谦益在

《列朝诗集小传》中，记叙了下面这段有趣的故事：

嘉靖末年，某个月明星稀的夜晚，状元出身的礼部侍郎诸大绶回家乡绍兴置酒招待徐文长。谁知等候了好久，差不多是深夜了，这位狂放不羁的先生才姗姗来迟。究问原因，他忙说途中在一户人家避雨，发现墙上挂着归有光的文章，回翔雒诵，觉得简直是欧阳修再世，不能舍去，所以来迟了。认罚，认罚！诸大绶等人听他一讲，十分惊讶，连忙派人取来归有光的文章，在灯下聚读。

大家击节赞叹，直到天色发白。至于原来想做些什么事情，已经无所谓了。

“公安”派的旗手袁中郎，其实是在徐文长逝世后 4 年，才读到他的作品的。而徐文长也是由于一个偶然的机会，才读到了归有光的文章。可是他们在读到精美之作时欣喜若狂，发出由衷的赞叹的情景，不能不让人深深地感动。文人之间的心会神往，乃至成为知音，历来是非常珍贵的。难怪《文心雕龙》中说：“逢其知音，千载其一乎！”这几位在明代文坛有着十分重要地位的人物，恰恰拥有奇妙的心灵感应。

徐文长早年受浙江巡抚胡宗宪赏识，作为幕僚，在抵御倭寇中显示过才能。但是胡宗宪后来在权力斗争中失败，被缇骑——锦衣卫逮捕，死于狱中。徐文长深感岌岌可危，惟恐受到株连，便佯狂装疯，以免牢狱之灾。也许是整天处在极度紧张和猜疑的不正常状态下，他的精神失去平衡，佯狂竟真的导致狂疾。袁中郎的《徐文长传》描绘他在精神错乱时说，“自持斧击破其头，血流被面，头骨皆折，揉之有声。或以利锥锥其两耳，深入寸余，竟不得死”，简直惊心动魄。46 岁时，他因精神错乱失常，误杀了妻子张氏，身陷囹圄，在监狱中度过了七八年。幸而朋友大力营救，才获释出狱。

徐文长的境遇，使人想起出生于荷兰的艺术殉道者梵·高。生前，除了弟弟提奥之外，几乎没有人赏识他的艺术天才。可是他献身于艺术的意志从来没有动摇过。他说："我的作品就是我的肉体和灵魂，为了它，我甘愿冒着失去生命和理智的危险。"在他自杀之前，精神病发作的间隙，他总是拼命地作画。如果说，著名的《向日葵》——12 幅镶板画是以金黄的色彩表现了他对生命的狂欢和对幸福的渴望，而在身患精神病以后，他的作品便转向了对"人类恐怖意识"的揭示。

自戕，显然是人生最为残酷的一幕。远大抱负一夕幻灭，人情世故诸多险恶，清名功绩被玷污，悲愤填膺，难以自遣，在精神寄托突然崩解，理想追求却依然尚存时，徐文长纵酒狂歌已无济于事，他唯一的选择就是自戕。在《自为墓志铭》中，他写下了这样一段话：

> 乃渭则自死，孰与人死之。渭为人度于义无所关时，辄疏纵不为儒缚，一涉义所否，干耻诟，介秽廉，虽断头不可夺。故其死也，亲莫制，友莫解焉。

他是热爱生活的，他的思想境界也完全不同于落拓文人的失意彷徨，尽管很难得到别人的理解，可他还是为自己的人生闭幕式作出了与众不同的设计。这无疑说明了他的极端清醒和难以企及的自我意识。此刻，早已不是害怕被胡宗宪案牵连了！

不是说每个艺术家天生都与精神病有某种因果关系，但他们总会有与众不同的思维方式和行为方式，这却是凡俗间的人们不容易理解的。犹如梵·高将艺术创作作为生活的唯一目的，徐文长在走出权法和精神的囹圄之时，也以他的高超才华，为后人留下了无数精美的文章和画作。这位全能的文人、画家，不论选择什么题材，运用何种形式，从笔墨到意境总是洋溢着一股自由不羁、狂傲不驯的激情。

徐文长这么一位诗文、杂剧、书画俱佳的天才艺术家，难免会目空一切，甚至连自己都不放在眼里。但他却十分钦佩归有光先生的文章，如此真诚地推崇归有光，丝毫也不掩饰对归有光的崇拜。

看来，我们应该一起读读震川文章，走近一代散文家……

项脊轩

项脊轩附近的宋通匮桥遗存

腊月廿四的虹霓

进入隆冬腊月，按说很寒冷了，可是天气似乎有些异样。昨晚刚刚下过了一场小雪，早晨就停止了。天空中厚厚的阴云渐渐变淡，屋外的寒风先是凛冽地呼啸，随后也和缓了。

今天是大明正德元年腊月廿四日（1507 年 1 月 6 日），正值农历年底，家家户户都开始准备过年了。按照吴地的风俗，“手不动廿四”，到了廿四夜，所有做工务农的人都要领了工钿歇息回家，阖家老少团团圆圆地吃一顿汤圆，然后杀猪蒸糕，准备好好地享受节庆的欢乐了。

位于江南古城昆山东南门宣化坊的归家，从早上起就不停地有人出出进进，似乎比别人家更热闹。后街河里的水结起了一层薄薄的冰凌，仍有妇人在河埠上洗涤。

一阵脆亮的婴儿啼哭声，终于在滨河的几间平房里响起，打破了焦虑的沉闷。每一个人的脸上顿时洋溢出一片暖意。

“生了！……”

“是个男孩，是个男孩呀！”

“归家添丁，老天开眼啦！……”

几乎就在婴儿离开母腹，来到人世的时候，有人发现，仿佛是老天开眼，头顶的云层里射下明亮的光芒，归家的庭院里突然出现了一道虹霓，将古旧的黛瓦粉墙老屋都映亮了。假如在夏天，雨后出现彩虹毫不稀罕，在冬天却是难以得见的迹象，这让归家所有的人都感到十分奇怪，也意外地高兴。

在产房外焦灼等候的归正，不由联想起今年自家园中所植的蔷薇，春天盛开时，花蕊中间重叠结子，周围满架，五色灿烂，引来了大群的鸟儿，仿佛前来朝拜。是啊，伴随着新生儿而来的虹霓，当是祥瑞之光。沉寂了多年的归家，确实也很需要有人为之耀祖光宗了。

做父亲的实在掩饰不住内心的喜悦。归正是一个读书人，脑子里立即冒出了《尚书》的词句“周有大赉，于汤有光”。

“对，”祖父归绅没等归正把话讲完，立即拍手叫好，“孙儿的名字就叫有光！”

归家在昆山，是一个有名的大族。明代以前有不少人入仕当官，即使不当官，也是在当地颇受敬重的读书人，所以民间历来有“县官印不如归家信”的说法。这意味着归家在昆山地方上享有足够的影响力。然而，到了明代中叶，归家渐渐地走向了衰落，不仅再也没有人当官，多少年来也没有出现过哪怕只是在小地方声名显赫的人物，更不用说是超越前人了。归有光的曾祖父归凤，算是一个佼佼者，在明成化十年（1474 年）中了举人，做过一任城武县的知县，但是不久就以病免归。归有光的祖父归绅和父亲归正，从小都刻苦读书，很想经由科举走上仕途，可惜白费了努力，并没有取得什么功名，以布衣终老。

这实在让归家人感到不甘。

作为普普通通的读书人家，还有些田产，归家人不至于为温饱担忧，但是社会地位的降低，却叫人难以忍受。归家家道衰落的一个标志，是归氏的祖茔居然被衙门的老役盘踞了。曾经颇有气势的归家墓地，大片的树木被砍伐殆尽，桓表碑亭也被拆毁，一片狼藉，惨不忍睹。祖先的灵魂难以得到安宁，是可忍，孰不可忍？归家人再也咽不下这口气，不得不走进衙门，向昆山县令哀请帮助。在县令的关照下，总算将归氏祖茔收了回来。但当时他们的窘境已不难想象。

归家在昆山县城影响力的下降和财力的衰退，仅仅是家道中落的一个方面，归家子弟品质素养的衰退，才是真正令人哀叹的。一直有着诗书家传的人家，居然有很多子弟不懂得礼仪，无心读书，不择手段地敛财以满足私利，跟小市民没有什么两样。

若干年以后，成为明代文学家的归有光，在他的《家谱记》一文中感慨道："归氏至于有光之生，而日益衰。源远而未分，口多而心异。自吾祖及诸父而外，贪鄙诈戾者杂出其间。率百人而聚，无一人知学者；率十人而学，无一人知礼仪者。"

他对一个诗书礼乐家族的没落状态的剖析，不可谓不深刻。

其实，在归有光出生前，他的父亲和祖父早就认识到了这一点，而且对之深恶痛绝。所以，他们把全部的希望都寄托在了归有光的身上，只愿这个男孩长大后真的"有光"。

归有光没有辜负他们的希望。他继承了归家先人的聪慧机敏，八九岁就能够动笔写文章，10岁时所写的应制文《乞醯》，洋洋数千字，至今我们还可以读到，并且为他的早慧而赞叹。

> 故天下之理，求之于我恒不穷，求之于物恒有尽。顺之于天恒有余，矫之于人恒不足。盖理在我而不在物，理有天而无人也。是以夺人之物则为盗，取人之有则为袭，假无而有则为伪……

看到这通顺晓畅的文理，逻辑严密的风范，谁会想到是出自10岁孩童之手呢？

不只是这些。归有光还跟同龄的孩子不一样，很有些史学家的气质。有一次，他外出看见路边的一堆枯骨，盘桓良久，居然"瘗而铭之”。父亲以赞赏的口吻把这件事情讲给了他的朋友吴纯甫听。

吴纯甫也是个读书人，比归有光大 19 岁，曾经考中嘉靖十年（1531 年）应天府乡试举人第一名。他听了以后十分惊讶地说：

“你这孩子很了不起，将来会成为司马迁、班固那样的人！”

在全家人的悉心培育下，归有光与书为伴，很快成长起来。

然而，世上的事，常常会违背人们的意愿。尽管他从小就十分努力地读书，寻求功名，一心想当史学家，却没有实现这个愿望。直到晚年，他才有幸遇上了一次当史学家的机会，在北京内阁制敕房纂修《世宗实录》。对于这个迟来的机会，他十分珍惜，不顾自己已是花甲之年，仍全身心地投入工作，一心一意想把这部史学著作纂修好。可惜身体不争气，劳累过度就一病不起，在任上第二年便逝世了。这成为归有光一生中最大的憾事，也让后人为之扼腕。

大略说来，归有光一生中做了三件事。

一是讲学论道。他 13 岁应童子试，19 岁以第一名补苏州府学生员，一世的功名似乎唾手可得。到了 35 岁时，更是一举中了应天乡试第二名，主考官非常欣赏他的文章，认为是“贾（谊）董（仲舒）再生”，一时名重天下，四面八方的人都来向他求教。然而，命运偏偏无情地将他捉弄，中举以后，他每三年一次北上应礼部试，却一次又一次地“下第南还”，直到将近花甲之年，依然没有如愿以偿地考上进士。在这种情况下，他只能把讲学论道作为自己生命的追求。他一生中的大部分时间，都在距离家乡昆山几十里外的安亭镇（今属上海市嘉定区）世美堂设课授徒，培养了数百名学生，被人们尊称为“震川先生”，也就阴差阳错般地成了一位桃李满天下的教育家。

二是写文章。归有光进士考试连连失利，然而这位失败的老举子，在另一方面却获得了很大的成功，那就是古文家的名声越传越远。他的文章，在当时就已经被举子们作为范文来读。今天依然有不少篇章收入了权威的古文选本，以及大中学校的语文课本。有一次，归有光北上应试时，在济南城外遇到了好几位泉州举子。他们听说站在面前的不是别人，正是大名鼎鼎的散文家，都十分惊异，流露出崇敬的神色，向他作揖道："我们从小就诵读先生的佳作，还以为是上一辈人写的呢。没想到今天能在这里见到先生。"

蓟辽总督王忬，是明代文学家王世贞的父亲，因晚年得罪了当朝奸臣严嵩，牵入无法解脱的祸殃，很快就被处以极刑。第二年，他的灵柩运回故乡太仓县安葬。吴中的士大夫们为了哀悼王忬，公推归有光为之作诔文。尽管归有光只是一名老举子，身上没有任何官爵，文学主张也与王世贞有很大的分歧，但他还是写下了精彩的诔文，得到了人们的一致好评。

归有光的散文，在继承唐宋散文传统的基础上，开创了一代新风，被誉为"明文第一"。清代史学家王鸣盛在《钝翁类稿》中，这样评价道："明自永、宣以下，尚台阁体；化、治以下，尚伪秦、汉；天下无真文章者百数十年。震川归氏起于吾郡，以妙远不测之旨，发其淡宕不收之音，扫台阁之肤庸，斥伪体之恶浊，而于唐宋七大家及浙东道学体，又不相沿袭，盖文之超绝者也。"而依照国学大师陈寅恪先生的判断，历代散文家以欧阳修为第一，韩愈为第二，王安石为第三，唐宋以后就是归有光了。在他之后，则是姚鼐和曾国藩。

三是做官。归有光刻苦攻读，有很高的学识，却八上公车，屡试不第，成为"江南未了之事"。许多考官和举子都为他愤愤不平，他却只能咬紧牙关不断地考下去。直到明嘉靖四十四年，终于以60岁的高龄，考中了三甲进士。也许是被人在其中做了手脚，归有光没有如愿以偿地得到第一名。名次靠后，就无法进入翰林院这个大多数读书人向往的清要之地，只得去往太湖边偏僻而穷困的浙江长兴县担任县令。几年后，又因为种种情形，调任河北顺德府任副职通判，专司马政。走过了漫长的科举之路，他最终得到的却是短暂的仕宦生涯，仅仅当了 5 年官，其中一度还干着自己根本不愿意干的事情。在 64 岁时，他才升任南京太仆寺丞。正当归有光拥有合适自己的位置，想好好地做一番事业时，病魔却夺走了他的生命。

归有光一生曲折坎坷，所经历的磨难，在历代文学家中也是不多见的。然而，他终究给后人留下了许多宝贵的精神遗产。在他曾拥有的几种身份中，给人印象最深刻的，还是散文家。他的很多作品，从他在世的时候起，一直到现在，始终被人们作为范文来阅读，而且今后还会继续下去。《项脊轩志》《吴山图记》《沧浪亭记》《寒花葬记》等名篇，几乎是家喻户晓，人人皆知。

一个与其他散文家不同的情况是，由于功名长期不就，归有光并未沉浮宦海，疲于公务，而是始终以读书教徒为业，有大量的时间与精力可以投放在散文的写作中。加上家庭屡生变故，他备受感情的折磨，使他笔下的散文更具浓厚的感情色彩。命运的双重捉弄，对别人而言也许是坏事，但对一个有才华的散文家来说，却是一种促使他获得成就的特别磨砺。

人杰地灵的故乡

归有光的故乡昆山，是一座古老而又富有艺术精神的城市。

中国历史上，在西晋后期、唐代中期和北宋末年，曾有过三次大规模的中原向南方移民的高潮，北方移民带来了先进的生产技术和生产工具，促进了江南经济的发展。在唐朝后期，朝廷主要依靠江南郡县的赋税来维持运转；在南宋，自宋高宗至宋孝宗时期（1127—1189年），则出现了“苏湖熟，天下足”的俗语。“苏”乃指苏州地区，昆山为苏州属县之一。自古以来，昆山气候温和，土地肥沃，水资源丰富，非常适宜发展农业。千百年来，历代官员又对昆山的众多河流进行疏浚，使其农业灌溉功能逐渐提升，极大促进了生产力的发展，也为昆山的文化发展奠定了厚实的物质基础。

从汉代到南宋嘉定年间，前后大约有1500年，吴淞江沿岸为娄县（昆山县）所管辖，东面直至大海——这个区域包括了今天上海的大部分地区。显然，当时昆山县管辖的范围很大。

南宋嘉定七年（1214年），平江（苏州）知府赵彦棣在《请分嘉定县疏》中说：“自昆山县东至练祁（嘉定）七十里，自练祁至江湾又七十里，合计百四十里。”昆山知县张汉之上言：“乞于江湾浦口置场，量收过税。”昆山的税赋曾征收至今上海江湾地区。由于路途遥远（有140里），必须在那儿建立专门机构。嘉定县就是割去了昆山境内的安亭、春申等5个乡建立的——春申正是上海的别称之一。上海简称“沪”，本意是指拦在湖港交叉处的簖帘，一种用于捕鱼捉蟹的竹编工具。后意为沪渎，指吴淞江入海处。那正是螃蟹性腺成熟时从阳澄湖去往海、淡水交汇处产卵的地方，早先同样也属于昆山管辖。

从“昆山”两字，我们就不难想象，这是一片钟灵毓秀之地。明嘉靖年间《昆山县志》记载：“昆山高一百七十丈，周围七里，初名天马山。《舆地广记》陆氏之先葬此，而机云（陆机、陆云）出焉，人以玉出昆冈比之，故易名昆山。”陆机、陆云在秀美的山川沃野的养育下，成为一代文豪，而昆山也以贤者易称，相得益彰。还有一种说法，是将昆山与昆仑山相比拟，以“玉出昆冈”作为昆山的含义。昆仑山以出产美玉闻名于世，在人们的心目中素来有神秘的印象，而昆山玉峰山的宝藏是昆石，为罕见玉石，也可称玉出昆冈。

这里确实人杰地灵。自晋以降，昆山人才辈出，文学家陆机、陆云、归有光、归庄，隐士顾阿瑛、刘过，名宦卫泾、顾鼎臣，戏剧家顾坚、梁辰鱼，教育家朱柏庐，思想家顾炎武，画家王履、夏昶、龚贤……无不在国内外享有盛名。如此众多的文化名人密集地出现在一个县城，无疑是极其罕见的。

将圆周率计算到小数点后7位的科学家祖冲之，在35岁时，由南徐州（今镇江）参事，调往昆山任娄县县令，前后长达8年。有一个民间传说称祖冲之在娄县县令任上，曾经断过一件“弧田案”。初到娄县时，有一个星溪（今正仪）人冲进大堂，喊叫冤枉。祖冲之和气地注视他，容他慢慢申述。那人禀报，他家有一块祖传的弧形田在阳澄湖畔，不足一亩，可是乡佐却要算作三亩，不仅要他按照三亩缴纳赋税，还要补交以往的亏欠。祖冲之听完，立即命令县丞带领役从亲自去星溪，丈量那块弧田弦和矢的尺寸。很快，丈量结果出来了。与此同时，乡佐也被唤上大堂。祖冲之说：“弦矢相乘，矢又自乘，并之二而一……”一连串数字从他嘴里报出，很快有了结果。这块弧田连两分都不到，怎么能算作三亩？乡佐和役从为祖冲之的神机妙算而惊叹，不由面面相觑。祖冲之随即叮嘱道：“尔等尽速将田地重新测量，一一核实，切不可亏待百姓。环田、圭田、箕田，更要格外仔细……”

娄县的百姓听闻这个消息，无不拍手称快。

这个远离都城的江南小城，宁静安谧，风光秀丽，物产丰盛，是一个过日子的好地方。比归有光晚一些出生的儒生朱柏庐，曾经写下了脍炙人口的《治家格言》，先是在昆山刻印，继而在全国流传。这位以《朱子家训》闻名天下的读书人很有个性，17 岁遭逢清兵南下、国破家亡、父亲和舅父死于非命等变故，却仍然醉心于治理家政。他心甘情愿地在家乡当了一辈子教书匠，不愿离开阳澄湖畔的这片膏腴之地。康熙年间有人推荐他考“博学鸿词”，他却“以死自誓，遂得免”。县官推举他当“乡饮宾”，他也坚谢不应，只是潜心于治家之道的研究。琐碎的家事不仅仅让他生出闲情逸致，更使他从中悟通了诸多人生的哲理。你看，“黎明即起，洒扫庭除”，清早起身，既打扫了庭院的环境也锻炼了身体，不管到了什么时候都没有人反对这样的做法。“一粥一饭，当思来之不易；半丝半缕，恒念物力维艰”，勤俭节约，从来是中华民族的传统美德，何况在生活还不太富裕的时候。至于“宜未雨而绸缪，毋临渴而掘井”内中的含义已经不只是适用于家庭了。

然而，作为昆山文化象征的，除了被称为“三贤”的顾炎武、归有光、朱柏庐，还有昆曲。元代后期，昆山千墩人顾坚把流行于苏州、昆山一带的南词曲调，加工整理成一种不用乐器伴奏，只靠清唱加和唱的腔调——昆山腔，奠定了昆曲的基础。元代文学家顾阿瑛在阳澄湖畔构筑“玉山佳处”，养起了一个戏曲班子，将在民间流传的戏曲腔调加工整理，使之逐步完善。到了明嘉靖年间，度曲家魏良辅对昆山腔进行了全面革新，使原来比较平直的腔调，变得委婉曲折、悠扬动听。于是人们将昆山腔称为“水磨腔”。梁辰鱼则用改革后的昆山腔编写传奇《浣纱记》，成为有史以来第一部在舞台上演的昆曲。清代词人、学者朱彝尊曾给予高度评价：“传奇家曲，别本弋阳子弟可以改调歌之，惟《浣纱》不能，固是词家老手。”从元代末年到明嘉靖年间，昆山腔一直停留在清唱阶段，出现《浣纱记》后，则在舞台上充分焕发生命力，让梁辰鱼自己也成了传奇人物。经过几代人的不倦努力，昆曲脱颖而出，乃至成为

“百戏之祖”，给中国的戏曲舞台带来了极其深远的影响。

从小生活在昆山这片富饶美丽又充满了文化艺术气息的土地上，归有光获得的滋养，不难想象。

归家的老宅，名叫项脊轩，位于昆山城东南靠近后街河的宣化坊，与无数粉墙黛瓦的住宅相邻。后街河，北通娄江（致和塘），南抵城河，清澈明净，可供浣衣淘米，也可让渔船扣舷晾网。整整500年过去了，昔日的项脊轩早已荡然无存，宣化坊也被风霜雨雪涂抹成了另一副模样，但这里依然能感受到优雅的遗风。

从宣化坊西去几百步，相连的是南街。据地方志记载，明代这儿叫作片玉坊，名字很雅，居住在这里和来往于此的人也很风雅。当年，这里有明代文学家张大复的梅花草堂和太仆寺卿徐应聘的太史第、拂石轩。许多名曲师、歌唱家、优伶艺人常常前来聚会，终日清喉婉转，弦索相应。大名鼎鼎的钱谦益也是这里的座上宾之一，他在《牧斋初学集》中描绘梅花草堂是“席门蓬户，轩车往来无虚日”。

耐人寻味的是汤显祖居然也于万历年间来到昆曲的发源地昆山，居住在朋友徐应聘的家中——他们是同科进士，又都先后弃官回原籍，对戏曲有共同的爱好。彪炳史册的《牡丹亭》正是在地处南街的拂石轩内完成的。

当年他的剧本刚刚写完，立即被昆山的曲家弟子拿去“朝歌夜舞”。太仓人、万历首辅王锡爵雅好昆曲，且与汤显祖有师生之谊，他听说汤显祖在写《牡丹亭》，马上派人暗通汤显祖的随从，窃写后交给家里的乐班演出。等到汤显祖写完剧本，放在衣袖中拿去请他过目时，他笑道，我早已熟读了。

生活在鱼米之乡昆山的归有光，自小接受庭训，立下了远大的志向。尽管一生经历了难以想象的磨难，在他的四周，依然洋溢着温馨的人情之美，这对于他学识的养成是非常有利的。写出无数彪炳史册的好文章，恰恰在情理之中。

“世乃有无母之人”

如果说望子成龙的父亲让归有光养成了良好的读书习惯，母亲则使他体味到了温馨的亲情和深沉的爱。

母亲周孺人出身于一个殷实人家。外祖父曾经是太学生，几个兄弟家境都比较富裕。周家世居吴家桥——距离昆山县城30里路，古镇千墩（今千灯镇）下属的一个村子——是典型的江南富庶之地。千墩的来历，据多种版本《昆山县志》记载：“盖淞江自吴门（今苏州）东下至此，江之南北，凡有墩及千，故名。”清澈的尚书浦，北接吴淞江，南出淀山湖，像美丽的缎带流贯古镇镇区。由于这里“田中多产，水旱有收，民务耕织，鱼米成市”，成为昆山的一个大镇。

明末清初著名的爱国主义学者、思想家顾炎武先生，就是千墩镇人。他的名言“天下兴亡，匹夫有责”、“行千里路，读万卷书”等，至今仍为人们所传诵，鼓励着炎黄子孙为挽救民族危亡拍案而起，前赴后继。

在昆山民间，历来有“亭林经济，震川文章”的说法。前半句，指的是顾炎武（号亭林）经世致用的学问，后半句，则是指归有光（号震川）的作品如何成为唐宋散文与“桐城派”之间的重要桥梁，引导明代散文走向巅峰，影响中国数百年散文的发展。

古镇千墩崇尚诗书礼仪，民风淳朴。母亲周孺人虽然家境并不贫困，根本用不着为柴米油盐而担忧，但她总是每天操劳，勤俭持家。她在吴家桥做姑娘时，就学会了纺纱。后来嫁给了归正，做了归家的媳妇，她又学会了织麻，常常在荧荧灯光下忙到半夜才睡觉。隆冬季节，家里需要取暖，生炉火时所用的煤炭留下许多碎屑，周孺人舍不得丢掉，让仆人做成煤团，放在台阶下晒干备用。

她真是劳碌惯了，家里一共有 5 个孩子，大的牵扯着她的衣服，小的抱在怀里喂奶，可是她的一双手仍在不停地缝缝补补。由于她治家有方，屋内没有乱抛的衣物，家里没有游荡的闲人，始终整洁有序。邻居们无不夸赞她的贤惠。

最让归有光无法忘怀的，是母亲对孩子的严格教育。

7 岁的时候，归有光开始与堂兄有嘉一起进学堂念书。每逢刮风下雨的日子，堂兄往往赖在家里，不肯去上学。受到他的影响，归有光心里也很想和他一起玩，可是母亲绝不允许他逃学留在家里，严格督促他，一定要认真读书。

有时候，她半夜里醒来，再也睡不着，便把儿子从被窝里拖起来，让他背一遍《孝经》给自己听听。假如儿子背得疙疙瘩瘩，非要叫他重新背一遍不可。听到儿子背书背得非常流畅，她的脸上才流露出满意的笑容。

谁也没有想到，明正德八年（1513 年）五月二十三日，母亲因劳累过度，突然患病逝世了。她离开 5 个儿女时，只有 26 岁。

那一年，归有光只有 8 岁。当他和兄弟姐妹看到母亲双目紧闭，一声不响地躺在床上，家里的大人们围住她失声痛哭，也忍不住抽泣起来。可他怎么也不懂母亲为什么听不到孩子们的哭声，还以为她是因为太疲乏睡着了。

过了一些日子，父亲请画工为母亲画遗像。他知道画工从没见过周孺人，便叫了两个孩子站在面前，让画工临摹。说周孺人鼻子以上的部分，可以照着有光的脸画，鼻子以下的部分可以照着大姐淑静的脸画。这两个孩子与母亲长得非常相像。

母亲16岁就出嫁了，一年后生下了淑静。她多次怀孕，接连不断地生育孩子。除了未成年就夭折的和流产的，她先后生下了3个儿子、2个女儿，几乎每一年都要生育，间隔的时间很短。次子有尚，居然怀胎12个月才生下来。女人的负担与痛苦，她实在经历得太多。生下最小的儿子有功后，她感到自己的身体状况越来越差，可是依然尽一切力量哺育他，让他健康成长。

如果说她有什么怨言的话，那就是常常紧蹙着眉头对女佣们说："咳，要把这么多的孩子拉扯大，实在是太苦了！"

有一位年老的女佣不知道从哪儿讨来了一个偏方。一天，她端来了一杯盛有两只田螺的水，请周孺人喝下去。并且虔诚地说，喝了这杯水，就再也不会接二连三地怀孕了。

周孺人将信将疑地举起杯子，一饮而尽。没想到，随即嗓子喑哑，什么话也说不出来。

归有光在家里排行老二。这个早慧的男孩，不仅更多地得到了父母亲的宠爱，也深感父母亲处世的艰辛。正是因为如此，他懂事很早，甚至觉得母亲的命运并不比早夭的婢女寒花强多少。她勤俭操持家政，悉心抚育儿女，在劳劳碌碌中消耗着自己年轻的生命。她唯一蹙紧眉头发出的怨言是"吾为多子苦"。一次又一次的怀孕和生育，确实让她备受煎熬。可是她并不知道，喝了放有田螺和别的不明不白东西的水，怎么可能避孕呢?

无疑，归有光是深深地钦佩母亲的。当他用饱蘸情感的笔墨，记叙母亲在日常生活中的几件琐事，写下《先妣事考》，已经是十多年以后的事情了。

那天深夜，他写完了最后一个字，放下毛笔，竟禁不住与妻子一起，为母亲的早逝放声哭泣。尽管他已是成年人，仍为自己没有母亲而感到异常的悲伤。

"世乃有无母之人！天乎，痛哉！"

《先妣事考》只是一篇短文，看似平淡无奇，素朴淡雅，却亲切自然，感人肺腑。寥寥数笔，一个贤妻良母的形象便跃然纸上。当我们读到结尾处的两个感叹号，谁也不能不为之动容。

透过文章，我们看到了血肉相连的母子之情——这也正是归有光一生读书、授业、从政的感情基调。

项脊生

归有光字熙甫，号震川，人称震川先生。震川这个号，早先是朋友们赠送给他的。因为昆山地处太湖流域，与太湖的距离比较近，太湖在古代也叫五湖，《尚书》中则称之为"震泽"。"三江既入，震泽底定"，从太湖通往东海，有三条重要的泄水通道：东江、娄江、吴淞江，其中之一的娄江，恰好在昆山穿城而过。朋友们觉得将"震川"作为归有光的别号是很恰当的。

归有光的性格却有些怪。他既不喜欢称呼别人的号，也不喜欢别人以号来称呼自己。朋友们见面时叫他"震川"，他只是漫不经心地答应，并非真的愿意接受。

然而，到了60岁考中进士的那一年，情况发生了很大的变化。他有机会结识了心目中一直敬慕的学者何启图，恰恰何启图也有"震川"的别号。于是他十分乐意地接受了朋友们赠送给他的别号，自己也常常以"震川"自称。他说：

"想当年司马相如敬慕蔺相如的为人，把自己的名字改为相如，我有幸与何启图同好，应该以震川自称。"

归有光还有一个别号叫“项脊生”。这不仅仅是由于归家祖居太仓项脊泾，更由于他与百年老屋项脊轩有着难以割断的感情维系。

今天昆山城区震川路的北面，大约一二百米的地方，小街宣化坊仍然存在。归家的老屋项脊轩，当年就在宣化坊上。岁月荏苒，归有光读书著述，并寄托了无限情感的老屋，已无法找到踪影，唯一留给后人的，只有他的散文名篇《项脊轩志》。

这篇不满千字的散文，并不语性命，谈治道，宣扬儒教，而是描写那些近乎琐碎的日常生活。字里行间既没有壮阔的场景气势，也没有深邃的哲理象征，只是将真实细致的人事景物娓娓道来，却让人在读过以后，心弦訇然作响。

> 项脊轩，旧南阁子也。室仅方丈，可容一人居。百年老屋，尘泥渗漉，雨泽下注；每移案，顾视无可置者。又北向，不能得日，日过午已昏。余稍为修葺，使不上漏。前辟四窗，垣墙周庭，以当南日；日影反照，室始洞然。又杂植兰桂竹木于庭，旧时栏楯，亦遂增胜……
>
> 先是庭中通南北为一。迨诸父异爨，内外多置小门，墙往往而是。东犬西吠，客逾庖而宴，鸡栖于厅。庭中始为篱，已为墙，凡再变矣。家有老妪，尝居于此。妪，先大母婢也，乳二世，先妣抚之甚厚。室西连于中闺，先妣尝一至，妪每谓予曰：“某所，而母立于兹。”妪又曰：“汝姊在吾怀，呱呱而泣；娘以指扣门扉曰：‘儿寒乎？欲食乎？’吾从板外相为应答。”语未毕，余泣，妪亦泣。
>
> …………
>
> 项脊生曰：“蜀清守丹穴，利甲天下，其后秦皇帝筑女怀

清台；刘玄德与曹操争天下，诸葛孔明起陇中。方二人之昧昧于一隅也，世何足以知之，余区区处败屋中，方扬眉、瞬目，谓有奇景。人知之者，其谓与坎井之蛙何异！”

余既为此志，后五年，吾妻来归。时至轩中，从余问古事，或凭几学书。吾妻归宁，述诸小妹语曰：“闻姊家有阁子，且何谓阁子也？”其后六年，吾妻死，室坏不修。其后二年，余久卧病无聊，乃使人复葺南阁子，其制稍异于前。然自后余多在外，不常居。

庭有枇杷树，吾妻死之年所手植也，今已亭亭如盖矣。

项脊轩中弥漫着的是一种和谐清雅的家庭氛围，以归有光为核心，构成了一个母子、夫妻相亲相爱又互相激励的温馨天地。家庭的亲情关系和变迁，在字里行间显露。

因为归家的远祖归道隆曾经居住在太仓县的项脊泾，后来才迁移到昆山。为了纪念先祖，归家把老屋命名为项脊轩，还请弘治十八年（1505 年）状元、礼部尚书兼文渊阁大学士顾鼎臣写过记。

历经岁月沧桑，粉墙黛瓦的房屋非常破旧。归有光出生时，项脊轩已经存在了上百年，在周围许多房屋的围拥中，毫不出众。他的父亲归正仅仅是以一个读书人的身份居住于此，手头并不富裕，无以原地翻建，让它焕然一新。于是他设法补了漏，辟了窗，筑了围墙，又在庭院里栽种兰桂竹木，每天清晨洒扫庭除，便觉得是一个非常好的居所了。宁静，安谧，充满了家庭的温馨。

写这篇文章时，归有光只有 19 岁。父亲让他在项脊轩拥有一间书房。他正是在这个绝无车马之喧的环境中刻苦读书，向着自己远大的目标，艰难地跋涉。

归有光以细腻真挚的情感描绘的项脊轩，其实是他在内心构筑的一座圣洁的殿堂。这殿堂是那么真实，又是那么缥缈。你看，老屋的庭院中杂植兰桂竹木，风移影动，珊珊可爱。东犬西吠，客逾庖而宴，鸡栖于厅。家中有老妪，有妻女母子。扃牖而居，能以足音辨人……在这样温馨而淡泊的环境中，尽可以清静地读书、写作，专心文学，想说什么就说什么，不必掩饰自己。

《项脊轩志》的前四节为正文，写于明嘉靖三年。后两节为附记，是归有光35岁中举以后写的。表面上他只是描写了一座百年老屋，其实我们从中不难看出，他是借题发挥，既怀念亲人，又将自己的志向蕴含在对日常普通生活的描绘中。看似不相连贯的琐事，被他巧妙地用诚挚动人的情感串联起来，便透现出我们十分熟悉的人文气息。

在这篇代表作中，归有光记叙了亡妻在项脊轩的生活片断和项脊轩在以后几年内的变化，抒发了自己对亡妻的真挚情义。

原配魏氏是嘉靖七年时嫁给归有光的。然而才过了5年，那年冬十月庚子，她却不幸去世。8年以后，归有光仍清楚记得，她去世时的样子。正是如此，他忍不住要在《项脊轩志》为魏氏写上一段，以表达悼念之情。可是竟久久无言，不得不借助于一棵枇杷树，在它的身上寄寓自己内心极度的悲痛。

同时，他也仿照当年司马迁写《史记》的论赞笔法，借蜀地寡妇守护朱砂矿，利甲天下，和诸葛孔明起于降中的故事，表达了读书人坚定的自信。身居陋室的他，“扬眉、瞬目，谓有奇景”，却被他人讥讽为“坎井之蛙”。归有光是用自嘲的笔调写出现实的，这恰恰显示出他具有强烈的自尊心。

“轩凡四遭火，得不焚，殆有神护者”。项脊轩居然在遭受了火烛时也没有被焚毁，看来确实是有神灵护佑。不过，与其说是护佑百年老屋，还不如说是护佑住在百年老屋中的项脊生——年轻的学子归有光。他似乎有了几分脱颖而出的预感。他深爱着归家的老屋，却又急切地盼望着快快走出项脊轩，走向广阔的天地。

从实行科举制度开始，在中国始终是儒学治理国家大事，道学治理人的肉体，佛学治理人的灵魂。读书人唯一想走的、能走的路，是漫长而又曲折的科举之途。这位项脊生也不例外。400 多年来的读书人，都能与这篇《项脊轩志》中产生共鸣。他们与归有光一样，把项脊轩作为自己的精神家园。在那儿不仅仅可以得到家的慰藉，更能在安谧中蕴蓄力量，期待着勃发的一天到来。

那么，归有光又该怎样不畏艰辛地走向远大的目标？他能不能实现自己的抱负呢？

不安宁的陶庵

暮雪玉峰山

选择寂寞

明嘉靖年间，由于世宗崇道，昏愦不堪；严嵩奸恶，贪贿弄权，王朝人心涣散，力衰财竭，渐渐走向低潮。胸怀赤诚之心的忠臣，已忍不住发出忧愤的呼喊。

然而，在远离京城的苏州、昆山、太仓一带，或许是地处太湖流域，土地膏腴，历来民丰物阜，百姓的生活依然是富庶和安宁的。尽管有过倭寇入侵，也有过水涝灾害，给百姓带来了不少灾难，但是这一切过去以后，正常的生活秩序又很快建立了起来。对于文化人来说，在这片具有悠远艺事传统的土地上，足以安贫乐道。然而他们却又不甘心寂寞，于是在戏剧和文学的领域里各显神通，让艺术之神在走向中衰的明王朝里独领风骚。

被誉为"百戏之祖"的昆曲，正是嘉靖年间在归有光的故乡昆山诞生的。

当时，以唱曲名家魏良辅为首的一批艺术家，对昆山腔进行了创新。嘉靖二十六年（1547 年），魏良辅完成了他的昆曲理论著作《南词引正》。这在昆曲发展史上是划时代的标志。十几年以后，徐渭在《南词叙录》中说："今昆山以笛、管、笙、琵按节而唱南曲者，字虽不应，颇相谐和，殊为可听，亦吴俗敏妙之事。"

嘉靖末期，魏良辅因改革昆山腔的诸多成就，被尊为"立昆之宗"，名声大振，跟随他学习的人很多。在众多昆山腔名家中，最突出的是昆山名士梁辰鱼，他"得魏良辅之传，转喉发音，声出金石"，并致力于昆山腔新声的完善和推广。他所作散曲《江东白苎》和传奇《浣纱记》，传播很广。以昆山腔演唱的《浣纱记》，使昆山腔新声走上剧坛，发展成为戏曲的一个剧种。

上有天堂，下有苏杭。苏州自宋代至明代一直是南方经济重镇，文化发达，山水优雅。法国人谢和耐曾经在他的《蒙古入侵前夜的中国日常生活》一书中说："在南方，人口更加密集，富足程度增加，海上和内河交通发展起来，并且形成了一种几乎不为中国北方所熟悉的特殊的城市生活方式，产生了一些重要的书香世家。这终于使人们意识到它的存在和它的活力。"昆山不仅经济繁荣，也是一个富有艺事传统的地方。昆山腔和昆曲一经产生，文人骚客们接踵而来，活动中心很快从昆山绵延到了人口更加密集的苏州。

明代，从嘉靖开始到万历年间，苏州一带官绅富豪乃至文人雅士在家中蓄养家庭昆班，渐渐形成了风气。首辅苏州申时行家班，吴县进士范长白家班，分别以擅演《鲛绡记》《祝发记》而远近闻名，当时被称为"申鲛绡""范祝发"。

在长期的艺术实践中，人数不太多的家庭戏班，逐渐形成了一套适合在私邸厅堂、园林船舫演出的以生、旦戏为主的昆剧艺术表演体系，具有鲜明特色。家庭戏班有的纯粹以声色自娱，有的为宴饮演出，也有的被豪门贵族借去作专场演出。

与此同时，苏州一带的职业昆班也得到了迅速发展。从事戏剧职业的，"一郡之内，衣食于此者不知几千人矣"(明张瀚《松窗梦语》)。这些戏班子，除了在苏州地区演出外，还经常向其他地区流动。

随着昆山腔新声的流行，清唱之风日甚一日，盛行于社会各阶层中，这集中反映在一年一度的中秋虎丘曲会上。从明嘉靖初年开始的虎丘山中秋曲会，到了万历年间，已经成为曲家较艺逞技和群众性的唱曲游乐活动，深受百姓的欢迎。

散文家袁宏道在《虎丘记》中，以十分生动的语言，描绘了虎丘中秋曲会恍若梦境的绮丽场景：

> 每至是日，倾城阖户，连臂而至。衣冠士女，下迨蔀屋，莫不靓妆丽服，重茵累席，置酒交衢间，从千人石至山门，栉比如鳞。檀板丘积，……已而明月浮空，石光如练，一切瓦釜，寂然停声，属而和者，才三四辈。一箫，一寸管，一人缓板而歌，竹肉相发，清声亮彻，听者魂销……一夫登场，四座屏息，音若细发，响彻云际，每度一字，几尽一刻，飞鸟为之徘徊，壮士听而下泪矣。

这绮丽的梦境，优雅而繁盛，是人人都可认同的时尚，人人都可追逐的意趣。这华美的篇章不绝地延续了很长一段时间，成为苏州每年中秋节的必备节目。

值得一提的是与归有光在散文创作观上有严重分歧的王世贞，也为昆曲的发展变化作出过贡献。王世贞曾任刑部主事，后担任员外郎、郎中，官至尚书。为官正直，不附权贵。但是在文学理论方面，他继承并鼓吹“前七子”的复古理论，成为“后七子”之一。他占据文坛盟主地位20年，影响很大。他在曲论中表露出来的戏剧观，却修正了他的散文观。他认为戏曲成功与否，首先在于是否“动人”。《荆钗记》令人欣赏，就因为“近俗而时动人”，《香囊记》因“近雅而不动人”，所以观众较少。

王世贞作有传奇《鸣凤记》(一说为其门人所作)，生动地揭露了严嵩父子专权纳贿、祸国殃民的罪行。贯穿全剧的矛盾冲突，是震动朝野的严嵩集团与反严嵩集团的政治斗争。后人评价，在中国文学史上，戏曲及时地表现当时重大的政治事件，是从《鸣凤记》开始的。王世贞还有《艺苑卮言》八卷，附录中有论曲之言，后人摘出单刻行世，题为《曲藻》。他已经比较深刻地认识到戏曲艺术的美学特点，不乏独到的见解。

王世贞有一篇《求志园记》，描写了苏州张凤翼的一座园子。

> 吴城之东北隅，为友人张伯起园。园当其居之后，阁道以度。入门而香发，则杂荼蘼、玫瑰屏焉，名其径曰："采芳"，示吴旧也。径逶迤数十武，而近有庭，廓如，名其轩曰："怡旷"，示所游目也。轩之右三而楹者，以奉其先隐君像，名之曰"风木堂"，示感也。堂不能当轩之半，然不敢以堂名怡旷者，示有尊也。轩之右斋以栖图史，名之曰："尚友"，友古也。斋之后馆，馆临大池中，多金银玳瑁，杂细鳞，名之曰："文鱼"，池所蓄也。穿池而桥，循桥稍西南，为古梅十余树，名其廊曰："香雪"，言梅德也。

王世贞的这篇园记，摒弃了骈文"强为对偶"的形式逻辑要求，依照真实所见对事物加以描述，写得很流畅。不过，由于他偏重抒写园主的志趣——尚古的志趣、旷远的志趣、天然的志趣、前瞻的志趣，对求志园面貌的勾勒略显简单，没有赋予艺术的想象。好在有钱榖的《求志园图》传世，足以让我们一睹风采。

画面上，有院落数重，苍松翠竹，岸柳成行，亭阁水榭散布其间。似乎是春末夏初的景色，院墙内外槐柏茂郁，修竹错列。堂屋正厅庭中以竹篱为架，藤花攀缘其上，色彩绚烂，形成天然隔墙，有两人悠闲地在花墙旁对话。厢房中，一人据书案而坐，若有所思。作品笔墨细秀娴雅，设色明快清净，呈现出一种温暖、恬适的园林之美。

张凤翼故居位于今苏州干将路 228 号。那么，求志园当初也在那里。用明人的目光看，确是城之东北隅了。

求志园并无奇峰异石，也无高堂华屋，与拙政园、沧浪亭、留园相比，它的构建显得很朴素。然而，由于园主是张凤翼，也由于有王世贞的园记和钱榖的画，就不同凡响了。

张凤翼（字伯起）与梁辰鱼（字伯龙）是同时代的曲家，都曾师从魏良辅，且青出于蓝而胜于蓝。所以，王世贞将两人相提并论："张伯起《红拂记》，洁而俊，失在轻弱；梁伯龙《吴越春秋》，满而妥，间流冗长。"（王世贞《曲藻》）张凤翼擅长诗赋书画，创作了包括《红拂记》在内的数种传奇流行于世。如果说魏良辅革新昆山腔，着重于声腔与伴奏两方面，梁辰鱼则将昆山腔从清唱变成了剧唱，而张凤翼与梁辰鱼十分亲近，有诸多诗歌唱和之作，在将昆山腔搬上舞台的革新中发挥了重要作用。他甚至为了获得体验，还亲自登台演出。梁辰鱼所创作的《浣纱记》《红线女》等传奇，被认为是受到了张凤翼的影响。

张凤翼从小就是一个充满了志向的人。他说："仆自弱冠即有意用世。占毕之暇，每索《阴符》《六韬》《孙》《卫》诸书，究其端绪。且锻炼筋骨，开张胆气，冀一旦为边疆之臣，庶可效用一割。"然而命运多舛，自从20岁（嘉靖二十五年）开始第一次参加乡试，直到38岁，他才与三弟同举乡试。以后屡试春官，又连连失利。

40多岁时，他的心里仍常常激情涌动："张子少慕剑术，善骑射，尤好读《孙》《吴》诸家书。思得知我者，捭为封疆之臣，当效御侮之用。茕茕一经，年瑜强壮，臂力已不逮乎曩时，然壮心未已，每闻秋风夜号，如听边声，便欲起舞，豢蟋蟀角胜以自快……"令人遗憾的是，拥有远大志向，却难以遂愿，只能借斗蟋蟀消耗过剩的精力。

54岁时（万历八年，1580年），再次落第的张凤翼终于绝意仕进，选择了以卖文鬻书为生。在将奉养老母、抚养弱息作为生活主要内容的同时，他借助于诗句，多次哀叹自己的怀才不遇。在一首题为《废将》的诗中，更是明确表达了自己内心的无限感慨：“意气感投醪，生平付宝刀。玉门三尺雪，铁甲一绨袍。若战风尘暗，论功霄汉高。只今惟血泪，清夜泣龙韬。”一腔热血，满腹经纶，却无法驰骋疆场，只能倾注于笔端，令人扼腕。

痛苦的人生经历，壮志难酬的愿望，不仅仅转化为诗句，在张凤翼的戏曲作品中也一再体现。我们不难看出，他的一个个传奇剧本，几乎都以叱咤风云、建功立业的英雄作为主角，其中也能清晰地找到他人生理想的影子。

除此之外，就是造园寄志。

我们今天能见到的纸上求志园，以怡旷轩、风木堂、尚友斋为中心，前有庭，后有园，渐次展开。修篁古木、冬梅花篱、白鹅紫鸳，形象地表现了园主对归隐生活的沉醉。王世贞《求志园记》中写到的采芳径、文鱼馆、香雪廊等等，也都按图可索。掩卷沉思，这座“旦而旭、夕而月、风于春、雪于冬”的甲第名园，当年文人云集、清谈雅会，充溢着书卷气的盛景，似乎仍历历在目。

> 吾无所求伸于外，然吾求之千百祀之前而若吾俟，求之八荒之际而若吾应，求之千百祀之下而若吾为之符节者，此岂可与豪举迹赏者道哉？

王世贞的园记，后半部分引用了张凤翼的大段议论，以表达园主不俗的志趣。“吾他无所求，求之吾志而已”，就这么一句，不必多说。

张凤翼其实是一个性格颇复杂的人。一方面志存高远，怀才不遇，一方面又移情园林，胸襟淡泊；一方面对程朱理学有极大的崇拜与尊崇，一方面却展开激烈的批判；一方面有着传统文人的保守和偏激，一方面则以雅俗共赏的传奇作品获得声场的喝彩。这里当然有境遇变迁的原因。但他的志趣——尚古的志趣、旷远的志趣、天然的志趣、前瞻的志趣……终究成为一种文人的符节，很值得深思。

王世贞祖籍也是昆山，后来才迁徙到太仓。他十分欣赏梁辰鱼的才华，专门为之写下了“吴阊白面冶游儿，争唱梁郎雪艳词”的诗句。

关于梁辰鱼的性格，史料如此记载：“身材伟岸，疏眉虬髯，性格放荡不羁，任侠好游，足迹踏遍吴楚；好谈兵习武，虽以贡生入太学，但无意科举；家有华屋，接纳四方奇士英杰，结交戏曲名家。”明嘉靖三十二年，年逾 40 的梁辰鱼被聘为浙江总督胡宗宪的书记。他刚想实现自己立功报国的夙愿，孰料胡宗宪被劾逮问，总督府因之撤销，梁辰鱼只好回到阳澄湖畔，悉心研习昆山腔。他用昆山腔创作的《浣纱记》，一经登台，街头巷尾便四处传唱，许多优伶倡女都想拜他为师。他不谀权贵，却宁肯和剑侠力士、和尚道士交往。有一次尚书王世贞、大将军戚继光专程前往他家拜访，他竟于楼船箫鼓中仰天长啸，旁若无人。

但后来他们终于成为梁家的座上宾，对于艺术的共同爱好，使他们走到了一起。

归有光却始终与梁辰鱼疏远，犹如他迟迟不能与王世贞友好地相处一样。

不只是性格不合，恐怕还有更深层次的原因。

在中国漫长的历史中，读书人永远将科举视作出人头地的首选途径，万般无奈时，才会去写些通俗的戏曲或小说，以养家糊口。

尽管在剧本或小说中会有严肃的人生思考，但是一旦放弃了科举（主动的或被动的），他们就决不会将剧本作为政治筹码，而是任意地“仰天歌啸，旁若无人”。

显然，归有光与梁辰鱼有着不同的追求，心里所想的完全是两回事。与主张“文必秦汉，诗必盛唐”的复古派相比，归有光提倡学习唐宋散文，吸取神理，反对盲目拟古，他在文学创作中是持革新态度的。但是与寄情山水、放浪形骸的优伶艺人相比，他却又是正统而又保守的。即使是年近六旬，他仍然一次又一次地不辞辛劳地“计偕北上”，与年轻的举子们竞争官职——如果不是60岁那年考中进士，他依然不肯就此放弃，说不定3年以后还得考下去。他哪儿还会有闲情逸致，沉醉于迂徐委婉的水磨腔之中呢？

昆曲一经问世，便逐渐取代其他各腔的地位，成为中国戏剧发展史中独霸曲坛的腔调。随着昆曲名家的改良而来的，是艺术水准的提高，但也因此拉大了戏曲与民众之间的距离。昆曲终究成为文人雅士们的戏曲，成为有钱有闲阶层的艺术。

在散文创作上主张趋向民众的归有光，也正是因为地位的关系，以及与文坛盟主王世贞的不睦，疏远了历来让昆山文人引以为荣的昆曲。他把自己的精力倾注在独树一帜的散文中。

在这一点上，比归有光晚100年的顾炎武先生，跟他一样，也并不热衷于昆曲。在他卷帙浩繁的著作中，没有一篇是谈论昆曲的。偶尔有一两处提及，也多为贬斥。当时的很多官员以优伶为性命，遭到指责以后，仍振振有词地说自己不是以此为乐。但顾炎武对此不屑一顾。他批评明清时期的士大夫说，他们才任一官，即以教戏唱曲为事。而一旦政事闲暇的时候，就真不知道该干什么了。

顾炎武在《日知录》中提到，明孝宗弘治朝，郎中顾谧在校尉张通家里饮酒，因为“令优人女装为乐”被人举报，竟然被迫离开官场，从此赋闲在家。显然，顾炎武是以此作为反面例证，告诉朝廷的官员们，千万不能整天吃喝玩乐，沉湎于声色犬马。“保天下者，匹夫之贱，与有责焉”(《日知录》卷十三)，何况是这些手握权柄，享受着民脂民膏的官员呢？他倡导的“天下兴亡，匹夫有责”，成为一句振聋发聩的名言。

显然，在他的心目中，经世致用的学问，才是君子所应该追求的。

归有光一生显得很寂寞，远远不如舞台上的昆曲那般热闹。生前是这样，身后也是这样。但他既然选择了散文，而且是不愿趋时媚俗随大流的散文，就只能甘于寂寞。

这也从另一方面说明，归有光很有几分倔强的性格，不愿轻易地随波逐流。他曾写过一首五言诗《乙卯冬留别安亭诸友》：

黾勉复行役，殷勤感故知。
悠悠寒水上，腊腊朔风吹。
弹雀人多笑，屠龙世久嗤。
往来诚数数，公等得无疑。

字里行间，清晰地展现了他的性格。

五色笔

玉峰山，位于昆山城区西北隅。苏沪之间，百里平畴，一峰独秀，分外珍奇。由于它起伏的形状像马鞍，所以人们又将它称为马鞍山。山上建有亭台楼阁，遍植花卉草木。青山绿水与奇卉异石浑然天成，名人遗迹与自然景观集于一体，是一处江南少有的城市山林，古人早有“江东之山良秀绝”的赞誉。

在青年归有光的眼里，玉峰山也是一处读书的好地方。

山麓有一个野鹤轩，是杨子器先生创建的。这位浙江慈溪人，是成化二十三年（1487 年）的进士，历任昆山、高平、常熟等县的知县，后来又当了河南布政使。他在昆山当县令时，不仅兴办水利，修建学校，而且廉于政事，在老百姓和读书人中享有较高的声誉。大家认为，有志气的人应该像他那样，不做才智凡庸的官吏。读书人以他的字“名父”称呼他，并为他修建了一座“名父祠”。

嘉靖十年，26 岁的归有光与魏孺人结婚已经 3 年，并且有了一个女儿。而他以第一名补苏州府学生员，也已经 6 年了。他为了应天府乡试，刻苦读书，同时与一些志同道合的同窗结成文社。当时的昆山，共有南北两个文社，两边都很欢迎他。于是归有光每天早晨参加南社的活动，下午参加北社的活动。在外面撰写文章，与友人饮酒聊天，高谈阔论，倒也显得其乐融融。当时，归有光的古文、俞仲蔚的诗歌、张子宾的制艺，已被称为“昆山三绝”。

应对科举，是文社成员们共同的目标，谁都想早日榜上有名。大家便经常在一起切磋八股文的写作技巧。有一次，归有光拿出了《经义百篇》——一百来篇八股应试练习之作，与朋友们一起评点，大家有的说好，有的说差，竟褒贬不一，争论得很厉害。到底应该怎么来写八股文，他们谁也说不清楚。

归有光不由十分感慨。是啊，写文章的甘苦，谁能体会！八股文写得很好，却未必能够使考官满意；八股文写得不好，却未必不能考中举人、进士。所以应试者坐在考场里，提起笔来，常常会感到无所适从。然而，尽管世道不公，谁也无法改变以成败论英雄的事实。试卷不能获得主考官的青睐，功名之类只能是一句空话。但是，试卷做得如何，在主考官那儿往往难以找到严格的标准，随意性很大。或许一个极其偶然的原因，本该录取的考生便名落孙山了。

他隐隐约约地感觉到，自己对如何写好一篇文章，是颇有把握了，可是对如何写好一篇能让主考官青睐的文章，却心中无数。偏偏他还不想屈从迎合。然而，试卷最终却要让主考官满意。

除此以外，又能有什么选择呢？

结社于野鹤轩的同道，除了归有光，还有潘士英、吴中英、沈世麟、张鸿、季伯龙、方元儒、陈敬纯等人。其中的潘士英是嘉定人，每次文社活动，他特意从嘉定赶来。他显然与归有光很有共同语言，往往是活动结束，大家都散去了，他们还在一起促膝相谈。

有一次，他们两人步出野鹤轩时，天色突然变了。一时烈风暴雨，崖崩石落，阴风怒号。可是他们没有匆忙寻找地方躲雨，而是站在山崖边，默默注视着四周的一切。归有光的心里，想起了创建野鹤轩的杨子器，想起了在附近埋葬的宋代著名词人刘过（字龙洲），久蓄于心头的豪迈之气，不可抑制地涌现了出来。是啊，转眼之间，他们在这里结社论文已经六七年，尽管每次考试都是落第而归，可是将有作为于天下的雄心壮志，在他的胸中丝毫也没有消淡。也许，要不了多久，治平天下的人才就要从野鹤轩出世！

归有光是一个极其有个性的人。他年少放诞，特立独行，常常会引起一些人的嘲笑或嫉恨，所以难免会显得孤独。有一次，他与200多名秀才一起参加某个活动，别人聚集在堂下，笑语喧哗，他却不跟他们凑热闹，一个人默默地读着墙壁上的碑刻，抬头注视屋顶的椽子，谁也不知道他在沉思些什么。其实，这正好说明，青少年时代的归有光自有鸿鹄之志，不愿意跟燕雀共舞。他给自己确定了很高的目标，别人是难以理解的，更不能走进他的内心世界。

从野鹤轩回到家里，归有光便闭门不出，专心致志地读书。也许是因为知道他在刻苦用功，连要好的朋友也不来上门拜访。这样，倒也显得十分安静。

> ……家无闲室，昼居于内，日抱小女儿以嬉。儿欲睡，或乳于母，即读《尚书》。儿亦爱弄书，见书辄以指循行，口作声，若甚解者。故余读常不废，时有所见，用著于录。意到即笔不能留，昔人所谓兔起鹘落时也。

活泼可爱的小女儿，也和他一起翻阅《尚书》这部儒家经典。她的小手指指指点点的，仿佛真是个读书的行家。归有光在这温馨的家庭中，一边与女儿逗趣，一边写他的读书笔记，这实在是读书人的天伦之乐啊。然而，年幼的女儿不会明白，父亲的内心蕴藏着一股深深的失落感。不止一次落第而归的滋味，并不好尝。心绊结而不解兮，思蹇产而不释。何以解忧，惟有杜康。他有的时候确实也以酒浇愁，可是多喝了酒，并不能使他的头脑保持清醒，还会损伤记忆力。看来，没有别的选择，只能坐下来潜心苦读。每天手不释卷，也早已养成了习惯。

> 余尝谓：观书若画工之有画，耳、目、口、鼻、大小、肥瘠无不似者；而人见之，不以为似也，其必有得其形而不得其神者矣。余之读书也，不敢谓得其神，乃有意于以神求之云。

在他写下的《尚书别解序》中，归有光不仅表明了自己对《尚书》有不同寻常的见解，更叙述了读书的要旨。他认为，读书犹如高明的画工作画，贵在神似。也就是说，读书时应该着重领会原作的精神，而不应该以能“章分句析”为满足。这样，才不至于读死书，才能够在书本中“时有所见”。

友人陈文烛，号五岳山人，与归有光是同年进士，打算出文集，请归有光作序。于是归有光借《五岳山人前集序》，叙述了如何阅读古人的观点。他认为，阅读和钻研古人的文章，必须了解它的特点，了解它所以能够超过别的作品的成功所在。

> 夫西子病心而颦其里，其里人之丑人亦捧心而颦其里。其里人之富人见之，坚闭而不出；贫人见之，挈妻子去之而走。余固里之丑人耳。若有西子者而为西子之颦，顾不盖美也耶；故曰：“知美颦而不知颦之所以美。”夫知《史记》之所以为《史记》，则能《史记》矣：故曰：“喙鸣合，与天地为合，其合缗缗。”甚矣，文之难言也！……

归有光巧妙地运用了“东施效颦”的故事，来说明读书作文，决不能以徒事摹仿为工的道理。知道《史记》之所以为《史记》，是由于它与其他作品有着很大的不同之处，犹如西施犯了心口痛的毛病，蹙紧双眉，仍然显得很美，模样很丑的东施再怎么摹仿也只能是拙劣的。

也许是因为想当史学家，归有光从小就爱读《史记》。他沉潜简默，与俗寡合，日惟闭门啜茗，取群经子史读之。及长益该博贯穿，上自典、坟、骚选，由历代以至国朝诸大家文，次第批阅，无不了悟，尤好太史公书，不忍释手。在自己的作品中，归有光也多次表达了自己对《史记》的热爱，他说：“余少好读司马子长书”、“性独好《史记》”、“仆少好其书，以为独有所悟”。《苌楚斋四笔》等史籍中有“震川每一下第，即阅《史记》一过。故阅本最多”、

“先太仆笃嗜《史记》，手批本不下数十种”等等的记载，足以看出归有光对《史记》的重视。

归有光酷爱《史记》，阅读时下过深功夫，常用五色笔（当然是五种不同颜色的笔）在上面圈点。清代史学评论家章学诚在《文史通义》中说：“归震川氏取《史记》之文，五色标识，以示义法；今之通人，窃笑之，余不能为归氏解也，然为不知法度之人言，未尝不可资其领会。……特不足据为传授之秘尔。据为传授之秘，则是郢人宝燕石矣。”

作为一位散文作家，同时又是教授文章之法的教师，归有光为了向史学前辈司马迁学习、致敬，花费大力气，分解了沉甸甸的《史记》，深刻理解怎样写人，如何状物，哪里转圜，缘何评述。从写作学、修辞学和阐释学的角度解析文本，一字一句地研习。哪怕遭受一些人窃笑，他仍不遗余力地坚持这种貌似“死抠”的方式，为不知文章法度的初学者，探索一种容易走通的路径。

章学诚认为，真正明白文章千古之理的，是不会为某些规矩所限制的。而归有光就是明白古文“隐而难喻”之理的人。

确实，归有光从小就喜欢读司马迁的《史记》，甚而也想学着司马迁的样子纂修史书。他的人生哲学和对书的酷爱，是深受司马迁影响的。

司马迁不只具备史学家的天资和阅历，还博古通今，掌握了当时中国人所能掌握的各种学问。同时，他又是一位充满了创造力的天才。他所写的史书，决不是沿袭成例，仅仅将材料加以整理排比，撰写成书。他孜孜以求的是创造性的工作，将所有的材料去芜存精，构筑成一幢全新的完整的大厦。

作为学者，司马迁于书无所不读，而且善于对各种学派融会贯通。对于同时代的学者，即使是他的老师，也并不盲从。也许正是由于不断学习、研究、对比、汲取，司马迁成为历史上罕见的“百科全书式”的人物，更具有自己独立的见解。

在崇拜司马迁的学问与功绩的同时，归有光也很欣赏陶渊明的生活方式。他曾经把自己读书的地方称作“陶庵”。他在陶庵中读陶渊明的文集，吟诵着“采菊东篱下，悠然见南山”的诗句，品味着陶渊明一再炫耀的和虚与委蛇的官场杂务迥然不同的田园生活。那一份少见的平淡冲和，潇洒脱俗，“悠然势分之外；非独不困于穷，而直以穷为娱”，真是让人羡慕。

陶渊明以“晨兴理荒秽，带月荷锄归”的勤勉，掩饰着自己对时势的敏感。他自认为心远地自偏，将安贫乐道作为自己的座右铭。归有光在这方面很能与之心息相同。是啊，“处其穷”历来是很不容易的，所以自古以来能够善于处穷、安贫乐道的人不多。而陶渊明的不寻常，正是由于他有身处穷困而“情理不挠”的高尚品格。

> 昔虞伯生慕陶，而并诸邵子之间。予不敢望于邵而独喜陶也；予又今之穷者，扁其室曰陶庵云。

归有光十分喜爱、推崇陶渊明，甚至将自己的书斋也称为“陶斋”，以此表明自己安命乐天又苦读不辍的心志。

他喜欢陶渊明，还有一个因素，是因为母亲故乡千灯吴家桥的附近，有一个陶家桥小镇。他曾不止一次地去过陶家桥。陶家桥得名，跟陶渊明第九代嫡孙陶岘有关。唐开元二年（714 年），陶岘从江西九江移居到昆山，并且落户于千灯的陶家桥。村上至今还保存的一座陶家桥，就是由明代陶岘后裔建造的，桥亭高耸，古意盎然。陶岘擅长“八音”，即金、石、革、匏、土、木、丝、竹等，各种乐器无所不能，他率领“女乐一部”善奏妙曲，乐班蜚声海内，朝廷盛请邀演。由于旋律委婉动人，乐风古朴典雅，被称为“清商曲”。据说，陶岘正是江南丝竹的开山鼻祖。

然而，读书人历来清贫，尤其是在发愤苦读却又在科举之途连连碰壁的时候。事实上，自称“不戚戚于贫贱、不汲汲于富贵”的陶渊明，也曾一次次入幕任职，一次次回家闲居，在选择与被选择之间长久徘徊。而在“陶斋”读书的归有光，也同样摆脱不了被动选择的命运。

透过他的文字，不免让人感受到几分无奈与苍凉。

怀　竹

古人有了名和字，往往还会有号。归有光的一个表弟夏焕，因为第五代祖父夏昶官至太常寺卿，又是画竹高手，所以取号“怀竹”。这既是对先祖的纪念，又在显示自己是名人的后裔。

“怀竹”的名号，让归有光颇有些感触。最初，因为朋友们聚会，别人都有号，归有光没有，于是以“震川”为号。听起来似乎跟太湖（震泽）有关。其实，归有光是在京城赶考时结识了河南省乡试第一名的何启图（号震川），非常敬慕他的为人，很高兴能跟他用一样的号。归有光的祖母是夏太常的孙女，可自己丝毫也没有借光。

夏焕究竟是一个怎样的人呢？他为人幽默滑稽，喜欢与唱昆曲的戏子们交朋友，身上的衣服很不整洁，走路七歪八斜，行踪无常，出没不定。这似乎不像是做官人家的子弟，所以往往被人看不起。在他们生活的江南古城昆山，出身好的人家，都十分注重仪表。一看服饰打扮，就知道是什么身份。

归有光特意写文章规劝夏焕。他说，先祖夏太常擅长画竹，作画时任随笔墨挥洒，却让自己高雅的志趣、潇洒的性情倾注其间，作品被世人珍爱，流传至今。然而，夏太常最值得敬重的，并不是画竹。因为他并非为画竹而画竹，而是藉此实现自我适意和满足。子孙们缅怀他，也并非仅仅囿于他的画，而是向往他寄寓画竹的那种高雅情致。归有光又说作为夏太常的子孙，应该做到谨言慎行，思而后行，珍惜自己高贵的家族门风，就像保护价值连城的宝物。一个人不遵循法度，放任自流，行为苟且，那是因为他心里没什么可以缅怀珍爱的人与事。而如果只留意祖先的残稿余墨，将最重要的东西丢弃了，根本不是对祖宗的缅怀。

可是，不久以后，家里发生了一些变故。夏焕的所作所为，让归有光恍然明白，自己对“怀竹”的理解，是有偏差的。

明嘉靖十四年，归有光的结发妻子魏氏突然患重病。她去娘家省亲，回来时竟无法走路了，只能坐在帷幕四垂的轿子里。30岁的归有光心急如焚。他预感到生死之变，仓促不可测。这时候，表弟夏焕扶着轿子，缓缓行走，脸色苍白，心情十分沉重。走在前面的归有光，回头看见这个情景，忍不住落下了眼泪。

这些天来，夏焕放下自己的家不管，为表嫂料理汤水服药诸事，彻夜不眠达20天。魏氏去世后，他又尽心尽力帮助办理丧事，足足忙了一个多月。归有光想起自己，由于归氏家道中落，贫穷困顿，为世人所遗弃。家里笼罩着一片晦暗恐惧的阴影，青灯孤影中，让人只觉得无依无靠。在这种情况下，夏焕始终陪伴在他身边，与他亲切交谈，给了他无限的温暖。如此笃于情谊，怎么能不令人感动？

归有光发现，自己以前对夏焕的看法有误。他表面上放荡不羁，好像毫无风范可言，内心却十分善良，悲人所悲，想人所想，无私地伸出援手。宦家子弟的翩翩风度与真诚待人的古道热肠，哪个更加重要，已是不言而喻。看来，要真正了解一个人，哪怕是熟悉的人，也并不是一件容易的事。难怪古人说："疾风知劲草，路遥识马力！"

于是，他又为夏焕写了一篇文章，把妻子魏氏逝世前后的事讲述了一番，也把自己的内心感受公之于众。他说，从前，太史公司马迁因为自己不得志，对于古代的豪杰志士济人所急、解人所难的举动，十分感慨，无限敬慕，给予了他们极高的评价。他自己亲身得到夏焕的帮助，为什么不撰文记述呢？

归有光十分感慨，对于夏太常的缅怀，自己是失之肤浅的啊！

"天之毒于余，何其痛"

读经味如稻粱，读史味同肴馔，读诸子百家味同醯醢——这是读书的至高境界。然而，对于归有光来说，他在读书时所品尝到的滋味，恐怕远远不止于此。

"学而优则仕"，历来是儒生们的必由之路。科举是儒生们的衣食所寄，更是理想、事业、抱负之所寄。归有光一心想把自己的政治寄托和文化寄托都沉浸在读书里，祈愿经由读书的台阶，一步一步走出狭隘的天地，以大展身手——在中国这个有着古老科举制度的国度里，读书人历来都是这样做的，谁也不能跳出这个圈子。可是，归有光的路走得更坎坷。知道无法考中，倒也从此死心了，可他偏偏是满腹锦绣文章，又被那可望而不可即的目标诱惑着，以衰弱的身躯与比自己年轻得多的举子们竞争。

他绝不甘心像祖父和父亲那样，孜孜不倦地苦读而不得功名，以布衣终生。挫折不断地消磨着他的意志，却又催促他殚精竭虑、栖栖惶惶地发愤。

没想到，家里却接二连三出现意外变故，这让安宁的陶庵再也无法安宁。

先是妻子魏孺人突然病逝。

说起来，魏孺人是光禄寺典簿魏庠的女儿，知书识礼，性情贤淑。妻子的伯父魏校，就是归有光的老师，真可谓亲上加亲。嫁给归有光的第二年，他们就有了一个惹人喜欢的女儿，这给平静的生活增添了欢乐。那时候母亲刚刚去世一年，归有光读书读得累了，抱起心爱的女儿，与之逗笑，又和妻子谈起母亲生前的许多往事，两人便忍不住内心的悲痛，不由相对而泣。

又过去了 3 年，他们添了一个儿子子孝。归有光在儿子的身上寄托了无限的希望。可是，万万没想到，这时候妻子已经患病，而且身体健康状况一天比一天差。

儿子尚未满三个月，魏孺人就再也无法起床了。

临终前，疼痛使她无法讲话，只能费力地伸出食指和中指，好像戟一样，朝着归有光晃了又晃。做丈夫的当然明白妻子这是什么意思——她是实在放心不下两个儿女啊！

在原配魏孺人逝世两年后，归有光有过一段不为外人知悉的情感经历。10 岁时跟随魏孺人来到归家的陪嫁丫鬟寒花，已长大成人，于嘉靖十二年成为入室婢女，与归有光结合。第二年八月她生下了女儿如兰。可是如兰刚刚满周岁，就不幸夭折了。接着生下第二个女儿，又没有存活。没想到，寒花很快也病逝了。死的时候，年仅 19 岁。归有光先后含泪为之写下了《女如兰圹志》和《寒花葬记》。

嘉靖十四年，归有光又娶妻王孺人——按照明代的规矩，凡是七品以下官员的母亲或妻子可以得到孺人的封号。显然，王氏称孺人，是因为归有光后来当了县令和太仆寺丞的缘故。

3 年后的五月份，王孺人生下了一个女儿，小名二二。长女比二二大 11 岁，已经可以帮助继母照顾妹妹了。当时归有光常常在位于太湖边的光福山中用功读书，见到小女儿的机会不多。回家时，看到长女手里抱着二二，心里非常高兴。二二似乎很懂得他的心思，每次他出门去，总是扑入他的怀抱撒娇，真是惹人喜爱。

没有料想，那次他来到山中没几天，正埋头读《尚书》，家里忽然派人来报，说是二二夭折了。

噩耗传来，归有光十分惊讶。小女儿来到世上才刚刚 300 天——连一年都没有满，竟然就这么去了！活的时候她什么也不懂，死的时候自己又来不及看她，唉，这是多么让人哀伤的事啊！

归有光把自己全部的希望都寄托在了子孝的身上，日夜盼望儿子早日长大成人。

转眼间儿子已经 16 岁了，长得丰神秀异，而且与父亲一样喜欢读书。归有光爱怜年幼的儿子，不想多督促他，可是儿子读书非常自觉，根本就用不着督促。他试过让儿子读三史——《史记》《汉书》和《后汉书》，儿子听他讲过一遍，就能理解其中的内涵。有一些学生来请教归有光，归有光忙于自己的事情，不多出来接见询问的学生，便让儿子口传答案，儿子居然回答得与自己所讲的一模一样。

有一次，归有光与学生讲课讲得晚了，突然想起几位学生还没有吃饭，天气很寒冷，又来不及赶回去，忙叫人看看家里有没有可以给他们吃的东西。没想到儿子已经告诉母亲，准备好了学生们的晚饭，并热情地请他们就座。一位来自太湖洞庭的学生，家里很穷，读书却很勤奋。归有光让他住在自己的家里。儿子时常去他住的房间看看，询问他吃得是否习惯，还十分懂事地安慰他，使那位学生非常感动。

最让归有光感到欣慰的，是儿子成了自己的知音。他所写的文章，每一篇刚刚写成，儿子就拿去，欣然朗读，读得有滋有味。然而要是与儿子谈世俗之事，儿子就不屑一顾。看来儿子是早熟的。归有光由于性急，有时会错怪别人，甚至动手，但儿子会连忙上前劝解。这让归有光感到很后悔，与此同时，他又为儿子善解人意而深感高兴。尽管嘴上不说，心里却暗暗自喜，觉得这是自己一生最大的快乐。

可是怎么也没想到，儿子在 16 岁的时候，竟突然离他而去！

嘉靖二十七年十二月初，归有光患感冒，身体畏寒，不能早起。于是他叫子孝来到自己的床前，诵读《离骚》。子孝声音琅然，十分顺畅，这让做父亲的心里暖暖的。

不几天，忽然传来消息，外祖父家里有丧事，归有光必须赶去。儿子眼睛不太好，不太想去，可是不得不跟着他一同前往。谁知到了外祖父家，儿子就病倒了，一住便是半个月，迟迟回不了家。

儿子逝世的前两天，归有光前去看望他。子孝拉着他的手，请求道："父亲，我想回家，你快点带我回家吧！"

归有光含着泪告诉他："你身体有病，不要多动。先在这里养几天再说吧！"

看到父亲心事重重，半夜里还坐着不愿睡觉，子孝连忙说："父亲你太劳累了，可千万不要为了我的缘故不睡觉呀！"

接着，他又对后母王氏说："母亲，你不要为我哭泣，你身体虚弱，可是今天已经为我哭了三次了！……"

尽管全家人都急切地盼望子孝早日恢复健康，可是事情恰恰朝着相反的方向发展。归有光是十二月初八与他一起去外祖父家的，到十二月二十三，仅仅16天，子孝就悄无声息地去世了。

4天以后，归有光强忍着内心的悲痛，以成人的仪式，将聪慧而又早熟的儿子安葬。随即，又挥泪为儿子写下了一篇感人肺腑的圹志：

> 呜呼！孰无父母妻子！余方孺慕，天夺吾母；知有室家，而余妻死；吾儿几成矣，而又亡。天之毒于余，何其痛耶！吾儿之孝友聪明，与其命相，皆不当死。三月而丧母，十六而弃余。天之于吾儿，何其酷耶！当时足不逾阈外，而以旅死，其又何耶？

全家人都因子孝的早殇陷入了极大的悲痛之中。听说此事的乡邻，乃至走过的路人，也都唏嘘不止。将莫大的希望寄托在儿子身上的归有光，更是心如刀割。白发人送黑发人，让生来就非常重感情的归有光心里有无法诉说的哀伤，无法排遣的悲痛。16岁，差点儿就成人了，就能够担当起人生的重任了。何况子孝又是那么的聪慧过人，那么的善解人意。老天实在是太不公平了，让善良的归有光一次又一次经受这么多的磨难，经受这么多的打击！

然而，现在43岁的归有光却必须以父亲的身份，为儿子哀悼，写下这些满纸是泪水的文字。除此之外，他无助地怅望苍天，不知道自己究竟应该怎么做。

读到这篇圹志的人，无不为之心碎。

俗话说，人生有三大不幸："幼年丧亲，中年丧妻，老年丧子"，归有光什么样的不幸都遇到了。他8岁就失去母亲，16岁祖母逝世，23 岁结婚，5 年后便丧妻。43 岁，人到中年，又失去了儿子。再加上功名未遂，家境清贫，世事坎坷，接二连三的打击给他造成的精神创伤，令人难以承受。

宁静的陶庵并不安宁。也许，所有的这些遭际足以摧毁一个意志薄弱的人。归有光在经历了这些伤痛后，却异乎寻常地坚韧。他咬紧牙关，勉励自己忍受难以忍受的一切，继续朝着既定的目标走去。只有在握笔书写时，才毫无掩饰地把含血带泪的亲情都倾注于字里行间……

安亭江上

夏昶墨竹

吾心固然

归有光一辈子确实活得很累。这位散文作家的大部分精力，都被耗费在了科举上，尽管他很有天资。

五六岁时，归有光已经知道“紫阳先生”朱熹的名字，并且开始认真地读他的书。7岁上学，母亲周孺人望子成龙，时刻督促他的学业，哪怕阴雨连绵，路上难以行走，也不准他缺课。遇到学堂不上课的时候，又关照他在项脊轩自学。

出身于名门之家的祖母，更是对归有光寄予厚望。有一天，她看到归有光独自一人捧着书默默地读，不由又喜又嗔地说：

“怪不得见不到你的影子，原来你是在读书呀！真是文静得像个女孩子！”

祖母忙替他轻轻把门关好，一边走一边自言自语道：

“我们家的人读书好久，都没有考取进士和举人，咳，就看着这个孩子啦！”

她想起了什么，随即又手持一块象笏进了屋，对归有光说：

“记得宣德年间，我的祖父太常公就是拿着这一块象笏进朝的。有朝一日，你也应该这样上朝去啊！”

祖母的祖父太常公夏昶，是一个赫赫有名的人物，曾经担任过太常寺卿，既是正三品官员，又是成绩显著的艺术家，尤其擅长画竹。

归有光不止一次地听祖母讲，太常公夏昶从小就显示出与众不同的聪明。一次，昆山教谕周晖带了9岁的夏昶去谒见提学御史范敬先，范御史当场命句属对，没想到这孩子对答如流，不仅遣词新警，而且巧妙自然。范御史听后连连点头，称赞他是“神童”。

明代永乐年间的科举会试是非常严格的，但是三关六卡都没有难倒满腹经纶的夏昶。他顺利地通过了“殿试”，被举为翰林院庶吉士，与文渊阁大学士金幼孜、左春坊大学士胡广和翰林学士杨荣一起纂修《五经四书性理大全》，后来又被擢升为太常寺卿。

作为一位专攻墨竹的画家，夏昶留下了很多优秀的作品。他所画的墨竹，不仅偃仰、挺立、浓淡、疏密合乎距度，而且十分讲究烟姿、雨色、风情、雪意的自然意境。在绘画的时候，他还善于运用书法技巧，尤其是以楷书笔意融入墨竹，形成了自己的特色。在精于竹枝旁梢、顶梢、底梢画法的同时，他对竹叶的组织和穿插也做到既井然有序，又变幻多端，被当时的人们称为“落墨即是，出笔便巧”。

夏昶的书法也很有造诣。他在翰林院抄写《五经四书性理大全》时，明成祖看到他的名“昶”字，说：“太阳丽天，‘日’岂可从旁，应该加在‘永’字之上。”于是，夏昶的“昶”字，变成了日字下面加永，从此字典上也多了这样一个字。

明永乐十七年（1419年），夏昶被成祖召回北京，为新建的北京皇城各大宫殿书榜写匾。他的书法技艺得到了充分的发挥。正是这样，明成祖赐给他一座宅第，还免去了他出入宫廷的朝参之礼。

夏昶终生伏案耕耘，探索墨竹艺术的真谛。他的画十分受人推崇，被列为“国礼”，在当时就有“夏卿一个竹，西凉十锭金”的说法。

能够拥有这样一位先祖，归有光深感自豪，满心钦佩。他用“翠叶苍筠满人间”的诗句，来评论夏昶的墨竹。在刚刚懂事的时候，读书于项脊轩中，他从祖母的嘴里听说这位太常公，就暗暗下了决心，长大以后也要做一个太常公这样的人。太常公的成功，无疑是由读书而来的，归有光当然也应该刻苦读书。

可是，归有光全然没有想到，自己的读书、科举之途异常艰难，远远超出了想象。

“予生平无所好，独好书”，“性好聚书”，他似乎除了读书没有别的选择。他涉猎的范围也很广，甚至连与科举毫无关系的《金石录》，也借来抄录、校订一番。在苏州西郊的万峰山一座寺庙里，他曾专心致志地阅读了《大藏经》，“尽见所谓五千四十八卷者。而《妙法莲华经》《维摩诘》诸上品，皆略究其大致。虽数万言，不过一二要言而已”。连读佛经，他都知道如何由博返约，这样的读书本领，确实不是一般的学子能比得上的。

归有光博览群书。“弱冠尽通六经、三史、七大家之文，及濂、洛、关、闽之说。”凭着他过人的才华和孜孜不倦的努力，在科举的道路上应当是没有阻碍的。20岁那年，他就以童子试第一名补苏州府学生员。但在一群笑语喧哗、春风得意的秀才中间，他却显得落落寡欢。谁也不知道他究竟是为了什么。

也许是应了某种预感，接下来的乡试居然非常不顺，一连考了6次，都没有考中。直到35岁时，经受了多次挫折的归有光才算中了应天乡试第二名。接下来的科举路，依然走得不顺。每3年一次的进士考试，次次受挫。谁都承认，他的文章写得实在是好，上百名举子纷纷表示向他学习，谁知事与愿违，偏偏不能考上进士，竟然“八上公车不遇”，连考官和举子们都为他打抱不平，忍不住说：

“归生不第，何名为公车？”

归有光碰破了鼻子仍不肯拐弯，咬紧牙关，继续参加考试。那个时候，对于读书人来说，除了科举，还能有什么别的选择呢？

在久试不第的时候，归有光曾经无奈地将原因归结为命运。其实，他心里也清楚，主要是由于他的文章与时尚不合，却又不肯轻易地改变自己，这样一来必然导致“不入格”。明代文坛仿古之风盛行，考官们为时风所惑，阅卷时难免会忽视归有光那样晓畅明白的文章。

他的老师张治曾两度主试礼闱，遴选英才。他感慨道：“吾为国得士三百人，不自喜；而以失一士为恨。”他竭力主张不疏漏任何一个有用之才，却也无法改变归有光名落孙山的命运。在那个时代，即便有正义之心，也不能左右浅薄的时风。

明代的科举制度是十分僵化的。所有试题，全部出自《四书》《五经》，考生所作的文章，不但内容上必须是代圣贤立言，不可以自由阐发，在形式上也有着极其严格的限制。比如说《四书》题，字数应该在200字以上，《五经》题，字数应该在300字以上。而且行文必须按照“八股”的规范，如果你想按照自己的思维逻辑去写，当然不能获得主考官的好评。在这样的情况下，举子们只能乖乖地削足适履，甚至不惜以剽窃时文来博取功名。

在漫长的曲折坎坷的科举生涯中，归有光对科举的弊端是有切肤之痛的。他在给同样也是困于场屋的朋友潘子实的信中，痛切地说道：

“科举之学，驱一世于利禄之中，而成一番人材世道，其敝已极。士方没首濡溺于其间，无复知有人生当为之事。荣辱得丧，缠绵萦系，不可解脱，以至老死而不悟……”

科举给人的诱惑，不知使多少人忘记了自己来到这个世界上的目的。何况，到底应该怎么去读书，读些什么书，也往往让人迷惑。他在给学生们所写的《山舍示学者》一文中说：

“近来一种俗学，习为记诵套子，往往能取高第……然惟此学流传，败坏人才，其于世道，为害不浅。夫终日呻吟，不知圣人之书为何物，明言而公叛之，徒以为攫取荣利之资。……愿诸君相与悉心研究，毋事口耳剽窃。”

终日呻吟，不知圣人之书为何物，确实是可悲的。归有光绝不愿意这样做。尽管如此，他没有别的选择，仍然孜孜不倦地埋头钻研四书五经，自壮年至暮年，一次又一次“下第南还”“计偕北行”，哪怕改变不了落第的命运。

他的心情是复杂的，也是沉重的。那一年的上元节，在安亭世美堂中，他曾以皇庆旧材作几，镌刻了一段铭文：

> 惟九经诸史，先圣贤所传，少而习焉老而弥专，皆吾心之固然，是以乐之不知其岁年。

他明白自己为科举消耗了很多的精力，随着年纪一岁一岁增加，前程却依然难卜。然而，事至如今，他只能竭力安抚着内心的创痛，以“吾心之固然”，勉励自己锲而不舍……

世美堂

安亭，距离归有光故乡昆山70里的一个水乡古镇，今属上海市嘉定区，以拥有一座规模宏大的国际汽车城而闻名于世。上海国际汽车城包括核心区、整车和零部件配套制造区、国际赛车场、教育园区和安亭新镇区等五大区域，面积达98平方千米。

400多年前，这里是归有光妻子王氏的家乡。

王氏的先祖王旦，在北宋年间曾任丞相，被封为魏公。此后王姓子弟世代为官，衍为望族。明代成化初年（1465年），王氏在吴淞江畔修建了一处世美堂，筑室百楹，堂宇闳敞，环境十分安静幽雅。但是，富甲一方的王氏，到了嘉靖年间，也家道式微，甚至陷入了困境。由于房主拖欠官府的税金，不得已而想将房屋出售。

归有光妻子十分着急，害怕世美堂从此落入外姓人之手。深明大义的她知道归有光非常喜爱世美堂，因为这里可以避开世俗的喧嚣，是读书的好地方。尽管家里并不富裕，也要设法将它买下，让归有光专心致志地读书。在她的全力支持下，归有光设法借了钱，买下房屋，不足部分再每年分期偿还。

苏州一带的读书人，历来才华横溢，在国内都是首屈一指的。据统计，从明太祖洪武四年（1371年）至明崇祯十六年（1643年）的272年内，全国一共录取状元90名，而从苏州府考出去的状元竟有8个之多。昆山作为苏州府所管辖的一个县，也不断涌现出成绩卓著的读书人。早在宋孝宗淳熙十一年（1184年），卫泾就考中了甲辰科状元。100多年后的宋理宗嘉熙二年（1238年），刘必成又成为戊戌科状元，而且还是个武状元。

到了明代弘治年间，昆山人接二连三地考中状元，让京城的主考官们都为之惊讶。弘治六年（1493年）是毛澄，弘治九年是朱希周，弘治十八年是顾鼎臣，前后13年中，一个县里出了3名状元，接二连三地有人大魁天下，不能不说是一个奇迹。

至于到了归有光之后的清顺治、康熙年间，昆山更是有“同胞三鼎甲，一弄十进士”的佳话。徐家三兄弟——汤显祖同科进士和好友徐应聘的后裔，老大徐乾学考中探花，官至刑部尚书；老二徐彦和考中探花，官至内阁学士、吏部侍郎；老三徐元文考中状元，官至翰林院修撰、户部尚书、文华殿大学士。一条弄堂里，能走出

10个进士。

万般皆下品，惟有读书高。在中国漫长的封建社会里，由读书而走上科举之途，成为文人们最常见也是最正规的选择。一旦金榜题名，即可光宗耀祖。有哪个年轻人不企盼着能经由读书这条道路，顺利地实现自己的梦想呢?

生活在这片钟灵毓秀而又充满浓郁读书气氛的土地上的归有光，读过顾鼎臣为项脊轩所作的记，也无数次听过顾鼎臣的名字，时时感受到长辈们对自己的殷切期望。他无疑也想像顾鼎臣那样，蟾宫折桂，金榜题名。即使遭受了一次又一次的打击，他明白自己已很难实现独占鳌头的宏愿了，仍不愿放弃既定的追求。他总是觉得，仕宦生涯在漫长的科举之途的那一头，等待着自己——吉凶如何，另当别论。

为了过日子，也为了使自己能发挥长处，在拥有了世美堂以后，归有光将它辟为学馆，教授一批学子读书。他历来喜欢书，又请人四处去旧时的书香人家访书，搜集了许多零星书籍，很快家里就藏有好几千册书，俨然是一个不小的图书馆。四方前来求学的学子，在世美堂不仅可以读到很多书，还可以受到归有光家人的热情接待。“馆饩莫不得所”——不管是吃饭还是住宿，都得到了很好的安排。

在借钱购买世美堂的时候，归有光把它周围的一片田地也一起买下了。当时有不少人劝阻他，说他花了这么多的钱，借的债至少五六年以后才能还清，可是这些田的田脚却很差，种田的人又懒惰，不会有什么收成的。他这样吃力不讨好，有什么意思呢?

归有光却笑笑，给他们讲了一个孙叔敖的故事。

春秋时期，曾经担任过楚庄王令尹的孙叔敖，临死时对儿子说，如果他死后楚庄王给予封地，不要好的地方，而要主动请求封给沈丘。那个地方是不会有人争夺的，可以维持长久。儿子按照他的意愿去做了，果然获得了沈丘，并始终经营得很好。

也许是怕他们不理解，归有光又讲了一个韩献子的故事。

韩献子是春秋时期晋国的大夫。当时，晋国人准备迁都，很多大夫纷纷主张迁到郇瑕去，说那儿物产丰富，可以“国利君乐”。韩献子却提出了与众不同的观点。他说新田那里百姓乐于接受管理，对国家有“十世之利”。晋国国君觉得他的话很有道理，很快按照他的意见，把国都迁移到了新田。

归有光与孙叔敖、韩献子一样，将目光看得很远，有独特的想法。没多久，世美堂果然成了四方学子向往的好地方，此后，一直发挥着教书育人的作用，几百年里谁也无法改变。安亭于清道光年间建震川书院，后来又演变为震川学堂、震川中学、昆（山）嘉（定）青（浦）三县联立乡村师范……既是为了纪念震川先生潜心教学的精神，也是为了延续他开创的一代学风。当然，那是后话了。

归有光在世美堂专心致志于教学，妻子王氏则在治农耕、理家事的同时，兼管塾馆事务。夫唱妇随，两个人将塾馆办得有声有色、井然有序。尽管当时的安亭地处偏僻，只能靠水路与外界沟通，交通非常不便，归有光也不能得到必要的经济资助，可是他靠着自己的学识和名望，踏踏实实地授业、解惑、释道。“四方来学者常数百人，共推东南大师，海内称震川先生，不以氏名。”（汪琬《拟明史归震川先生传》）小小世美堂，在各地学子中产生了巨大的影响。

在教学中，归有光十分重视字词句段、篇章结构、修辞炼句、思想情感方面的分析，对学生大有裨益。归有光自幼爱读司马迁的《史记》，这给他的散文写作带来很大的帮助。他认真地批注过的

《史记》，有多种版本存世。包括明万历初南京国子监的刻本，用今天的话来说，这无疑是高等学府的教材了。近代著名翻译家、文学家林纾认为："得此精良之读本，学者可以无憾矣！"

确实，归有光圈点《史记》，是倾注了大量心血的。他用五色笔圈点，且在书后附注圈点例意，改变了历代陈陈相因的"夹注法"，既不阻隔文意，又可以帮助读书人先思考后对照，不失为一个创举。

《归震川年谱》记叙，"嘉靖二十二年先生年三十八岁。讲学授徒，四方来学者，多至数十百人。冬，计偕北行"。"是时天下学者，专事剽窃之习，绨章绘句，争以相高，而不知六经圣人之旨。言响而行背之。先生悼之郁滞，删述尚书，辩礼经，悟春秋之微，揆诗人之意，皆有卓然之见，多所论著……"

无论是著述还是讲学，归有光都是想开辟一代新风的。在安亭江上，他做着自己可以做的事，确也取得了很大的成效。

然而，每 3 年一次的进京赶考，归有光从来也不愿放弃。到了时候，他总要"计偕北行"，哪怕一次次落第而归……

秦国公石

明代万历年间的武进人沈应奎，中举后担任昆山教谕。他学识渊博，文采蔚然，"遇事屹立，不为利害毁誉所动"，向他求学的人很多。他也总是热忱而真诚地给人以帮助。之后，迁任国子监助教。临行前，沈应奎面对玉峰学宫一块与自己朝夕相处的奇石，写下了长诗《天下奇石歌》，并且勒石纪念。

有石穹崇立如脊，千孔百孔谁划劈。
炉锤打冶不计岁，自是风雷六丁役。
漫将灵怪问天公，翻讶昆仑轻一掷。
背负五岳浑灏之元气，胸藏万古空洞之奇脉。
森森桧柏霜雪志，巍巍台殿春秋易。
或云卫相名园之故物，我道泮水清序之完璧。
此壁不涂尘埃面，此壁不着芳菲屐。
明月娟娟瘦骨张，朔风烈烈雄心坼。
峥嵘几令狐豕遁，吼啸直使蛟龙辟。
怜余弱植不振衣，三载共君交莫逆。
…………

长长的诗句后，有沈应奎的跋文和文学家张大复的附记，书写者是归昌世（归有光的孙子）。张大复的附记说得很清楚，抱有砥柱之才的沈夫子，“文章政事暇，必挟此石为友。神明冲湛，意思殊邈……千秋后读夫子之歌者，故有以想见其人矣”。

沈应奎以石为友，写的是奇石，却借此寄托了自己的心志。

事实上，这件“明月娟娟瘦骨张，朔风烈烈雄心坼”的奇石，恰恰正是君子自况。在昆山任上，他深得县令王时熙的雅重，修葺文庙，增置祭器，表彰先哲坟墓及子孙。县里有突发事件时，人们不知所措，他却挺身而出，表现了过人的胆识。显然是情之所至，他尤其欣赏奇石“峥嵘几令狐豕遁，吼啸直使蛟龙辟”的风骨，并且从内心发出了“崒危独立法界宽，睥睨转觉乾坤窄”的感慨。

那么，沈应奎长诗中描绘的，是一块什么样的奇石呢？

清光绪《昆新两县续修合志》记载：“元云石在儒学内，明伦堂前。本卫文节公西园故物。元至正中，知州费复初徙置于此。”

元云石是卫泾西园的遗物，知州费复初将它搬到了学宫明伦堂前。所谓云石，是指它特有的形态。

卫泾家住昆山石浦（今属千灯镇），考中状元后，授官承事郎，添差镇东军签判，后来历任淮东与浙东两路提举、起居舍人、礼部尚书、签书枢密院事兼参知政事等官职。68 岁去世时，皇帝追封为“秦国公”。

当时，韩侂胄以外戚执政专权，妒贤嫉能，排斥异己。卫泾为人很有骨气，拒绝与之同流合污，被罢官回家。他在石浦隐居 10 年，在六鳌山下开辟了西园，园中有后乐堂，堂名取自范仲淹“先天下之忧而忧，后天下之乐而乐”之句，他还给自己取号“后乐居士”。卫泾在西园种竹植梅，还收集了很多珍稀的太湖石垒成假山。从沈应奎的长诗，我们不难看出，“背负五岳浑灏之元气，胸藏万古空洞之奇脉”的太湖石，形态果然很奇特。仿佛有膂力无穷的神人将昆仑山轻轻一掷，顷刻间造就了它的韵致。懂得它的人，必将与之成为莫逆之交。

但卫泾逝世后，在漫长的岁月里，西园太湖石纷纷流落四方。

明嘉靖年间，归有光在世美堂设课授徒。从世美堂所在的安亭镇，到他自己的家所在的昆山城内宣化坊，必须乘船沿着吴淞江，走几十里水路，途中会经过陆家浜。好几次，他都从船上看见荒冢杂草中有一块太湖石，十分引人注目。一打听，才知道这太湖石非同一般。

原来，这太湖石正是卫泾的。

由于世事变迁，这块太湖石一度归属于叶盛。叶盛是著名藏书家，著有《菉竹堂书目》《两广奏草》《水东日记》等。明成化年间，曾任吏部左侍郎。叶盛一生俭约，任两广巡抚归来时，行李十分简单，只有碑刻三大箧，题为“五岭奇观”。王世贞《菉竹堂记》说叶盛“生平无他嗜好，顾独笃於书，手自抄雠，至数万卷”。叶盛曾长年在边镇为官，受条件限制，读书、聚书都十分不便，但无论官邸至何处，他身边总是带着几个专门抄书的人，长年为他抄书。每抄成一书，他认真校阅，并且钤上他的官印为记。可是不知何故，叶盛将奇石丢弃在这里，从此不再理会。

归有光思考再三，决定把它买下，然后用能装运两百斛谷物的大船运到安亭世美堂，置放在向阳处。

他把它称作“秦国公石”，还专门为之写了一篇文章。

归有光想起昆山学宫（县学）内，也有一块太湖石，名曰“元云石”。那是元代至正年间昆山知州费复初从卫泾的西园移来的。“秦国公石”的形态质地明显在“元云石”之上。它犹如一个旋转的舞者，离奇怪异，令人想起乐官率领东方夷人在翩翩起舞。归有光与它朝夕相伴，总觉得每天都面对着秦国公卫泾。

10 年前，归有光在苏州阊门尚书刘缨的家里，也曾得到过一块太湖石。那块奇石很不一般，他在《秦国公石》一文中如此描述道：

“形如大旆，迎风猎猎，髣髴汉大将军兵至阗颜，大风起，纵兵左右翼，围单于，骠骑封狼居胥，临瀚海时也。”

一块太湖石，竟如此大气磅礴，风起云涌。显然他是将自己的远大志向和澎湃激情，都寄托于此了。

事实上，他还写过一首长诗《二石歌》。尾句这样写道：

迟回尚得一月多，来观莫厌数百过。
嗟我安能龙食清，垂老疲役违吾情？

屡试不第，却又百折不挠的心绪，跃然纸上。

练塘渔者

练塘渔者，是传奇作家沈龄的号。他是安亭人，尽管比归有光年长了十几岁，经历也有所不同，但由于都在一个镇上，彼此有不少交往，归有光对他是了解的，曾为之写过一些文字。

比如在《朱肖卿墓志铭》一文中说：

> 安亭有二沈氏。昔时有沈元寿者，慕宋柳耆卿之为人，撰歌曲，教僮奴，为俳优，以此称于邑人。

沈龄，字寿卿，一字元寿。归有光说他“慕宋柳耆卿之为人”，这柳耆卿，正是北宋有名的浪荡词人柳永，他“忍把浮名，换了浅斟低唱”，一生吟唱佳词，招蜂惹蝶，流浪落寞，穷愁潦倒，死后与群妓合葬。练塘渔者羡慕他的活法，并且多有模仿。

清代嘉庆年间编刻的《安亭志·人物二》，在引用了归有光的评价后，记述了一件十分有趣的事。

正德年间，武宗皇帝朱厚照有一次南巡至京口（今镇江），来到大学士杨一清的家里。圣上驾临，杨一清投其所好，“张乐侑觞”，献演昆剧。但是，要给圣上安排什么样的剧目，却顿时成了个大问题，“苦梨园无善本”，于是“谋于龄”。这个“龄”，便是沈龄，沈寿卿。见大学士杨一清前来讨教，沈寿卿不负重托，立即挑选了几个聪明伶俐的演员，一边写作，一边排演，居然一个晚上便拿出了《四喜记》传奇。第二天早晨，武宗欣赏这部戏，龙心大悦，询问传奇究竟是谁所为。杨一清连忙禀报皇上是沈寿卿。武宗听了很高兴，想让沈寿卿出来当官，哪知沈寿卿一点情面也不给，宁撰歌曲也不为官，这实在大大出乎杨一清的意料。

关于沈寿卿的生平，诸多文学史、戏剧史著作均以“不详”一笔带过。《安亭志》中卷十七《人物》所收录的明代文艺家中，有关于沈寿卿的条文：

> 沈龄字寿卿，一字元寿，自号练塘渔者。究心古学，落拓不事生产。尤精音律，慕柳耆卿之为人，撰歌曲，教童奴为俳优。画竹仿文湖州，书法出入苏文忠、赵承旨，诗歌清特绵婉，名满大江南北。

“究心古学，落拓不事生产”，说明他能够潜心研究学问，专心写作剧本，不需要像归有光那样，一边辛苦教书，一边担忧农田里的收成。诗、书、画俱佳，专门向名家大家研习，意味着沈氏家境良好，富裕殷实。他的画仿文同（笑笑先生，北宋著名画家、曾任湖州知州，又称文湖州，操韵高洁，诗文书画为时人所重），书出入苏轼、赵孟頫，无疑有大家风范。尤其是“诗歌清绮绵婉，名满大江南北”，标志着他志向高远，不落尘俗。这些并不是沈龄的全部，当时他最值得称道的，是“尤精乐律”，“撰歌曲教人，至今殷厚人家，扰尊相慕效”。

《安亭志》还记载，他“有春蚓遗音、练塘吟稿”。“春蚓遗音”当指曲谱，沈龄是传奇作家，也是作曲家。

沈龄创作的剧本有《三元记》《娇红记》《龙泉记》《四喜记》等。这些剧目，无非是以歌颂忠孝节行，突出“苦志孀居”、“烈女不更二夫”行为的伦理教化作品。在明代，那是主流观念，说明他是一个很能紧跟形势的作家。

《三元记》写道德高尚的冯商博施济民、终得善报的事。以道德教化来惩恶劝善。

“他乡遇故知，久旱逢甘霖；洞房花烛夜，金榜题名时”，这是封建时代被公认的人生四大喜事。沈龄一夜之间写成的《四喜记》，就是讲这四件事。

《龙泉记》又名《全忠孝》，叙述了杨鹏、杨凤兄弟，受父亲所赠送的龙泉宝剑，终于成为文武状元的故事。宣传报国为忠，事亲为孝。

《娇红记》讲述的是王娇娘与表兄申纯的爱情故事。提倡男女相悦，无媒而合，自由恋爱，为情殉身。

沈龄与唐寅（字伯虎）是好朋友。他们志向相投，一起饮酒狎妓，放荡不羁，日子过得赛似神仙。明正德五年（1510 年）冬天，唐寅寓居于无锡锡山成趣园。农历十一月二十四，坐船去无锡途中，邂逅文璧（字征明）的父亲文林，同行者有友人嘉定沈龄、无锡吕叔通。酒阑率兴之际，唐、沈、吕三人联句，共同完成了一首七律。唐寅挥笔写下了一幅《自书诗》。在这幅作品的落款处，还特地作了说明：“正德庚午仲冬廿有四日，嘉定沈寿卿，无锡吕叔通，苏州唐寅，邂逅文林舟次。酒阑率兴联句，皆无一字更定，见者应不吝口齿，许其狂且愚也。”

耐人寻味的是吕天成在《曲品》中，对练塘渔者的作品评价不高，只列为“具品”。说《龙泉记》“情节正大，而局部紧，是道学先生口气”，《娇红记》则是“殊未快意”。他又说“沈寿卿蔚以名流，确乎老学。语或嫌于凑插，事每近于拘迂。然吴优多肯演行，吾辈亦不厌弃”。尽管在艺术上有很多明显缺陷，沈龄的剧本仍然流行。内中的原委不难理解——符合了当时的潮流。

归有光以史学家的笔法，记述了练塘渔者沈龄，似乎没有褒贬。然而，我们从他描述江南诸郡县的文字，却可以清楚地感觉到，他是不主张像练塘渔者那样，落拓不事生产的：

“……俗好媮靡，美衣鲜食，嫁娶葬埋，时节馈遗，饮酒燕会，竭力以饰观美。富家豪民，兼百室之产，役财骄溢，妇女、玉帛、甲第、田园、音乐，拟于王侯。”

畏垒亭下

畏垒亭

伉俪之情

世美堂确实是一个令人迷恋的处所。

"宅西有清池古木，垒石为山。山有亭，登之，隐隐见吴淞江环绕而东，风帆时过于荒墟树杪之间；华亭九峰、青龙镇古刹浮屠皆直其前。亭旧无名，予始名之曰畏垒。"

归有光将筑于世美堂西小山上的无名凉亭称为"畏垒亭"，是借用了《庄子·庚桑楚》中的一则虚构故事。庚桑楚研读老子的学说，得老子之道，前往畏垒山——一个崎岖不平的地方耕种。看到这里的环境不好，那些有头脑的聪明人便离他而去，几个曾经富有同情心的女仆也躲避得远远的，能够帮助他的只是一些身材臃肿呆滞、面容愚笨不洁，被人看不起的人。然而，3年过去了，谁也没有想到，畏垒山的谷物却获得了大丰收。省悟过来的人们，纷纷将庚桑楚当成土地神来祭拜。

显然，世美堂也正是归有光心目中的畏垒山。或者说也是他人生奋斗的一个文化符号。

他在这尚未引起人们注意的地方竟日闭户，潜心读书。有学生从远方前来向他请教，他们就一起在葱茏的草木间吟唱诗文，日子倒也过得十分平静。

某一年，归有光自京城失望而归，在陆路上足足走了十余天才回到安亭家里。畏垒山下的小园内，芍药花正盛开，点缀着暮春的景色。这芍药花别具风姿，如果在男女交往中相赠，可以作为结情之约。《诗经》中便有"维士与女，伊其相谑，赠之与芍药"的诗句。可是，落第的归有光不仅旅途劳顿，心里更感到说不出来的郁闷，哪儿还会有闲情逸致将它细细欣赏呢?

贤惠的妻子赶紧拿出酒菜，为远道而归的丈夫洗尘，也算是一种无声的安慰。

归有光叹气道:“我没有考中，你是不是感到很遗憾?”

妻子淡然笑笑，说:“我遗憾什么。我正想和你一起去山里隐居，靠采药过日子，不再考功名了呢!”

归有光心头宽舒了许多。

不久，突然有消息传来，文渊阁大学士张治因病去世。归有光闻讯，顿时潸然泪下，十分悲痛。妻子也陪着他在旁边落泪。嘉靖十九年（1540 年），归有光考中举人，当时的主考官正是张治。假如不是张治赏识归有光的文章，不知道接下来的日子会变成怎样。

“咳，”妻子颇为感慨地对归有光说，“这个世界上再也没有了解你的人了。但是，张公再好，他也有对不住你的地方呀!”

原来，那年乡试，归有光本来应该名列第一，可是张治误认为归有光是外省人，自作主张将他改成了第二名，这让很多听说此事的人都为之愤愤不平。

归有光笑笑。有这样善于理解自己、体贴自己的妻子，心中还有什么懊丧可言呢?

世美堂中，畏垒山下，归有光与妻子相濡以沫。他悉心教学，刻苦读书、著述，妻子则经营着 40 亩土地。恰逢那一年大旱，田地龟裂，禾苗干枯，农民日夜用牛挽车，硬是靠畜力和人力不停地往稻田里灌水，总算获得了比较好的收成。秋天稻谷上场后，特意用几石新米酿成了酒，归有光叫儿子一起登上畏垒亭，给自己酌上米酒，迎着寒风，长啸一声，心里感到十分舒畅。这份快慰，外人有谁能够体味呢?

然而，归有光的心里毕竟潜藏着怀才不遇的悲愤。以家酿的米酒，浇胸中的块垒，他在畏垒亭中怅望远方，思潮难平。此时此刻，这世界上到底谁是轻视讥笑我的人，谁是崇敬我的人？

四野俱寂，寥廓苍茫。惟有清澈的吴淞江像往常一样，无声地向前流淌……

没有想到，嘉靖三十年，归有光46岁时，妻子王氏却因病逝世了。

18岁就嫁给归有光的王氏，相夫教子，度过了艰辛的17年。祖宗的祭祀、宾客的接待、子女的婚嫁、亲友间的礼尚往来，她没有做得不周到的，对姐妹中孤苦无依的给予帮助，对四方往来的读书人也一一安排吃住。遇到不顺心的忧愁事，她都默默接受，没有怨言。知道归有光喜爱读书，打听到附近书香人家有零散的书籍，她就让邻里的老妇人求借，家里陆续购置的书籍不下几千卷。这位贤内助全力支持丈夫一次又一次北上考试，帮助他办好学馆，料理家政，教育孩子，却不顾自己身体健康状况一天天恶化。

中年丧妻，实在是人生最不愿遇见的事。可是，一切都无法挽回。归有光感到无限的悲痛，在魏孺人之后，他已经是第二次失去妻子了！连同逝世的母亲、儿子、女儿……这些年来，亲人们一个个地离他而去，实在让他深感人生的无常和世事的悲凉。

他在给友人的一封信中，写下了一段催人泪下的文字：

> 命运畸薄，少偶寡徒，旷然宇宙，得遇斯人，一旦失之，胡能不悲！吾与吾妻，非独伉俪之情，别有世外之交，此情此痛，不能向人道也！

送别了妻子，归有光拭干眼泪，依然留在安亭世美堂，读书，教学，到了时候也依然“计偕北上”，等待着机会的来临。

时光像吴淞江水东逝而去，转眼间，又过去了整整10年。久久期望的机会依然没有垂青于他。

这一天，归有光的父亲归正来到世美堂，神色凄然地对他说："你看，这房子还在，可是你的贤妻却已经亡故10年了。真是让人思念啊！"

归有光心中的往事顿时被勾起。环顾四周，家里的一切摆设仍然像王氏生前那样，没有什么变动。阖上眼睛，面前便浮现出王氏的音容笑貌，一举一动还是那么牵动他的心。然而，这位贤内助却无法与他白头偕老，真是令人悲不可抑。

一行泪水，从归有光布满皱纹的眼角滑落下来。

这天，归有光屋里的灯火彻夜未熄。他缓缓地磨着墨，怔怔地思念着，随即铺开稿纸，一个字一个字地往下写。他写得那么全神贯注，连天色渐渐发白，都没有察觉。

他含着眼泪写了一篇悼念亡妻的文章，题目是《世美堂后记》。这成为他全部散文中最精彩的篇章之一。熔铸着作者丰厚诚挚、含泪泣血的情感的作品，才是真正能打动人们心弦的——散文家的经历正是他创作成功的前提。

归有光对妻子王氏的感情是十分深沉的。显然，如果没有王氏，他无法拥有安亭江上的世美堂，拥有世美堂中的这段教书育人、著书立说的难忘生活经历。王氏不仅仅是他感情的依托，也是他事业的支柱。相濡以沫的夫妻情义，绝不会因为生离死别而淡薄。

幸而归有光居住在安亭江上的世美堂，以教学作为慰藉，并没有像别的举子那样把自己吊死在科举这棵树上。

儒家历来倡导三立——立德、立功、立言。立德，就是以做尧、舜、禹这样的人为最高目标，或者出为将相、入为帝师。如果这样崇高的目标达不到，那就像燧人取火、神农尝药那样，为后世留下不可磨灭的功绩。这样的功绩也不是人皆有之的，那么，就要像周公制“风”“雅”，孔子作《春秋》那样，为后人留下令人瞩目的精神财富。

自古以来，几乎所有的知识分子都是围绕着这三个层面展开自己的人生行动的。归有光也不能例外。显然，他的心里想着立德，眼睛盯着立功，手里做的却是立言。对于《史记》的评注，关于水利、抗倭、马政等的文章，都是他的“立言”之作。或许是对于亲情有着太多的渴求、企盼，归有光更写下了大量的散文，以饱蘸心血的笔墨，描述了家人之情、父子之情、夫妻之情、主仆之情，感受既笃，感人尤深，“使览者恻然有隐”。这些文章，不仅仅是在为自己立言，也是在为时代立言，所以一直流传至今。

抒写怀抱之文

归有光在吴淞江畔的安亭世美堂，写下了大量的诗文。纵观《归有光全集》，有相当多的名篇，都出自这里。除了《世美堂后记》，还有《畏垒亭记》《菊窗记》《栎全轩记》《偕老堂记》《与嘉定诸友书》《与李浩卿书》《朱肖卿墓志铭》《答唐虔伯书》等。诚如王锡爵《归公墓志铭》中所说：“所为抒写怀抱之文，温润典丽，如清庙之瑟，一唱三叹。无意于感人，而欢愉惨恻之思，溢于言语之外。”

明末清初思想家黄宗羲，对明代散文的总体评价不算高，然而给了归有光十分显著的地位。他在《明文案序》中说：

议者以震川为明文第一，似矣。

《菊窗记》是一篇叙事短文。归有光说，距离安亭镇20里的地方，叫钱门塘，一名姓洪的先生就住在这里。吴淞江东边是顾浦，顾浦转而向北，洪先生的住宅在河的西边。这里地势平坦没有丘陵，但是顾浦河岸高起，远远望去，洪先生的住宅就像坐落在山坞里。

洪先生的住处，隐隐地有东汉仲长统《乐志论》里所说的意味。而他家竹子树木很多，门面就是大池塘，夏天清风吹拂，荷花红花绿叶交相辉映，景色特别美丽。洪先生没有看中这点，却把“菊窗”二字题在书房的匾上。大概是因为他常常诵读陶渊明诗句“酒能祛百虑，菊能制颓龄”“我屋南窗下，今生几丛菊”的缘故。

仲长统的描述很美，但假使人人都到了这个境地才感到快乐，那么他感到不快乐的事情就太多了。

仲长统最终官至尚书郎，在东汉初平、建安年间一直为官，真是有愧于他“鸿飞冥冥”的向往，他写了《昌言》，又有什么用呢？陶渊明“采菊东篱下，悠然见南山”“笑傲东轩下，聊复得此生”，其实也算是人人都能得到的生活方式。如今洪先生有仲长统所说的乐趣，却羡慕陶渊明的高雅，这就让归有光不能理解了。他要带着酒到菊窗之下拜访洪先生，向他请教一下原因。

归有光也曾向往陶渊明式的生活，他在安亭江上也曾安贫乐道，否则不会把自己的书斋称作“陶庵”。然而读书人追求的高雅，与严酷的现实生活之间，总是会有难以排解的矛盾。洪先生已经拥有“采菊东篱下，悠然见南山”的生活，却仍然羡慕陶渊明，“此予所以不能测其人也”，这让人难以理解。

《沧浪亭记》，是一篇记叙散文。

沧浪亭，苏州四大名园之一。这座名园，原来是五代吴越广陵王钱元璙（一说吴越王妻弟孙承佑）的花园，后归于宋代诗人苏舜钦。苏舜钦在园内始建沧浪亭，并作了《沧浪亭记》。宋室南渡以后，该园一度为抗金名将韩世忠所居住，所以又称韩园。后来，因为一些和尚居住该园，所以又名大云庵，沧浪亭由此日益荒废。明代，文瑛和尚居大云庵，他在荒废的遗址上重新修复了苏舜钦沧浪亭的原貌，使之复又变成沧浪亭。归有光的《沧浪亭记》就是应文瑛和尚之请，为重新修复沧浪亭写的记文。

苏舜钦，字子美，是一位热心国事，抱有强烈的济世理想的人才，颇有君子气节。宋代昆山人龚明之在《中吴纪闻》记载苏舜钦以《汉书》佐酒，每晚居然能饮一斗，可见他性格的豪放。在京城为官时，苏舜钦多次言众人之不敢言，对朝政提出严厉批评，甚至上书直谏当时的仁宗皇帝，对他的私生活加以评判，自己的老丈人杜衍虽贵为宰相，看不惯的地方他也毫不客气地提出意见。然而，最终他却无端地受到“除名勒停”的打击。苏舜钦被“除名”后，多次向亲朋好友揭露政敌的卑鄙手段，表白自己所遭受的不白之冤。显然，苏舜钦做出寄意山水的姿态，但心中是有所期待的，并非一味沉沦下去。

描写同一个题材的文章，苏舜钦已经写过一篇《沧浪亭记》，归有光再写《沧浪亭记》，无疑是很有难度的。擅长风景诗的苏舜钦写的是沧浪亭优美的风景，但归有光不能这样写，于是他避开这种写景抒情的方法，终于写出了新意。

归有光把重新修复沧浪亭这件事放到沧海桑田的历史变迁中来认识，由这一景点的变化，推及“古今之变，朝市改易”，进而联想到在登上姑苏台遥望太湖及附近四湖，环顾群山的感受。周先王古公亶父的儿子泰伯和仲雍，来到吴地开疆拓土。春秋时，吴王阖闾和夫差父子在这里达到全盛，而后走向衰落。吴国大臣伍子胥，越国大臣文种和范蠡都先后在此经营，钱镠在五代十国那个割据的年代创建了吴越国，也曾国富兵强，其后代骄奢淫逸，宫台楼阁极一时之盛。但所有这些历史人物，在这块土地上孜孜以求的东西，都如过眼烟云，了无踪影。苏舜钦这样一个普通的读书人所建造的沧浪亭，却得到文瑛和尚如此钦重，可见读书人的名垂千载，靠的并非文治武功，而是道德文章。岁月漫漫，风云变幻，苏舜钦的沧浪亭能长留天地间，毁而得以重建，至今受到人们的瞻仰，是由于世代积淀的文化在人们心目中的地位不可改变。这是民族的根，植于中华这片沃土上，谁也毁灭不了。

> 夫古今之变，朝市改易。尝登姑苏之台，望五湖之渺茫，群山之苍翠，太伯、虞仲之所建，阖闾、夫差之所争，子胥、种、蠡之所经营，今皆无有矣。庵与亭何为者哉？虽然，钱镠因乱攘窃，保有吴越，国富兵强，垂及四世。诸子姻戚，乘时奢僭，宫馆苑囿，极一时之盛。而子美之亭，乃为释子所钦重如此。可以见士之欲垂名于千载之后，不与其澌然而俱尽者，则有在矣。

一座普通的沧浪亭，透现出如此深厚的文化底蕴，这正是文瑛和尚修复这座亭子的原因，也是归有光写这篇文章的立意所在。

读到这篇文章的人都说，颇有欧阳修散文俯仰沉吟的风格。

归有光没有泛泛而谈地将它写成游记。

来到苏州，登姑苏之台，归有光举目眺望，发思古之幽情。在浩瀚湖水、苍翠群山之间，泰伯与仲雍自渭水流域奔赴吴地，创建了吴国的功绩；吴王阖闾和夫差为了保卫苏州，与越王浴血奋战的往事；伍子胥、文种、范蠡在春秋时期殚精竭虑所策划的事业，今天还能去哪儿寻找痕迹？人世间的一切事物，都将随着时光的流逝，而走进陈旧泛黄的史册。王侯将相，虽然功名富贵，可以极一时之盛，但是在漫长的历史面前，仍不免“澌然而俱尽”。

归有光站在了历史的高度，他的目光看得很远。他认为，真正有生命力的，还是士人，他们只要清高而勤奋，便可以以自己的美德和文章流传千古。由此看来，他不仅仅是在写沧浪亭，而是在为自己的人生信念作诠释。

沧浪亭的仰止亭北，有五百名贤祠。这是清代道光年间布政史梁章钜重修的。巡抚陶澍得吴郡名贤500余名，钩摹刻石，供人瞻仰祭拜。594幅石刻像，都是清末以前2000多年与苏州历史有关的人物，绝大多数是地道的吴人，也有一些外地来苏州做官的“名宦”。归有光理所当然地名列其中。

五百名贤祠似乎印证了《沧浪亭记》中关于名垂青史的观点。

归有光是以自己的道德文章，进入五百名贤行列的。而弥足珍贵的，也是他留给后人的那些文章。

嘉靖二十三年五月十六日，安亭发生了一起民女被害事件，在四邻八乡造成了很大的影响。

原来，本镇豪强胡岩与酒店老板汪客的妻子汪妪长期通奸。这件事，被进门不久的媳妇，18岁的张贞女知道了。她发现婆婆几乎是半公开地与人通奸，经常在家里和恶少们饮酒作乐。汪客年纪大了，又嗜好喝酒，终日昏昏醉醉，不明就里。没想到，婆婆在与恶少们宴饮时，还非要张贞女出来招待不可。张贞女十分委屈地把这件事告诉丈夫，丈夫却说，那些人都是父亲的朋友，通家来往的时间久了，没什么关系的！

有一天，汪妪与胡岩在家里同浴，被张贞女察觉了。汪妪一不做二不休，居然干脆要张贞女为他们提汤送水，张贞女走进房间，看到婆婆与赤身裸体的男人在一起，十分惊讶，吓得丢掉了水桶，逃回娘家。她掩面哭泣，娘家人谁也不知道发生了什么事情。

但是，张贞女终究没有逃脱自己的厄运。后来，恶少胡岩等人竟然在她的身上动起了坏脑筋。在婆婆汪妪的默许下，胡岩等 4 人先是登楼纵饮，接着又胁迫张贞女同宿，试图将她也拖下水，同流合污。但是张贞女坚决不从，以木棒自卫，结果被胡岩和汪妪用绳索绑在了床脚上。恶少们丧心病狂地“一人乃前刺其颈，一人刺其胁，又椓其阴，尸重不可举，乃纵火焚其室”。

在折磨了一天一夜后，善良的张贞女死于非命。

发现张贞女死后，胡岩等恶少想抬走她的尸体，谁知道尸体重得根本就抬不动。他们急了，怕这件事暴露出去，于是想出了一个恶办法，把尸体与房子一起烧毁，消灭痕迹。邻居们发现汪家突然失火，纷纷前来救援，看见了张贞女的尸体，根本没有被烧毁。而在这时候，恶少们早就逃之夭夭了……

案发后，胡岩和他的父亲胡堂买通了汪氏雇用的王秀，作下伪证，把杀人的罪名全部推到了恶少中的朱旻一个人身上。其他人则借机逍遥法外。可是，安亭镇上知悉情况的老百姓群情激愤，“自七八十岁老翁，下至三尺童子，言烈妇之冤”（归有光《答唐虔伯书》）。

当时还在安亭世美堂教书的归有光，听说了这件事，对张贞女的悲惨命运，给予了极大的同情和关注。他决心干预这件事，立即写信给与嘉定知县张重关系密切的唐虔伯先生。唐虔伯联络嘉定各界知名人士，在知县张重那里为张贞女申冤。张重为归有光、唐虔伯他们的正义之举所感动，对此事高度重视，在查清真相后，将胡堂、胡岩父子缉拿归案，绳之以法，平了民愤。

作为散文家，归有光专门为之写下了《书张贞女死事》《贞妇辨》《张贞女狱事》等文章，记叙这起事件发生的前因后果，以及官府审理案件的经过。

对于写《书张贞女死事》一文，归有光十分自豪。他在给朋友李浩卿的信中说："元凶漏网，烈妇受诬，此千古之恨，以此发愤，更不思其他。"他自负地说，他与李数十年相知，一直是在黯黯而居，默默而处。难道还欲揭日月，想在海滨草野之间求声誉吗？可是写出的这篇文章，他却觉得可以流传千古了。他耳闻目睹，而且据实写来，完全是采用了《史记》和《汉书》的笔法。还没有哪篇文章这么让他如愿以偿。

他似乎意犹未尽。事隔4年以后，又写出了《书张贞女狱事》《贞妇辨》等文章。恰恰在这一年，他16岁的儿子子孝过早地离开了人世，全家人都沉浸在巨大的悲痛之中。

这位富有正义感的散文家如此关注民女的命运，令人感动。或许，也可以说是在情理之中，但耐人寻味的是他还花费不少笔墨，细腻地描绘了围绕张贞女事件出现的许多神异现象。

张贞女死后，尸体竟重得让人无法抬起。在经过了长达3个月的盛暑以后，尸体丝毫也没有腐烂，皮肤肌肉光鲜如生。但是被恶少用利器所刺的颈肋处，创孔仍有血沫冒出。

在张贞女出事的前三日，嘉定的烈妇祠旁，有人听到空中有鼓乐之声，祠中有炎炎烈火从亭柱中冒出来。人们都认为，这是张贞女死事的一种征兆。四月至六月，安亭一带始终干旱无雨，可是当县官理清案情，惩治腐恶后，天空却突然大雨如注，让干旱了很久的田地喝足了水，人们无不称快……

如果孤立地看这种神异现象，似乎觉得也许是神怪小说中的情节——这在吴承恩的《西游记》中随处可见。然而，假如我们将故事放在嘉靖年间的时代背景，联想到归有光那时候只是安亭江上的一个教书先生，一个屡试不第的老举子，他借助神异的力量谴责社会邪恶势力的用意，就不难理解了。

一脉清泉

归有光的文章，看起来只是从日常交友和身边琐事着眼，没有什么令人震惊的重大题材，却因情真意切，让人在细细读完以后，一掬同情之泪。归有光当时也不会只想着让自己的文章成为“天地之菁英，古今之宝藏”——自以为是的人往往制造出稍纵即逝的易碎品。可是，正如他的同道、一并被称为“唐宋派”的散文家唐顺之所说：“信手写来，便是宇宙间第一等好诗。”他朴实无华的真情，让人深深感动，成为明代渐渐兴起的要求自由地表达愿望、抒发情感，尊重日常世俗生活的时代潮流中的令人瞩目的浪花。

如果说，《项脊轩志》抓住生活中典型事例的特征，利用日常琐事来刻画家庭成员之间的关系，传达细腻深厚的感情，开创了一代散文的新风，成为归有光全部散文中最具有代表性的一篇，那么他的另一篇散文《项思尧文集序》，则表达了自己的文学见解，向当时的文坛霸主提出了大胆的旗帜鲜明的宣战口号。

> 永嘉项思尧与余遇京师，出所为诗文若干卷，使余序之。思尧怀奇未试，而志于古之文，其为书可传诵也。
>
> 盖今世之所谓文者难言矣。未始为古人之学，而苟得一二妄庸人为之巨子，争附和之以诋排前人。韩文公云：“李、杜文章在，光焰万丈长。不知群儿愚，那用故谤伤！蚍蜉撼大

树，可笑不自量！”文章至于宋、元诸名家，其力足以追数千载之上而与之颉颃；而世直以蚍蜉撼之，可悲也！无乃一二妄庸人为之巨子以倡道之欤？

思尧之文，固无俟于余言，顾今之为思尧者少，而知思尧者尤少。余谓文章，天地之元气，得之者，其气直与天地同流。虽彼其权足以荣辱毁誉其人，而不能以与于吾文章之事；而为文章者亦不能自制其荣辱毁誉之权于己：两者背戾而不一也久矣。故人知之过于吾所知者，不能自得也；己知之过于人之所知，其为自得也，方且追古人于数千载之上。太音之声，何期于《折杨》《皇华》之一笑。

吾与思尧言自得之道如此。思尧果以为然，其造于古也必远矣。

在这篇为朋友项思尧的文集所作的序文中，归有光借题发挥，明确地提出了自己的散文观。这是与文坛盟主王世贞“文必两汉，诗必盛唐，大历以后书勿读的”复古派主张针锋相对的。归有光认为，文章与天地同流，权势虽然能够荣辱毁誉其人，却不能奈文章何。文章的价值，作者应有自己的判断，有“自得之道”。这恰恰正是杜工部所说的“文章千古事，得失寸心知”。

中国的散文，从先秦诸子算起，绵绵延延几千年，太繁华、太古老，也太冗滞。仿佛一条长长的河流，有着激越奔涌的源头（正是在战国七雄争霸，士人们纷纷献计献策，斡旋筹划，形成了百家争鸣局面的氛围中，散文脱颖而出）。但此后这条河流却因有了许多的沉淀物，显得壅塞不畅。汉代，骈文的兴盛导致了散文的式微，直至唐代的韩愈、柳宗元，他们大力提倡“古文”，反对过于矫饰、渐趋空洞的骈文，散文才逐渐恢复了生机。

到了明代嘉靖年间，以王世贞为首的“后七子”，主张“文必秦汉，诗必盛唐”，盲目尊古复古，使散文之河又一次在狭窄的河床中干涸。归有光不满于此。他虽然偏居一隅，没什么政治地位，却敢于蔑视权威，不怕向“盟主”挑战。

他的出现，终于给沉寂的河流注入了一脉清泉。

当年的文坛盟主王世贞，身居刑部尚书高位，不可谓不显赫。他自恃有才有势，结集了一批文人鼓吹复古论调，认为盛唐以后无诗，宋元以后无文。归有光却不买他的账，以一个穷乡老儒的身份，毫不畏惧地与之抗争。他说王世贞“自谓欲追秦汉，然不过剽窃齐梁之余”，词锋犀利，一点儿也不客气。甚至干脆斥之曰：“苟得一二妄庸人为之臣子，争附和之以诋排前人。”

王世贞很有些难堪，连忙写文章为自己解释说：“妄诚有之，庸则未敢闻命。”

谁知，归有光偏偏仍不放过他：“惟妄故庸，未有妄而不庸者也！”

这就是倔强的归有光。换了另一个人，绝不会这样剑拔弩张的，丝毫也不给王世贞情面。可他连弯子都不会拐一下，真让人为他捏一把汗。

有意思的是在若干年以后，出现了戏剧性的变化，王世贞终于发觉自己当年的主张是失误的，放下架子，由衷地称赞归有光的散文“不事雕饰而自有风味”。比起自己雕饰过甚的文章，他确实写得恬适自然。当归有光逝世后，还专门写了《归太仆赞》表示推崇之意。

赞曰：风行水上，涣为文章。当其风止，与水相忘。剪缀帖括，藻粉铺张。江左以还，极以陈梁。千载有公，继韩欧阳。余岂异趋？久而始伤。

在《归太仆赞》前，还有上面这一段长长的序文。王世贞是以发自内心的真情，写下每一个字的，毫不虚伪。

这一番文坛佳话，今天读来还是令人回味无穷。

客观地说，王世贞作为一位身居高位的官吏，还是为官正直、不附权贵的。他的父亲王忬以泺河失事，被严嵩构陷下狱。王世贞与弟弟王世懋在严嵩门外请求宽免，但他们的父亲还是被处死了。兄弟俩号泣扶柩回到故乡太仓，后来，又伏阙申讼父冤。显然，他绝不可能与严嵩之辈同流合污。官至刑部尚书后，他确也做了不少好事。作为一个散文家，王世贞继承并鼓吹“前七子”的复古理论，但他并不像李攀龙那样偏激，能够接受归有光的批评，为自己的过去深刻反思，也显示了他的坦荡胸怀。这就很有几分可敬了。

王世贞有一篇《题海天落照图后》，叙述了一幅曾经为宋徽宗内府秘藏的名画屡遭磨难、几易其主的经过，以及自己得到仇英摹本的情况和喜悦的心情。严嵩之子严世蕃为了得到《海天落照图》，竟指令郡守大张挞伐。郡守先是强行索取，接着又企图以法制人，欲置苏州古董商人汤氏以死地。汤氏明知大祸临头，仍冒死延请著名画家仇英临摹一本，但愿能以假乱真。不料被冤家告发，在万般无奈之际，汤氏才交出真迹。在交出真迹前，汤氏割下 3 首题画诗补在汤本之后，邀请自己的好朋友置酒泣别，又摩挲三日，才恋恋不舍地交出了真迹。

围绕一幅名画，汤氏的挚爱之情和严世蕃的贪暴之心，在王世贞的笔下形成了鲜明的对比。在听说真迹亡绝时，王世贞禁不住发出深深的惋叹。幸而他有机会得到仇英的摹本，使《海天落照图》妙迹再现。他的欣喜之情溢于言表，决心不惜一切代价来充当这幅名画摹本的保护者。在他的眼里，仇英的摹本正是传说中王羲之临摹的《宣示表》和欧阳询临摹的《兰亭序》，足以代替真迹。

在本质上，职位不低的王世贞毕竟仍然是一个文人。无论是获得名画摹本的喜悦，还是对倒行逆施的奸臣的愤慨，都在文章中表现了出来。只有良心尚未泯灭的读书人，才会有这样的思维方式。

对严嵩父子的深恶痛绝，用为名画题后的办法来表达，在特定条件下，这不失为一个巧妙的策略。而与归有光之间的论战，就可以直抒己见了。他知道自己在文学主张方面不如归有光，坦率地认错，这样的雅量，也很值得夸赞。

显然，归有光和王世贞都具备直面人生的勇气。他们不怕论争，甚至白刃相见，最终却甘愿臣服于真理，并且逐渐趋向同一。当时那种文艺批评的自由空气，是崇尚个性自由的体现，是作家胸怀坦荡的体现，怕也是明代散文中兴、蓬勃的一个缘由吧！

今天，当我们在阅读归有光文章的时候，不仅可以读到与明王朝的沉浮起伏相偏离的宁静淡泊，读到对亲情的挚爱和对国家社稷的责任，也可以读到文人之间的相亲相近与相仇相斥。正是归有光、唐顺之、王世贞以及比他们晚几十年的“三袁”、徐渭等文人，以各自的风采，组成了一股颇具现代开放气息的浪漫主义的时代思潮，点化了明代中叶封建没落哀唱中的世俗风情……

师生之间

震川书院

魏庄渠观海

明嘉靖初年（1522 年）的一天，时任广东提学副使的魏校，与来访的朋友一起去观海。观海归来，他问朋友道：

“你们在海边有什么收获？”

朋友不假思索地回答：“感到胸襟开阔，心旷神怡呀。”

魏校思忖着朋友的话语，却想得更深。随后，专门写下了一篇《观海说》，记叙自己非同一般的感悟。

魏校，号庄渠，明代理学家，归有光的老师。他自幼刻苦读书，学问很渊博，上至天文，下至地理，近至人伦，远至物理，都研精覃思。入仕前，他生活在阳澄湖畔的古镇正仪，见惯了江河湖泊，“观于江河，而知百流之小也”。

一旦来到海边，“望洋则茫若势若与天俱浮，一色苍苍。上下无方，又曷有极邪”。浩淼无涯的大海，已不是江河所能相比的。然而，如果从整个天地来看，却又让人忘记了海是大的。在辽阔的苍穹下，即使是千山万岭，也只能见其卑小。那么，究竟什么是最大的呢？不是别的，而是人心。“今夫心其大，不逾径寸，而周天之体，六合之内外，卷之不盈分焉。”人心不过几寸大，大地万物却什么都能装得下。

他与朋友一起观海，本来是想“洗心”——让自己的内心经过濯洗，去除污垢，变得更加澄净，这个目的似乎没有达到，却让心抵达非凡的境界，成了“大心”。

这顿时让今天的我们想起了法国文学家维克多·雨果的名言：“世界上最宽广的是海洋，比海洋还宽广的是天空，比天空还宽广的是人的胸怀。”魏校的观点，至少比雨果早了300年。不仅早，还有一系列的理论支撑这个观点。

事实上，他不仅写下了《观海说》，还写有《心说》《性说》《理气说》等。他曾深入研究象山学派。象山学派，又称“陆学”“心学”，是由南宋学者陆九渊创建的一个理学学派，十分强调“心”的统帅作用，提出了“学苟知本，六经皆我注脚”“六经注我，我注六经”等著名的命题。魏校到了晚年，学问逐渐达到了与陆九渊“吾心即宇宙”同高的极深境界。他认为，心具有极强的反思能力，可以突破时间和空间的局限，与宇宙同大。

在魏校逝世后，归有光为他编了《庄渠遗书》。在这部著作中，有多处谈到“大心”。他说：“心之妙用，即天之神。”“人只有数尺躯，其生不过百岁，所以能与宇宙同大者，以此心也。”“是故前乎千万世之，既往后乎千万世之，方来远而六合之内外，思之，皆在目前。宇宙内事皆吾分内事。更无古今远近内外之间，天体惟一。自古至今，上至群圣，下至庶民，以及于吾，惟是一心。”

他打了一个比方说，树木必有根系，然后长出千枝万叶，可依而立；水流必有源头，然后生出千流万派，其出无穷。世间的万事，有什么不出于心呢？心是万物汇集处。“大心”既存，有了主宰，世间的万事便可以次第而治了。

然而，普通人因为各种事情的纷扰，难以达到天人合一的境地。追求名声，只为有我；追寻晋升，只为有我；追逐利禄，只为有我。穷了就想致富，富了就想高贵，高贵了就想康宁，康宁了就想长寿。耳朵欲听美声，眼睛欲视美色，嘴巴欲食美味，鼻子欲嗅馨香，四肢欲想安逸。人的物欲，实在是牵连无穷的。知道了有一个人，却不知道有一家人；知道了有一家人，却不知道还有一国；知道了有一国，却不知道还有天下。方寸间被那许多私欲重重间隔，如何能与天相似？“理者，非他，乃日用万事此以当然之故也。”

魏庄渠观海，观出了胸中阔大的境界。朋友们观海的收获，是知道天外有天、山外有山、人外有人。按照中国文化人的传统理念，穷则独善其身，达则兼济天下。君子应该有不断奋发进取的精神和虚怀若谷的姿态，兢兢业业于圣贤之途。但魏庄渠却超越了这个层面。他借观海为题，阐发了自己心通天体、与宇宙同大的思想。他深入指出，圣贤必须要有大公之心，必须去私欲间隔，大其心，方能成为圣贤。

在他看来，唯独圣人，能够“尽心”，“合天下之聪，合天下之明”。这样的心，具有超强的能力。“天大无外，心大亦无外，此理之无限量、无穷极。”

一般人看着连绵不断的山峰，总觉得高不可攀，但是高山与苍天比较起来，就显得很低了；一般人观浩瀚无边的大海，总觉得浩渺无垠，但是从天地整体地来观海，海又显得渺小了。这样说来，心，虚灵之主宰，能够决定人所看到的事物的大小、高低或者深浅。不管是什么巨大或者广阔的事物，都有可能变得极其微小，极其微不足道。山之高、海之阔，都不及天地之大，不及宇宙无穷，当然更不及人心的神妙无穷。漫漫5000年的历史，甚至是几千里之外的万事万物，人心都可以自由自在地想象。心的神通广大，真的是无穷尽、无限量的。所以，他认为，心与宇宙同大，与天地同大。

作为圣贤，应该时时把心放大、放阔、放深和放远，要不断深蓄涵养，保持宽广的胸襟和浑厚的气象。不能让世俗的眼光约束心的无限能力，而是要以天下心为心、以天下身为身，与万物朝夕相处，廓尽自然万物。与民众打成一片，廓然而大公。天人合一，与天地浑然一体，这才是心的真生命和真意义所在。

魏校当官时，忠于职守，从不愿阿谀奉承。后来因为与朝廷某些人意见不合，他绝意仕进，辞官回乡，潜心研究学问。年仅六旬，就离开了这个让他饱受磨难的人生之海。我们不难揣测，他的“大心”之说，恰恰是在命运蹭蹬的状态下，自我升华的产物。

师生相

魏校从 24 岁起就在古娄江畔的星溪（今正仪）讲学，常常有 100 多人跟从他。

明弘治年间，魏校进士及第，担任南京刑部主事，后来升任为郎中。嘉靖年间，担任太常寺卿、监国子祭酒。一生著有《周礼沿革传》《周礼义疏》《大学指归》《魏庄渠粹言》《巷牖录》《庄渠遗书》《庄渠诗稿全编》等。

归有光不仅当了魏校的学生，还娶了魏校的弟弟光禄寺典簿魏庠的女儿为妻。两人是师生，也是亲属。

归有光求学时，并不盲目接纳知识，而是以老师的学说向老师提出各种质疑。魏校很欣赏他的做法，丝毫也不认为归有光是在为难自己。正因为如此，他们之间经常相互切磋，结下深厚情谊，也形成了有诸多共同点的“师生相”。

比如，魏校做学问讲求融会贯通，归于涵养仁心，被奉为“主静之学”。当时的李献吉和唐应德都以诗文享有盛誉。魏校却一针见血地对李献吉说：“你才气很高，然而虚志和骄傲损害了为文之道。”他又对唐应德说：“你闭门读书，不知是为了求放心，还是遮人眼目？这无异于玩物丧志。”两人听了，都对他直率的批评心悦诚服。

归有光论文，观点非常鲜明。嘉靖、万历年间，以李攀龙、王世贞为首的“后七子”继承了“文必秦汉，诗必盛唐”的复古主张，并且愈演愈烈，文坛上弥漫着模仿剽窃的恶劣风气。归有光在他最著名的论文《项思尧文集序》里，明确地表明了他的唐宋派观点。他认为，宋元诸名家足以与古人相颉颃，和秦汉派“文必两汉，诗必盛唐，大历以后书勿读”的主张针锋相对。文中还提出了两个很深刻的见解。一是文章与天地同流，权势虽能荣辱毁誉其人，却不能奈文章何。二是文章的价值，作者应有自己的判断，这与杜甫所说“文章千古事，得失寸心知”有异曲同工之妙。这充分显示了归有光在浑浊的世风中高标异帜、特立独行的人格力量。文中把“后七子”领袖王世贞批评为“一二妄庸人”。

王世贞官至南京刑部尚书，主盟文坛达 20 年。尽管归有光当时只是个独抱遗经于安亭江上的老举子，却直斥声名显赫的王世贞，足以看出他的战斗精神。

魏校在担任南京刑部主事 8 年期间，从不胡判乱惩，任意鞭挞一人。每次审讯重囚，他都要先斋居默念，宁静心境。发现有冤屈的囚犯，别人不敢轻易释放，他却果断地判决了。魏校被誉为“南都四君子”之一，为人很有骨气，当时的太监刘琅党同伐异，不少人怯于权势，纷纷拍他的马屁。惟独魏校不买账，不跟他来往。

归有光 60 岁时考中进士，继而当了浙江长兴县令。上任后，他以“惠爱”的思想治理政事。归有光审理案件的方法很有人情味，常常允许妇女儿童围观。他耐心细致地问清原委，才作出决断，不轻易将人投入狱中。有一次，小小的长兴县送上会审的狱囚文册中，竟开列 79 名死囚，令人瞠目。阴暗的监狱里人满为患。归有光看到囚犯们那种蓬头垢面、伏地哀号的惨状，顿时生出恻隐之心。他想，即使这些囚犯是罪有应得，也有值得哀衿之处。经过认真调查，他发现有很多人是无辜枉滥者。有 60 人被宜兴县坐指为盗，有 13 户平民被乌程县（今湖州）诬为盗贼，归有光察知实情后，移文至两县，分别为他们昭雪。往日从太湖至湖州，商贾多被剽掠，经过 3 年整治，长兴风气大为好转，船只安心在太湖上行驶，乡间夜不鸣犬。

魏校天生异乎寻常的聪明，又少年老成。清代康熙《昆山县志稿》说他“生而颖异，读书一目十行。自为儿时，容止俨然若老成人”。明弘治十八年（1505 年），他 20 来岁就考中进士。廷试原打算列第一，皇帝阅对策时觉得其用语有不妥之处，改置二甲。

归有光也是八九岁就能写文章，10 岁时所写的应制文《乞醯》，洋洋数千字，读到的人无不赞叹他早慧。明嘉靖四十四年，归有光 60 岁时，考中了三甲进士。也许是被人做了手脚，归有光跟他的老师一样，没有如愿以偿得到第一名。

顺便提一句，在魏校逝世以后，归有光所编的《庄渠遗书》，卷九记录了明代正德十六年（1521 年）魏校在广东当钦差大臣时所写的《谕民文》，其中有“倡优隶卒之家，子弟不许妄送杜学”“不许造唱淫曲，搬演历代帝王，讪谤古今，违者拿问”等词句。不少专家认为，这是广东有关戏剧最早的文字记录。

嘉定四先生

明末诗人钱谦益说：“嘉定为吴下邑，僻处东海，其地多老师宿儒，出于归太仆（归有光）之门，传习其绪论。”清代学者阎若璩也道：“隆庆以后，天下文章萃于嘉定，得有光之真传也。”（光

绪《嘉定县志》）

归有光在安亭读书论道20余年，弟子如云。明代中晚期，嘉定最出名的读书人是娄坚和唐时升。当时，以魏忠贤为首的宦官集团把持朝政，明王朝内忧外患，处于最黑暗腐败的时期，娄坚与唐时升、李流芳、程嘉燧声气相通，他们以学问品行为重，钟情于文学艺术，徜徉于山水园林之间，与海内的文人雅士交往，成为世所瞩目的一个集团，人们尊称“嘉定四先生”。他们都是归有光的高足。

唐时升，字叔达，少有大志，30岁不到，即弃举子业，诗名远扬，86岁无病而终。父亲唐钦训，与归有光友善。唐时升早年拜在归有光门下，学习诗文，但他20多岁就绝意科举，在家里专门研究古学。虽然家境贫寒，却乐于助人，人们都称他是“好施与”。

唐时升将功名利禄看得很淡，耕耘田园，种菜莳花，过着陶渊明一样清贫而怡然自得的生活。晚年的唐时升闭门谢酒，“味庄列之微言，以养生尽年”，常常与娄坚、程嘉燧等人一起布衣杖屦，外出游玩，谈诗论文，意气飞扬。一起出游的人都说他们像是古代的学人，不染尘俗，很有仙人的气韵，称他们为“练川三老”。唐时升的文才很好，做诗的时候常常是不假思索，一挥而就。他不喜欢艰涩的文章，自己作诗用词清浅，而且文不加点，一气呵成。他为自己的诗文集取名“三易”，也正是这个意思。

当时，太仓人王锡爵担任大学士，邀请唐时升进京论天下时势，唐时升滔滔不绝，对答如流。王锡爵知人识才，推荐唐时升到东北明军部作文书。中年以后，唐时升卸甲归田，在嘉定城里建读书台，种植梅花，人称“梅园”。

娄坚，字子柔，擅长书法，妙绝天下。娄坚的祖上曾为宫廷御医，后世代行医。父亲娄巽之人称嘉定神童，未成年时，已补博士弟子第一。他十分注意培养教育娄坚。少年时代，娄巽之就把娄坚送到安亭，让他师从古文大家归有光学习。娄坚的同学中，还有他的表哥唐时升。在归有光的悉心教育下，娄坚与唐时升刻苦求学，成为归有光的得意门生，在江南一带渐具文名。

李流芳，字茂宰，号檀园，出生于嘉定南翔一户官宦人家。万历三十四年（1606 年）中举人。后深感朝纲不振，绝意仕进。李流芳原籍南直隶徽州府歙县，祖父李文邦为迁翔始祖，曾任成山卫指挥使，封赠公爵。父亲李汝筠为县学生，伯父李汝节为嘉靖进士，官安吉知州。堂兄李先芳，万历进士，四川参议。

李流芳在青少年时代，潜身东林庵中，认真读书，企求科举入仕。32 岁中举后，两度赴京参加殿试，皆不第。当时朝廷为太监魏忠贤及其党羽把持，仕途凶吉难料。他感到气馁，回到家乡，自建“檀园”，再也不参加科考。李流芳经常游览杭州西湖，一边游湖一边作画，并提笔写下一系列题跋，一派高人逸士风度。为人耿直，诗风清新自然，文品为士林翘楚。魏忠贤建生祠不往拜，与人云：“拜，一时事，不拜，千古事。”

李流芳和程嘉燧诗文书画齐名。李流芳曾对好友钱谦益说：“精舍轻舟，晴窗明己，看孟阳（程嘉燧）吟诗作画乃是生平第一快事。”钱谦益回答：“吾却有二快，兼看兄与孟阳耳。”

程嘉燧，字孟阳，号松园，晚年皈依佛祖，释名海能。安徽休宁长翰人，早年寓居杭州，后侨居嘉定。大器晚成，而立之年有诗名，其诗风流典雅，娟秀少尘，被明末诗坛领袖钱谦益推为“一代诗宗”。

“嘉定四先生”诗文成就突出，被现代学者施蛰存称为“晚明最后一个诗派”（《读〈檀园集〉》）。四个人的诗作，率真自然，清

人沈德潜曾作过这样的评述："在嘉定四君中，以檀园为上，虽渐染习气，而风骨自高，不能掩其性情也。"(《明诗别裁》)

多才多艺的"嘉定四先生"，是嘉定人文蔚盛的象征。其实除了他们，还可以列出龚有成、孙岱、唐钦尧、张应文、张应武等一连串名字。

明代末年，嘉定出了一个黄淳耀。他是嘉定四先生之一娄坚的学生，也是归有光曾孙归庄的好友。他比归庄年长8岁，被归庄称为兄长。黄淳耀是坚定的唐宋派，对前辈归有光的文章很是崇拜，自己也写得一手好散文，题材内容、文字风格都深受归有光的影响。他的《陶庵全集》中，有不少值得一读的好文章。

归有光的散文，在对器具、环境、人物面貌、对话等的描绘中倾注情感，在娓娓动听的叙事中偏重细节，这其实是掺杂了小说的写法。黄淳耀的散文，秉承了归有光的长处，有时甚至更为夸张，更显生动形象，也就更能感染人。

比如流传至今的《李龙眠画罗汉记》。黄淳耀在看图画时，充分体会到李龙眠人物画运笔传神，寓意含蓄的特点，对画面形象的记叙，攫住了人物的自然神情。描写人物虽然仅寥寥数语，却能得其精神。描写渡江的罗汉，那种离岸涉水时敛神屏息的神情，及至中流时勉为其难的神情，去岸不远时庆幸欣喜的神情，细腻丰富，栩栩如生，从中凸显出罗汉渡江的不胜其苦。至于没有渡江的5个罗汉，他也极力描写他们各自不同的神态：一个是临渡而无意，一个是逡巡而观望，一个是写出决心初下时的愉悦神情，一个是描写入水将渡前的审慎心理。对这一组人物的刻意描写，也是为了衬托渡江的艰难。已渡者怡然自得的神态，实际上也是对渡江艰难的一种反衬。黄淳耀对于李龙眠画作的描述，在心不在相，着重人物内在精神的刻画，可谓深得其旨。

黄淳耀有一篇《僮乙传》，写他4岁的时候，有人领着一个小孩卖给他家做奴仆。那小孩头发散乱地覆盖着前额，外表幼稚呆傻，黄家用一千钱买下了他。问他的名字，他说“乙”。问他的姓，他说“张”。问他的年龄，他说“不知道”。给他钱，让他计钱数，五六及以下的数字，他还能知道；问他七八以上的数字时，就惊讶得手足无措。虽然黄家人想方设法地教他，他最终也不明白。

> 乙死时，尚不冠，发亦有数茎白者，终不知其年。先是，邻人乏仆者，多使乙，乙皆为尽力。或使乙贳物，未酬市价，死之前一日，亟从邻人索价酬所贳主，越明日死矣。生时有一簏，锸扃甚固。至是启视之，空无所有，莫知其意云何也。

这位名“乙”的僮仆，终究因为淳朴憨厚，不受世俗的污染，而让每一个知道他的人怀念。

读《僮乙传》，很容易令人想起归有光的《寒花葬记》。

从嘉靖二十年起，归有光开始讲学安亭，前后在这里居住了20多年。除了嘉靖三十四年，因为倭寇进犯嘉定，他一度离开安亭，回昆山老家避居，其他时间都在世美堂纵论文史，谈经说道，培养了一批又一批弟子，在他的教诲和影响下，嘉定人才辈出。而安亭这个默默无闻的小地方，也广为世人知晓。

生活在明代嘉靖年间的张大复，比正德元年出生的归有光小了48岁。在他读书习文时，被称为“明文第一”的归有光早已声名远播。归有光一边在安亭的震川书院讲学论道，教授学生，一边做他的散文家，写下了无数脍炙人口的好文章。张大复对归有光很崇拜，学古文自然要师法他。的确，各地的学子都不远千里前来求教，家乡人怎么能放弃身边的机会呢？张大复也确实学得形神兼备。笔下娓娓道来的人物，音容笑貌，宛若眼前。这正是归氏散文将情感含而不露地寄托在典型而平凡的细节里的手法。他的许多篇章夹杂在归有光的文集里，居然让人难以分辨。

钱谦益曾作这样的评价：

> “撰《昆山人物志》，焚香隐几，如见其人，衣冠笑语，期毕肖而后止。《记容城屠者》《济上老人》及《东征献俘》诸篇，杂在熙甫集中，不能辨也。……”

民国史学家谢刚主则在为《梅花草堂笔谈》所作的跋文中说：

> “今读其书，盖不脱明末公安、竟陵之习，谈茶说酒、吟风弄月之流，故而为世俗所推重，然间亦记经世之作，钱谷、屯田、漕河、海运之事，亦足备考史之资。”

张大复的文章，难以摆脱那个时代的文人习气，喜欢以风花雪月为题，热衷于谈茶说酒（连喝洋墨水和咖啡的现代作家董桥，也引用张大复《茶说》里的“天下之性，未有淫如茶者也。虽然，未有贞于茶者也”，作为自己的结论），但毕竟记载了昆山作为昆曲发源地的许多史料，弥足珍贵。此外，他也有很多篇章跟钱谷、屯田、漕河、海运等国计民生之事有关。这与归有光的“忧道”——担忧天下国家大事，写下《三途并用议》《御倭议》《备倭事略》《水利论》等文章，为当政者出谋献策，惠爱百姓，完全是一脉相承的。

后来，张大复与归有光的儿子归子慕结识，成了莫逆之交。归有光一生中有 6 个儿子（子孝、子祐、子宁、子骏、子慕、子萧），子慕是归有光58岁时生的，比张大复小10岁。作为明代散文大家的第五个儿子，作为梅花草堂的座上嘉宾，归子慕当然很能与张大复这位盲人作家沟通，理解他的精神、才华、一生的伤痛，以及道德文章对于文学艺术的意义。所以他们一直保持着密切的关系。

张大复最初的学问，来源于父亲张维翰的悉心传授。3岁能以指画腹作字。他的塾师金思斋很感慨地说，10岁的时候，张大复《论语》的功底，就已经可以反过来做他的老师了。12岁以后，张大复开始刻苦攻读，准备参加科举考试。张家祖祖辈辈五代人都竭尽全力参与科考，但结果无不以失败告终，所以全部的希望都寄托在张大复身上。他不仅有天赋，更有超乎寻常的勤奋。17岁时，他的文章声名已经在苏州一带四处传播。除了对汉唐经史有比较深入的研究，他还让父亲陪同，先后拜访了江南一带的名公硕儒。

人们对他数年后取得功名充满了信心，觉得易如反掌。然而，命运与他开了大大的玩笑，34岁那年，张大复才勉强考中了秀才。“刚肠难忍英雄泪，死地谁堪儿女怜？”一派落寞情怀，促使他含着眼泪写下了这两句诗。没想到，更沉重的打击还在等待着他——考中秀才几个月，父亲张维翰因病突然撒手人寰。

不过，由于他具有远近闻名的才情与渊博的学识，远近诗礼人家仍争相以重金延聘。朝中大臣顾升伯专门为他修筑了一座飞鸿亭，将他请到京城设馆训导儿子。每年春秋两季他仍坚持参加乡试。如果不是一场意外的病变，他或许能中举的。当时，刚满40的张大复正应聘在乡绅周元裕府上担任家庭教师。他去观看一场民间灯会，突然“眼迷炬，翌日发肿”。20天后，他走进春季考试的考场，刚坐下来，就觉得天昏地暗，一双眼睛什么也看不清楚。这场意外发生的悲剧，给他带来了致命的打击。张家祖辈六代的梦想，就此毁于一旦。

这跟归有光的命运十分相似：中举以后，归有光每 3 年一次北上应礼部试，却一次又一次“下第南还”，直到将近花甲之年，仍没有如愿以偿地考上进士，于是只能把讲学论道作为自己的追求。

身材矮小，衣着寒酸，双眼朦胧的张大复，不仅双目失明，无法读书写作，还患有偏头痛与伤寒，一年中肺炎要反复发作几次。然而自称病居士的张大复却在片玉坊活得很洒脱，并非别人想象中的那么愁绪满腔。他用口述的方式，让人记录整理，留下了很多宝贵的著作。他的文章被誉为“震川（即归有光）后一大家”。

明代文学家陈眉公在《梅花草堂笔谈》序中有这样一段话：“元长（张大复的字）贫而不能享客而好客，不能买书而好读异书，老不能徇世而好经世，盖古者狷侠之流。读其书可以知其人也”。与张大复有不少交往的汤显祖，在一封信札中也说：“读张元长先世事略，天下有真文章矣。”能获得这样的评价，张大复在黑暗中活到 77 岁，也无冤屈了。

读书人治水

吴淞江景

吴中水利先驱

北宋时期的昆山，曾经出过两位水利学家郏亶、郏乔，他们不仅是父子，并且合作了一部影响很大的著作《水利书》。

郏亶，字正夫，出身于昆山农家（今地属太仓）。北宋嘉祐二年（1057 年）考中进士。熙宁五年（1072 年）任司农寺丞。第二年，因为遭到保守势力的反对被罢免。后来复任司农寺丞，另授江东转运判官。元祐年间授太府寺丞。

司农寺，作为一个政府机构，始建于北齐。至北宋中期，基本上只是一个闲散的机构，没有什么权力。“司农寺掌供籍田九种，及诸祀豕及蔬果、明房油、平粜之事，止以常参官二人判寺事”(《宋会要》)。但是，从熙宁三年至元丰五年（1082 年）的 13 年间，由于王安石变法，司农寺作为中央重要的财务乃至政务机构，发挥了重要作用。王安石变法的主要内容，如青苗法、农田水利法、免役法、保甲法等，都是由司农寺制订或执行的。司农寺的编制也逐年扩大，郏亶正是在属官“扩编”中担任司农寺丞的。

出生农家的郏亶，为什么能在王安石变法的关键时刻来到重要部门任职？是什么引起了王安石的关注？

原因有两条，一是他自身素质较高，二是顺应了时代的需要。

郏亶从小生活在江南水乡，长大后又常跋涉野外，考察和研究农田水利，深究古人治水之迹，对于太湖流域的水利胸有成竹。熙宁三年，北宋朝廷诏书天下，征集理财省费，兴利除弊的良策。一时形成了“四方争议水利”的局面，这给了郏亶展示自己的极好机会。

郏亶在深思熟虑后，上书建议治理苏州水田，并且提出了一系列治水主张。他认真总结前人治水的经验教训，指出以往治水中存在的 6 处失误，并总结出治水必须“辨地形高下之殊，求古人蓄泄之迹”等“六得”。后来，他又提出“治田利害大概”七条。熙宁五年，郏亶担任司农寺丞，提举兴修两浙水利。一些地方官吏豪绅担心自己的利益在兴修水利过程中受到损害，于是四处散布谣言，诬陷郏亶治水劳民伤财。熙宁六年，郏亶被无奈地罢免。

然而，郏亶相信自己没有错。即使一些人受到地方官吏豪绅的唆使，闯入郏家，对他大打出手，他仍然不愿意改变自己的主张。他坚信自己的主张是切实可行的，是利国利民的。罢官回到家乡后，他在自家住宅西面一块名叫“大泗瀼”的水田上，大胆实践治水理论。当年，他的试验田就获得了很好的收成。为了更广泛地推广自己的研究成果，他再次上书重申自己的主张。朝廷派员考察了他的试验田，被事实所折服，终于恢复了他的司农寺丞职务。

郏亶实地考察太湖地区治水的历史，考察了 260 多条河流，并结合自己治水的亲身体会和设想，撰写了《吴门水利书》4 卷（已佚），其中《苏州水利六失六得》和《治田利害七事》两篇保留至今。他从地域差异和地形特点对苏南水利予以分析：

> 何谓地形高下之殊？曰：苏州五县，号为水田，其实昆山之东，接于海之冈陇……其地东高而西下……常熟之北，接于江之淤沙……其地皆北高而南下。是二处皆谓之高田。而其昆山冈身之西，抵于常州之境，仅一百五十里，常熟之南，抵于湖秀之境，仅二百余里，其地低下，皆谓之水田。

他指出，要根据不同地形特点和水文条件，因地制宜兴修农田水利。主张疏浚与筑堤相结合，“驱低田之水尽入于淞江，而使江流湍急”，既可冲刷河床，又可加速排水。论述精辟，科学性强。他还绘制许多水利图，为后人治理吴中水利提供重要依据。

郏亶在他的《吴门水利书》中讲述了破坏大圩制的各种情况。有的因贪图行船停船之便，凿开圩岸；有的侵耕圩堤坡脚，造成堤身破坏；开浚的河浦标准不足，河身越开越小；地主只管收租，不管修圩；开挖古堤，捕捉鱼虾，造成堤身毁坏等等。由于这样，大圩就渐次分解为小圩了。为了维护大圩，郏亶还提出了筑高圩深浦的整治规划。

尽管这一方案刚一实施就被迫停工了，但是郏亶的治水主张，一直为后世所重视。

郏侨，是郏亶的儿子。他继承父业，成为北宋有名的水利学家，著有《郏侨水利书》《幼成警悟集》等。

郏侨研究太湖水利时，十分重视地域差异，广泛论述苏州近邻数郡地形、水系的特点和差异性，分析太湖流域平江五县湖泊的特点。他认为，很多水灾是因为前代堤防堰闸尽坏，不能分水排流所造成的。所以他主张在河口设置堰闸，以防止潮水倒灌和泥沙淤积，在一些湖泊筑堤蓄水，以防止旱涝等。

在治洪问题上，他主张引导太湖上游来水，分路泄入长江、钱塘江，以减轻太湖洪水压力；在吴江塘路多置桥梁，畅通太湖洪水出路；修筑吴淞江两岸堤塘，以吴淞江为太湖洪水宣泄专道。并且主张分片处理地区涝水。他的观点是：“欲决常州、润州之水，则莫若决无锡县之五泄堰，使水趋于扬子江；欲决苏州、湖州之水，莫若开昆山之茜泾浦，使水东入大海，开昆山之新安浦、顾浦，使水南入于松江，开常熟之浒浦、梅李浦，使水北入于扬子江；于秀州治华亭、海盐诸港浦，疏导积潦。”

郑侨关于“大中小结合”的治水方针，对于太湖地区治水理论有独特的贡献。他的《水利书》说：

> 震泽之大，才三万六千余顷，而平江五县积水几四万顷，然非若太湖之深广弥漫一区也。分在五县，远接民田，亦有高下之异，浅深之殊，非皆积水不可治也，但与田相通，极目无际，所以风涛一作，回环四合，无非水者。既非全积之水，亦有可治之田。潴泻之余，其浅淤者，皆可修治，永为良田……

今天读来，仍然能给我们很大的启示。

民间传说中，大禹继承父亲鲧的事业，站在了治水的前沿。他变壅塞为疏导，终于取得了成功。大禹治水，凿江排涝，太湖流域始有“三江既入，震泽底定”的局面。震泽，是太湖的古名；三江，指的是太湖进入东海的三条主要泄水通道——吴淞江、娄江和东江。直至今日，三江仍然在发挥着应有的作用。

但太湖水系始终在变化之中。郑亶、郑乔父子在他们的《水利书》中记载，苏州一带除太湖外，还有昆承湖、阳澄湖、沙湖，却没有提及水域不小的淀山湖和澄湖。淀山湖和澄湖是宋代以后形成的。

公元 8 世纪以后，随着全球性冰后期海面的升高，和三江所处的太湖平原（江南古陆部分）的不断沉降，使河流的比降发生了较大的变化。三江之水的流速大大减慢，以致江水所挟持的泥沙常常在河道内沉积。在海潮汛期，原来宣泄太湖水入海的三江，竟反而变成了海水内浸的主要通道。正如郑亶所说：“欲东导于海反西流，欲北导于江者反南下。”海水甚至一度逆吴淞江而上，倒灌至苏州城东一二十里。潮水所挟持的泥沙，大量地在河床内堆积，从而使娄江、东江相继淤塞。连原本“深广可敌千浦”的吴淞江，到宋代时也逐渐淤浅变狭，下游的宽度足足缩小到了原来的 1/10！

太湖之水宣泄不畅，导致太湖流域常常内涝成灾。据史书记载，从北宋大观元年（1107 年）至南宋乾道六年（1170 年），这 63 年间江南一共发生了 7 次较大的水灾。特别是南宋隆兴二年（1164 年）发生的那一次，洪水之大，冲击力之猛，波及范围之广，是有史以来罕见的。水灾甚至殃及了镇江、建康、宁国府、广德、寿春和湖庐等广大地区。

今天，从太湖流域古文化遗址出土的大量石器、陶器、玉器、动物遗骸、植物碳化种子以及汉代、宋代的水井等文物中，我们不难想象，从新石器时代晚期至春秋战国时代，又至汉宋时代，这一带洪涝灾害频繁发生，部分陆地下沉为湖，又经历了升而复降的几个阶段，终于由草甸土壤环境，演变为水乡泽国。

这便是江南水乡形成的过程。

从大禹凿江排涝开始，人们就不断地与洪涝灾害进行斗争。到了唐宋时代，人们对水利建设有所重视，千方百计疏浚河道，筑堤围田，减轻洪涝水患。明清时代，兴修水利，抬高田身，更是为统治者们所看重。“凡圩岸皆如长堤，植榆柳成行，望之如画”，“江南三月草长，则刈以踏稻田，岁岁如此，地力常盛”。古籍中常常可以看到这样的词句。这清楚地说明，我们的先人早就懂得如何通过治水降潜，因土种植，合理轮作，增施肥料等措施，以保持农业生态系统的平衡。

人们赖以生存的水，是人类文明的精魂所系。在世界的任何一个地方，水无一例外地得到政治家们的重视，治水成为特殊的政治手段。而任何一位关注国计民生，有着深沉的忧患意识的知识分子，都不可能对水利这样的大事漠然置之。

生活在江南水乡的归有光同样如此。

至和塘

娄江，出苏州娄门向东，经过昆山城，流往浏河口出海，“凡七十里”。宋代，由于古道毁坏，淹为一片泽国，“风波相凭以驰突，废民田以潴鱼鳖”。对这种水患不绝、盗匪猖獗、行旅艰辛的险恶环境，老百姓苦不堪言，却又无可奈何。

宋皇佑年间，江淮发运使上疏皇帝曰：“苏之田膏腴，而地下尝苦水患。乞置官司，以畎泄之。”于是，朝廷选派了当时担任通判殿中丞的王安石赴往实地调查。

王安石来到苏州后，乘船沿着娄江古道仔细考察，“度长绳短”，经过测量，绘制成施工图纸方案，回到京城后，又如实汇报。然而，由于种种原因，王安石的治水建议朝廷并没有付诸实施。

宋至和二年（1055年），昆山主簿（县令属下掌管文书的佐吏）邱与权，不顾自己位卑言轻，向吴郡太守陈述了疏浚娄江流经昆山一段河塘的理由。他认为，重筑塘岸有五大利处——一是方便舟楫，二是开辟田畴，三是恢复租赋，四是制止盗贼，五是禁绝奸商。其他的好处不是一下子能够全部预计的。“愿约古制，役民以兴作，经费寡而售效速”。他还自立“军令状”，说如果河塘修筑不成，愿以身塞责，接受一切处罚。

邱与权的意见，终于被昆山知县钱纪、吴郡太守吕公所采纳，“为请于有司”。在昆山知县钱纪的全力支持下，吏民同心协力，开始修造河塘。“先设外防，以遏其上流。立横埭又限之，乃自下流浚而决焉。畚锸所至，皆于平陆”。开始堵截时，狂风怒号，天色昏暗，暴雨迅雷，人们赶快用三牲向天神祭告，直到癸巳日的半夜雨势才收停，天亮后天色放晴，工程终于能顺利进行。老百姓都认为是天神相助。原计划一个月的工程，只花了19天就完成了。

中国水利史上的这一段佳话，被沈括载入了他的《梦溪笔谈》卷十三：

> 嘉祐中，人有献计，就水中以蘧蒢、刍藁为墙，栽两行，相去三尺，去墙六丈又为一墙，亦如此。漉水中淤泥实蘧蒢中，候干，则以水车汱去两墙之间的旧水。墙间六丈皆土，留其半以为堤脚，掘其半为渠，取土以为堤。

当时施工最大的困难是“泽国无处求土”。有人献计，在水中用竹和苇编的粗席为墙，栽两行，相隔三寻，离墙六丈，又为一墙。漉水中淤泥，填实竹、苇编粗席墙中。墙间六丈，皆留半以为堤脚。掘其半为渠，取土以为堤。每隔一段建一座桥，以通南北之水。

同时，他们还浚治了沿线的塘、浦、渚、泾。从此，不仅农田积潦有了出路，还可以上承鲇鱼口等来水，通过至和塘排入大海，代替已经淤塞的古娄江，成为新的入海通道。不仅提高了抗洪排涝能力，还大大改善了水陆交通。

所筑成的塘岸，每隔三四里架起一座桥梁，以便支流注入。而在宽阔的至和塘上无法造桥，则设置了许多摆渡口，以方便行人往来。今天昆山新镇的白塔头、正仪的东亭子和西亭子、苏州工业园区的唯亭等，最早就是摆渡点。

邱与权在《至和塘记》中说，修筑后的至和塘，“深五尺，广六十尺，用民力才一十五万六千工，费民财若干贯，米才四千六百八十石；为桥梁五十二，莳榆柳五万七千八百。其贰河植菱蒲芙蕖，称是计其入，以为修完。料民之余，治小虞，自严村至于鳗鲡瀼；治新洋江，自朱沥至于清港；治山塘，自南山至于东；浚渚泾六十四、浦四十四、塘六。于是阳域诸湖皆通而及江”，最后，他用“田无作潴，民不病涉”8个字，概括了至和塘的功能。

因为是至和年间修筑的河塘，遂以年号命名，称作“至和塘”。

邱与权修筑至和塘，取得了理想的成效。娄江水流畅泄，船只通达，行人称便，两岸田畴丰收，商贾云集，市场繁荣。一直到清道光十五年（1835年），因至和塘年久失修，土石颓圮，水流受阻，江苏巡抚陈銮在巡视松（江）、苏（州）期间，“亟思辑而新之”。于是，他发动民众，捐资出力，再次疏浚至和塘河道，并加固了塘堤，保田畴、利帆纤。

在今天苏州工业园区唯亭镇的娄江旁，有一座始建于宋至和二年（时年为乙未年）的“乙未亭”。“乙未亭”正是为了纪念至和塘修筑成功而建造的。亭内立有邱与权作的《浚理至和塘事碑》(后毁）和陈銮撰写的《重建至和塘乙未亭记》碑。碑记记述了这两次筑修至和塘的经过，是研究吴地水利史的珍贵资料。

归有光一心一意于科举却难以从政，不能直接指挥水利工程，然而作为一个有良知的读书人，他可以从另一方面帮助朝廷——将自己的研究成果写成文章，向当政者提供中肯而合理的建议。在某种意义上看，他所发挥的作用更大。

归有光对于水利的思索，要比他的同时代人深远得多。

水利之论

阅读《归有光全集》，可以发现书中论及水利的篇目，包括《水利书序》《水利论》《三江图序说》《论三区赋役水利书》等，而其中最有名的是《水利论》。

吴地痹下，水之所都，为民利害尤剧，治之者皆莫得其源委。禹之故迹，其废久矣！

吴东北边境，环以江海，中潴太湖。自湖州诸溪从天目山西北宣州诸山溪水所奔注，而从吴江过甫里，经华亭青龙江以入海。盖太湖之广三万六千顷，入海之道，独有一路，所谓吴淞江者。顾江自湖口距海不远，有潮泥填淤反土之患。湖田膏腴，往往为民所围占，而与水争尺寸之利，所以松江日隘。昔人不循其本，沿流逐末，取目前之小快，别凿港浦，以求一时之利，而松江之势日失。所以沿至今日，仅与支流无辨，或至指大于股，海口遂至湮塞。此岂非治水之过与？

盖宋扬州刺史王濬以松江沪渎壅噎不利，欲从武康紵溪为渠浛，直达于海，穿凿之端自此始。夫以江之湮塞，宜从其湮塞者而治之；不此之务，而别求他道，所以治之愈力而失之愈远也。太仓公为人治病，所诊期决死生，而或有不验者；以为不当饮药针灸而饮药针灸，则先期而死。后之治水者，与其饮药针灸何以异？孟子曰："天下之言性也，则故而已矣；故者以利为本。""禹之行水，行其所无事也。"欲图天下之大功；而不知行其所无事，其害有不可胜言者。嗟夫！近世之论，徒区区于三十六浦间，或有及于松江，亦不过疏导目前壅滞，如浚蟠龙、白鹤汇之类，未见能旷然修禹之迹者。

宜兴单锷著书，为苏子瞻所称。然欲修五堰、开夹苎、干渎以截西来之水，使不入太湖；殊不知扬州薮泽，天所以潴东南之水也，今以人力遏之。夫大水为民之害，亦为民之利；就使太湖干枯，于民岂为利哉？太史公称“河灾衍溢，害中国也尤甚，唯是为务”。禹治四海之水，而独以河为务；余以为治吴之水，宜专力于松江。松江既治，则太湖之水东下，而余水不劳余力矣。

或曰：《禹贡》“三江既入，震泽底定”。吴地尚有娄江、东江，与松江为三；震泽所以入海，非一江也。曰：张守节《史记正义》云：一江西南上太湖，为松江，一江东南上至白蚬湖，为东江；一江东北下，曰娄江。本言二水皆松江之所分流，《水经》所谓长渎历湖口，东则松江出焉，江水奇分，谓之三江口者也，而非《禹贡》之三江。大抵说三江者不一，惟郭景纯以为岷江、浙江、松江为近。盖“经”特纪扬州之水，今之扬子江、钱塘江、松江并在扬州之境，书以告成功；而松江由震泽入海，“经”盖未之及也。

由此观之，则松江独承太湖之水，故古书江、湖通谓之笠泽。要其源近，不可比拟扬子江，而深阔当与相雄长。范蠡云，吴之与越，三江环之。夫环吴、越之境，非岷江、浙江，松江而何？则古三江并称无疑。故治松江，则吴中必无白水之患；而从其旁钩引以溉田，无不治之田矣。然治松江必令阔深，水势洪壮与扬子江埒，而后可以言复禹之迹也。

这是一篇讨论如何防治吴中水患的文章。它的着眼点在于治水，在于通过治水而得到水之利，主要申述了疏浚吴淞江的意义。

归有光一直生活在吴淞江下游地区。他明白，水乡既得水之利，也会受水之害。江河的下游地区，水患问题更为突出。由于关心本地的水利问题，他研究历史，调查现状，写了多篇文章，强调疏浚吴淞江的必要。

他在文章一开始就指出，治吴中水患者“皆莫得其源委”。源委如何呢？要从吴中水患的现状和治水的历史两方面来回答。吴中水患的现状是“松江日隘”，“海口遂至湮塞”。而这恰恰是“治水之过”，昔日根本就没有治好。治水的历史，他举了王溶和单锷的主张为例。王溶主张另开渠道，泄水入海；单锷主张筑坝拦蓄上游洪水，以免泛滥。归有光剖析了他们的主张，认为这样做非但无益，反而有大害。最后又举大禹治水，重点治黄河的成功例子，认为治太湖水患，应重点治松江河道，因势利导，才能费力少而收效大。

他的主张无疑是正确的。

江南财赋之地，原本富庶，却因水利不修，聚敛无度，加上沿海地区倭寇入侵，弄得民穷财尽，怨声载道。归有光蒿目时艰，希望能够唤起人们的重视。或许是他书生气太重，文章一开始就批评了历来的治吴中水患者，让人觉得抢眼，这么好的建议居然无人接受。可是归有光毕竟是归有光，即使碰了许多软钉了、硬钉了，难能如愿以偿，他仍锲而不舍。

随即，他又写下了《水利后论》，再次叙说兴修水利之途、理财救民之方：“如今之小江，尚有勦娘江分四五里而合者。则夫奇分而旁出，古娄江、东江之迹，或当自见。且如刘家港，元时海运千艘所聚，至今为入海大道。而上海之黄浦，势尤汹涌，岂能废之？”

即使是今天看来，归有光的文章依然是很有生命力的。

归有光并非地方官员，他尽可以专心致志地教他的书，做他的文章，用不着管那么多的闲事。可是他却以极大的热忱钻研水利，一而再、再而三地向当政者申述自己的观点。即使几篇文章没有收到应有的效果，他也没有垂头丧气，有时反而更加执着。

这样的个性也许是遗传。

归有光曾在文章中记载，他的高曾祖父为人刚毅，必行己志，不为势力所怵。高曾祖父奇伟磊落，祖父则是恂恂爱人。归有光的身体里流淌着他们的血。他融合了他们的性格，孜孜矻矻地做着自己认为应该做的事，从不怕遭受冷遇。好在他在科举场上经历了太多的冷遇，练就了很强的心理素质。几篇文章没有收到应有的社会效果，他怎么可能垂头丧气？

到了隆庆三年（1569 年），海瑞任应天巡抚。正当他微服私访，了解民间疾苦时，苏州、松江、常州一带连日暴雨。常年失修的江湖渠堰容纳不下汹涌直下的洪水，泛滥四处，很多地方变成了一片汪洋，庄稼被淹，房屋也因洪水的冲刷纷纷倒塌。

海瑞数次冒雨外出察看灾情。显然，这滔滔不绝的洪水是由太湖泛滥造成的。遭受灾害最严重的，要数苏州以东和松江地区。而这一带正是因为吴淞江长期不修，淤泥越积越多，阻塞了通道，太湖水不能畅通，才酿成了灾害。如果能及时疏浚吴淞江，给太湖一个通畅的水道，眼前的灾害就完全可能避免。

这位重视水利、理解百姓疾苦的清官，读过归有光的《水利论》《论三区赋役水利书》和《水利后论》，发现这位文学家全然是含泪带血地陈述着他的真知灼见，字字句句无不蕴含焦虑忧患和热忱企盼。海瑞的心被打动了。面对如此精彩的好文章，谁能不拍案而起？

海瑞从内心接受了归有光的建议，很快向朝廷呈报了关于疏浚吴淞江的奏疏，并给工部尚书兼右副督御史，总理河漕的朱镇山写了一封信，急切地申述了自己的观点。与此同时，他夜以继日地筹划着吴淞江疏浚工程的具体安排。他一边认真思考归有光的论述，一边把亲自踏勘和走访乡间父老所得到的情况加以综合，用红笔在草图上标出各种符号，确定重点疏浚的部位。对动工前后将会遇到的各种复杂事项，也作了合理的筹划。

在海瑞的主持下，吴淞江疏浚工程采取“以工代赈”的办法，吸引苏（州）、松（江）一带的灾民共同上工修江，很快就得以完成，而且大见成效。

清乾隆六年（1741 年）四月，丁元正来昆山任县令。一到这里，他便去拜谒归有光墓地。他对震川先生的评价极高：“先生固宇宙间不朽人也。”不久之后又特意修复了归有光墓，并说：“其（归有光）所著《三江》《水利》等篇，南海海公用其言，全活江省生灵数十万。”还有什么能比这样的结论更让人热泪盈眶的呢？

林则徐不仅以虎门销烟，抗击英军载入史册，在中国水利史上也作出过难以磨灭的贡献。清道光十二年二月，林则徐任江苏巡抚。他十分关注农业、漕务、水利、救灾、吏治诸方面，尤重提倡新的农耕技术。这一年，江苏遭受洪涝灾害，他不顾报灾限期和朝廷问责，呼吁缓征漕赋，对发展生产、平息民困产生了积极影响。造成水灾的原因，是吴淞江、娄江、黄浦江、白茆河年久失修，逐渐淤塞，于是他决定兴修白茆河和娄江，并修建海塘。

林则徐在巡视江南水利设施时，顺道去安亭游览了震川书院，心中颇有感触，于是为震川祠写下了这样一副对联：

儒术岂虚谈，水利书成，功在三江宜血食；

经师偏晚达，专家论定，狂如七子也心降。

上联指的是归有光为海瑞采纳的意见，在治理吴中水患时发挥了很大的作用，下联指的是他的文学成就。一个散文作家能做到这样，确实是很不容易的。归有光并不是坐在书斋里泛泛而谈的书生，他的学问足以经世致用。

那年，归有光已经谢世 260 多年了。

也许，我们今天从《水利论》中读到的，并不只是水利。试想，假如归有光不是屡试不第，而是早早榜上有名，做了个不小的官，他又会写出怎样的文章，或者说又会有怎样的作为呢?

他也许一事无成，也许会被迫扭曲自己的性格，混迹官场——一旦身份改变，在权欲和利益的驱使下，他也有可能完全背离自己，忘却自己。幸而归有光无奈地走着一条与历史上许多文人相同的道路：政治上失意，文坛上得意。沉浮宦海，被谪贬、被流放，郁郁而不得志，却因此写出了一篇篇传世之作。这条路走得不情愿、不平坦，但终于走下去了，且留下深深的痕迹。

历史潮流中裹挟而前的人，都很难自由地选择自己的道路啊……

抗倭方略

昆山城门

书生意气

倭寇的入侵，是明朝的一大祸患。

早在元末，由许多日本浪人纠集起来的海盗集团，就经常到中国沿海一带骚扰抢劫，掠取财物，为中国老百姓所深恶痛绝，所以将他们称为倭寇。

明太祖朱元璋称帝后，随即派人前往日本，就倭寇骚扰一事质问当时的权臣足利良怀。很快，足利良怀派来使臣，谦恭地向明太祖称臣纳贡，并且送还了被倭寇掳去的人员。可是，没过几天，倭寇竟然又出现在浙江和福建的沿海地区。在这以后，足利良怀不断派人来进贡，朱元璋表示拒收，他还是要送，倭寇也仍然偷偷地前来侵犯。

洪武二十年（1387年），朱元璋下令在浙江、福建沿海地区建造了几十座防倭城，布置了六七万兵力。倭寇不能不感到威慑力，终于来得少了。但是到了永乐年间，又有几千个倭寇乘了20条船开进了辽宁的王家山岛。即使是贡使和随员，也夹带了10倍于贡品的私货，在中国市场出售，换回中国的商品回国，与倭寇无异。

倭寇大量地入侵中国，时间长达40多年。地处沿海的江苏，接连不断地遭受到倭寇的侵犯。苏州是中国东南沿海最繁盛的城市之一，自然不能幸免于难。倭寇多次袭扰苏州近郊，企图占领这座美丽的城市。当时苏州所属的州县，几乎没有一个不受侵扰的。嘉定城曾经陷入敌手17次，昆山城被围困46天，崇明城乡几度易手，在战火中经受了浩劫，老百姓苦不堪言。

归有光曾以《甲寅十月纪事》为题，写下了这样的诗句：

沧海洪波蹙，蛮夷竟岁屯。
羽书交郡国，烽火接吴门。
云结残兵气，潮添战血痕。
因歌祁父什，流泪不堪论。

经过兵燹后，焦土遍江村。
满道豺狼迹，谁家鸡犬存？
寒风吹白日，鬼火乱黄昏。
何自征科吏，犹然复到门？

倭寇围城掠镇，纵火杀戮，让锦绣江南变得满目疮痍。归有光深怀的忧愤之心，溢于言表。

嘉靖三十三年（1554年）四月，倭寇连续侵犯太仓、嘉定、南沙、南翔等地，被爱国将领和百姓们打得抛尸弃船，狼狈不堪，但略事休整后，复又卷土重来。他们以50多艘大船和3000多军士的兵力，闯进浏河口，袭击昆山县城。昆山人民在知县祝乾寿的带领下，同仇敌忾，与之展开了长达46天的保卫战。

正在安亭世美堂讲学的归有光，再也静不下心来。他毅然摆脱教务，专程潜回昆山，与守城官兵一起筹划对策。他认为，倭寇兵临城下时，“孤县一城，势不独存”，应该联合附近的各个县城，同心协力，兜剿倭寇。在守城的时候，也应该抓住战机，主动出击。

他认为，如果“徒守于城之内，而不知守于城之外”，这样做的结果是“贼未至而已先自困”。他又说值此兵临城下四县告急之际，兵设伏为奇兵，又时出正兵相应表里。只求困城自守，终非上策。兵法曰：“善守者守其所不攻”，畏首畏尾，难以自保，遑论取胜。

知县祝乾寿听了归有光关于如何守城的建议后，连连点头。

昆山是一座繁华富裕的县城，娄江、吴淞江穿境而过。“水陆孔道，商贾骈集，货物山积”，河内货船樯帆林立，岸边屋舍鳞次栉比，自然是倭寇垂涎的目标。东南沿海，从嘉靖三十一年至三十八年，是倭寇大肆入侵，抗倭斗争最为艰苦也最为惨烈的8年。祝乾寿恰恰在嘉靖三十三年就任昆山县令，抗倭形势相当严峻，无疑是受命于危难之际。正如归有光在《备倭事略》里所说：“夫苏州之守，不在于娄门，而在于昆山、太仓。”

祝乾寿刚到任昆山，就招募壮丁，修葺城墙上的残垣断壁，以作防御之用，还精选兵力，昼夜巡城守卫。不久，倭寇逼近昆山城，将城团团围住，并集中兵力攻打西门。因敌我兵力悬殊，守城壮丁体力不支，寡不敌众，被敌方突围进入城门之中。

祝乾寿听到这一消息，亲自冒着如雨的弓箭和石头，率领精锐兵士殊死堵截，血战一天，方才夺回城门。

倭寇气焰非常嚣张，不肯退兵，并不时对各个城门进行骚扰和攻击。祝乾寿临危不惧，站在城头临阵指挥，每逢敌方来攻，马上命令精锐勇士弓箭齐发，夹杂火器，继而用石块和滚木向城下压去，倭寇死伤很多，不得不暂时撤退。

祝乾寿知道，倭寇是不肯罢休的，还会来犯，要求部下抓住战斗的间隙，修补城墙，补充武器，作好长久的御敌打算。他以身作则，日日夜夜巡城防守不松懈，时时刻刻提高警惕防不测。在他的激励下，军民士气高涨，誓与城池共存亡。

不久，倭寇果然再次来犯，此次来势更猛，轮番攻城，日夜不停。祝乾寿听从昆山父老的建议，用滚沸的桐油掺杂厕所的粪便，哗哗地泼向城墙下围攻的倭寇，许多敌人被烫伤。

祝乾寿率领精锐兵力，乘胜追击，出城追杀数十里，斩掉倭寇首级数百人，还活捉了匪首二大王，倭寇惧怕不已，作鸟兽散，昆山才解围城之难。在这次战役中，昆山城被围足足有 46 天，祝乾寿率全城军民奋起还击，同仇敌忾，最后以倭寇溃败告终。于是朝臣纷纷上书，称祝乾寿“血战完城，惠政得民，为令第一”。

祝乾寿履职昆山之时，对待士兵下属宽容大度，与他们同甘共苦，遇到士兵下属受伤，他会亲自上门看望慰问，令人感动流泪。

在倭寇围住昆山，一次又一次大规模攻城，局势十分严峻之际，归有光忘记了自己是一介书生，手里没有一件武器，也无法指挥万千军队。他不愿意回到安亭世美堂，安安逸逸当他的教师，而是把生死置之度外。他义愤填膺地说：

“我一定要守城，直到倭寇撤退的那一天为止！”

当然，归有光考虑得最多的是守城的方略。他觉得眼下的当务之急，是应该动员精兵强将和全体乡民，开挖壕堑，修筑月城和弩台。同时在城区备好火器弓弩，蓄足粮食和柴火油烛。在营寨中要聚集乡兵，严格训练，并且准备好精良的武器。县城四周的树木，必须砍去枝桠，以防止倭寇在其中埋伏。每 10 户人家组成一甲，这样的法规应该严格执行。男子满 15 岁的，要将名字编造成册，书写上墙，由甲长检查他们的出入，必要时随即征用。

按照归有光的观点，守住昆山城，靠的是形势险固，人心坚厉。进可以攻，退可以守。这样一来，当倭寇前来侵犯时，就可以指挥兵士横出四郊，与他们决战。如果只知道守，不知道攻，填门塞关，却又将求得外援的期望悬挂在空中，便完全可能留下冤恨。

围攻昆山城的倭寇十分猖狂，一时烽焰烛天。守城的官兵和民众不畏强暴，誓死反击。在这场正义与邪恶的较量中，倭寇屡遭挫伤，老百姓的鲜血也四处流淌……

归有光不仅仅向知县祝乾寿献计献策，也不仅仅挺身而出，与官兵们一起守城，作为一个正直的知识分子，他还用手中的笔，记下了昆山军民抗倭斗争的壮烈场面，记下了倭寇所欠下的累累血债。

“自四月初七日至五月二十五日，孤城被围四十五天。临城攻击，大小三十余战。其六门并攻，被杀男女五百余人，被烧房屋二万余间。各乡村落三百五十里境内房屋十去八九，男妇十失五六，棺椁三四，不可胜计而周知者。”（归有光《昆山县倭寇始末书》）

49岁的归有光，在继配夫人王孺人死后，两年前又娶了继配费孺人，生活刚刚得以稳定。四月间，正当倭寇大肆侵犯昆山，连续攻城时，身怀六甲的妻子生下了儿子子骏。但是，归有光为了入城守御倭寇，匆匆前往安亭世美堂，看望了一下妻儿，就毅然离开那里，返回处于紧急状态的昆山城。

> 费孺人娩身才三日，仓卒携家，舟行半里许，一奴遥呼疾至，取婴儿于怀，解布裳裹之，掷入舟中，盖即新生儿也。

《归震川先生年谱》中的这段叙述，由于文字过分省俭，使本该十分感人的故事变得太抽象。可是从这寥寥数行中，我们已不难看出归有光不顾个人家庭，舍身抗倭的坚强决心。

这时候的归有光已年近半百，长久的案牍劳形，使他早生华发，身体也比较虚弱。但是他心里明白，大敌当前，每个人都无法袖手旁观。为了昆山老百姓的利益，他不惜将自己的一切置之度外。不过，在这种危急时刻，他仍然没有忘记以纸和笔作武器。

往贼攻州而府不救，攻县而州不救，劫掠村落而县不救，府如无州，州如无县，县如无村落，仅仅自保于一城之中。如与人斗，而束其手足，绝其党而孤立，如之何能自存也。

他讲述了一个既明了又深刻的道理。一个人如果束缚了他的手脚，阻隔了他的朋党，在孤立中还能如何生存？对于一个城镇来说，也同样如此。为了不至唇齿俱亡，州、府、县、村应该同心协力，共同抗倭。只有相互支持，才能结成坚固的防线。与此同时，每一个血性男儿，都必须有决战、决胜的信心。

从海面上驾船而来的倭寇，眼睛里布满了贪婪的血丝，气势汹汹。他们沿着吴淞江一路向西，看见一个村庄就冲上去烧杀掠抢。假如有哪个城镇的军民敢于抵抗，更是肆意攻围。太湖流域的无数城镇村庄，遭受他们的血腥践踏，许多无辜的百姓在他们的刀枪下死于非命。悲剧天天发生……

然而，倭寇们万万没有想到，在昆山城下却受到了重创。

倭寇围攻昆山城足足 45 天了，迟迟不能得手。不仅如此，在昆山军民的顽强反击下，他们连连损兵折将，死了好几百人。其中还包括二大王、四大王两名头目。最后不得不于五月下旬向海边狼狈逃窜。谁知逃到太仓，又被苏州兵备副使任环的部下兜头一顿痛打，死了 300 多人。再逃到浏河，又被拦腰截断。他们已经无力抵抗，抛下了 400 多具尸体，继续逃窜。最后逃到船上的，已是寥寥无几了。

昆山守卫战，是苏州地区抗击倭寇的一次重要战役。

倭寇之乱过去后，归有光认真地作了调查，发现“真正倭种，不过百数”。参与倭寇集团的奸民，有来自各地的亡命之徒，也有亦贾亦寇的奸商，当然也有不少是胁从者。他认为，应该将他们与倭寇区分开来，不能随便杀害，还须妥善安置。这种“制夷遏夷”的办法，古已有之，是孤立倭寇，削弱贼军势力的一个良策。

精神的武器

美籍华人学者黄仁宇先生在他的《万历十五年》一书中，以极其冷峻的语调写下了这样一段话：

> 在16世纪中叶，日本这一个岛国能够严重威胁本朝东海沿岸各省的安全，这种现象是很难理解的。合乎逻辑的倒是本朝的士兵应该越海进攻日本。因为当时的日本不仅仅地狭人稀，而且几十年来没有形成一个统一的政权，内战频仍，法律和纪纲可谓荡然无存。本朝是一个高度中央集权的国家，被一个极有组织的文官集团所统治，中央指挥地方如身之使臂，极少发生抗命的事情。同时我们这个帝国在名义上拥有当时世界上最大的常备军，人数多达200万……但是这种假想的逻辑并不适用于现实。

黄仁宇先生的论断十分深刻。

其实何止是16世纪中叶呢？20世纪30年代所发生的日军侵华事件，也与这种假想的逻辑迥然而异。可是，不该发生的事情偏偏就是发生了！

当年骚扰东南沿海地区的倭寇，并不只是像海盗一样，仅仅为了掠夺一些财物，然后呼啸而去。他们乘坐可以装载上百人的船只登陆，最多的时候集结30艘乃至50艘船只，登陆后常常建立根据地，并且看中一些城市，将它们围攻并占领。同时参与沿海地区的走私贸易，牟取暴利。为了令人垂涎三尺的巨大经济利益，他们不惜冒着风险，在海上与明朝官兵周旋，甚至展开白刃见血的拼杀。

倭寇有着精良的武器，也由于经过战术训练，配合默契，战斗力比较强。而明朝的官兵却往往只是凭着血气之勇，与他们冲杀，难免要被讲究战术的倭寇所击溃。

历史不失时机地选择了一代名将戚继光。在重文轻武的时代，他的被重用，显然是由于倭寇兵临城下的形势所迫。

戚继光担负重任后，四处招募战士，组建抗倭军队。他以严峻得让人不寒而栗的纪律，将军队训练得十分坚强。除了要求每个士兵必须有娴熟的个人技术，还十分注意战术训练，各种武器协同配合。尽管他的军队常常只能以藤牌、毛竹、铁叉等器物作为武器，实力比不上倭寇，可是他发明的“鸳鸯阵法”，却在与倭寇的作战中发挥了很大的作用，成为他军事指挥生涯中最重要的战术。

正是由于有着卓越的指挥才能，戚继光带领他的戚家军在抗倭作战的几年中英勇善战，几乎没有打过败仗，很快被任命为福建总兵——这是武官中的最高职衔了。数年以后，又调任蓟州总兵，手里握有更大的军权。不仅仅是他，连他管辖的部队也有比其他部队优厚得多的经济待遇和从未有过的政治礼遇。

然而，也许是命中注定，朝廷的政治局势悄然发生了变化。始终提携和支持戚继光，让戚继光在仕途一帆风顺的内阁大学士张居正突然病逝了。张居正生前的政敌，很快发动了对这位皇帝最信任的官员的清算运动。戚继光不能不受到牵连。他先是调任广东总兵，失去了保卫京城的重要地位，接着又被人作为首辅张居正的党羽而受到参劾。万历皇帝还算念及他的功绩，只是将他革职了事。

戚继光从生命的辉煌顶点，迅速地跌落下来。

罢了官以后，没有别的选择，他只能在家里读书写文章。一代名将的晚景是颇为凄凉的。以前他在统领10万大军时，非常豪爽，只要是朋友有求，总是慷慨解囊，以致自己几乎没有什么积蓄。罢了官以后，他才发觉自己已一贫如洗。身体有了病，想吃点药，一时竟拿不出钱来。连他的妻子居然也在他最需要的时候，无情地离去了。

有谁不为戚继光大起大落的命运变化深深感慨？

与归有光几乎同时代的昆山人顾鼎臣，走的是另外的一条道路。他考中状元，入阁京城后，想起家乡昆山濒临大海，常常遭受倭寇的抢劫，于是传言巡抚欧阳铎和巡按御史、知府等人，疏请沿海无城墙的州县，特别是苏州府所属一州七县，陆续修筑砖石城墙。经过他的不懈努力，昆山率先修筑城墙。顾鼎臣带头捐出了皇帝给他的一笔赐金，作为倡导，动员士绅、百姓纷纷出钱出力，在元代城墙的基础上，改建新城。“入木于土，累石于足，封砖于表”。

昆山城最早是“列竹为栅”，宋代还是因陋就简的土城，在倭寇入侵时不堪一击。经过官民的共同努力，历时两年，终于建成了拥有“六城门、五水关”的城墙。这比上海筑城还早了13年。凭据坚固的城墙，多次击退倭寇的侵犯，使城里的居民和附近的农民数十万人幸免于难。而附近的常熟、江阴、太仓等县由于没有城墙可守，便遭到了很大的损失。

这项工程从嘉靖十八年二月动工，到第二年的五月竣工，新城墙“周一十二里，计长二千三百八十丈，高二丈八尺，垛四千五百八十七”。城外有濠，长二千三百五十九丈，宽六丈，深五尺。这种以木桩为筋骨，以石块为基础，以砖块包砌的城墙，在那个时代简直可以说是固若金汤。宾曦门、迎薰门、朝阳门、丽泽门、留晖门、拱辰门的名称，流传至今。

为了纪念顾鼎臣建造城墙抗击倭寇的功绩，人们造了一座“顾文康公祟功祠”，至今仍在玉峰山下的亭林园内。

归有光既不能像戚继光那样指挥军队驰骋战场，也不能像顾鼎臣那样以手中的权力为百姓造福，他所能做到的，是用手中的笔，写出一篇又一篇振聋发聩的好文章，发挥独特的作用。

他总结抗倭斗争的经验教训，写下了《御倭论》《论御倭书》《备倭事略》等一系列文章。他认为，对于陆上来的敌人，“困城自守”的办法有一些不足之处。对于海上来敌，应该在海上将他们截杀。贼寇劳师远征，我军聚而歼之，就能把被动化为主动。

> 吴越之地，濒于大海，海口之可通者，数路而已。既不能把扼而使之突入；三江、五湖之间，要害之可守者，数处而已，又不能按据而使之横溃。则将何为而可也？某以为贼在川沙，兵之所向，能保其败于东，不溃于西耶？攻其外不溃于内耶？故太湖之口可屯，三泖之口可屯，吴淞江之中道可屯也……

对于如何加强沿海卫所体制，严立官兵御敌的条律等，归有光在他的文章中也作了精彩的论述。这位务实的读书人，其实并不埋头苦读于四书五经，他对于现实世界的关注，似乎比别人更深一层，所以在字里行间显露出了真知灼见。

当时的抗倭将领俞大猷和戚继光，都十分重视归有光提出的抗倭方略，采纳了他的很多意见。自然，靠任何一篇文章都是不能杀退倭寇的，但是文章所起到的作用，却可能远远超过枪炮。在某种意义上说，精神的武器有着物质的武器难以企及的威力。归有光的抗倭方略使倭寇闻风丧胆，恰恰证明了这一点。

归有光还是幸运的。他的“惠爱”思想，经由《水利论》《御倭论》等许多文章得到了很好的实践。官由别人做了，事情也由别人帮你做了，你做不做官，对于这个纷繁复杂的世界来说，又有什么关系呢？

文章千古事，得失寸心知。要写出流传千古的文章，确实需要呕心沥血，经受一番常人难以品历的甘苦。也完全有可能牺牲常人所以为的幸福为代价。归有光毕生所敬奉的太史公司马迁，不正是由于遭受宫刑，才抛弃一切世俗的拘牵，发愤写出皇皇巨著《史记》的吗？

真知灼见

归有光的一生为后人留下了大量的文章。除了感情真挚、文采斐然的散文，还有许多关于国计民生（包括治水、抗倭和马政等）的论文。尽管这些论文中所讲述的道理与我们今天生活的时代相距甚远，但是从中可以看出，他作为一个有良知的读书人，内心有着怎样崇高的道德观念，怎样炽热的社会责任感。

如果我们仔细阅读他的著作（包括论、序、行状等体裁），就会发现有不少篇章涉及经济发展和社会生活，字里行间清晰地显现出明代江南的经济状况，以及一位富有社会责任感的文学家的内心世界。

> 江南诸郡县，土田肥美，多粳稻，有江海陂湖之饶。然征赋烦重，供内府，输京师，不遗余力……富家豪民，兼百室之

产，役财骄溢，妇女、玉帛、甲第、田园、音乐，拟于王侯。故世以江南为富，而不知其民实贫也。(《送昆山县令朱侯序》)

归有光认为，江南因农耕而富庶，但过重的赋税与奢靡的生活方式，导致老百姓依然贫穷。他举了一个昆山许氏的例子，“虽为大官家，不一二世辄败。许氏自国初至今，居邑之柴巷，无改业，有屋庐之美，田园市肆之人，又以诗书绍续”。许氏家族自明初到归有光生活的嘉靖、隆庆年间，始终居住在柴巷（今柴王弄），长达 200 年，像这样的“百年富室”，实在是很罕见了。

明代的江南农村经济，出现了三类人群的分化，一类是资累巨万,一类是自给自足，还有一类则家无寸土。归有光在自己的著作中，列举了“世耕于马鞍山之阳”的陈氏、“居昆山之大慈”的张翁、“徙昆山之真义里”的魏氏，分析了他们几家致富的过程，全都是“家世孝悌力田”、“以耕农为业”、“力穑致富，甲于县中”。这些人集中土地经营，雇用了长工、短工、忙工，并注意改善水利土壤，亲戚间也相互协作，经营时具有很好的商业头脑和管理水平，“治数千亩如数十亩，役属百人如数人”，在地主中也可算是佼佼者。

归有光对于雇佣劳动中出现的资本主义萌芽，给予了很大的关注。他在《周子嘉室唐孺人墓志铭》中，也记载周氏“与孺人耕田常数百亩，孺人日馌百余人”。周氏夫妇每天往田头给百余人送饭，可见他们经营的规模已经不小。

当时的江南农村，农民多以种植水稻、小麦为主业，但也有人从事副业生产。归有光的一位朋友吴纯甫，“年四十四，始为南都举人。先生益厌世事，营城东地，艺橘千株，市鬻财自给”。能够拥有上千株橘树，自然资产不菲。而在昆山东部，今天的上海嘉定区，“连亘嘉定迤东沿海之地，号为冈身，田土高仰，物产瘠薄，不宜五谷，多种木棉。土人专事纺织”。归有光一生中有很长时间在安亭世美堂设馆授徒，培养了无数学生，他对于那儿的人们种植棉花、从事纺织的情况是熟悉的。

士、农、工、商，泾渭分明，是中国封建社会结构的一大特色。然而，明代中叶以后，随着资本主义萌芽渐渐凸显，社会结构也发生了变化，士不再傲居四民之首，商也不再屈居四民之末，甚而出现了两者相互渗透、相互融合的现象。归有光敏感地觉察了这个变化，他在文章中明确指出：“古者四民异业，至于后世士与农商常相混。”这种士商相混的趋势，正在愈演愈甚。

作为一个有良知的读书人，归有光自己不参与经济活动，却很认真地将研究结果写成文章，向当政者提供中肯而合理的建议。归有光笔下的江南农村经济，或许不如顾炎武的《日知录》《天下郡国利病书》那么广博，那么理性，然而写得具体而又形象，即便是在400多年后的今天，他从细部入眼研究江南经济的方式，仍值得我们学习。

长兴县令

惠爱亭

无奈明时两鬓苍

碧池清泚漾天香，
满眼芙蓉似水乡。
映日新妆争绰约，
迎风小舞称清狂。
须酬佳客千杯绿，
无奈明时两鬓苍。
向晚乘凉各自去，
一天朗月浸沧浪。

这是归有光的一首赏荷诗。典型的江南文人情怀，空灵细腻而又多愁善感。读完这首诗，我们不难看出，与其说是在写荷花的盛衰，还不如说是在为自己的昭华早逝而深感慨叹。

是的，在科举制度早已设定的崎岖小道上，有着读书天赋的江南文人，行走得太拥挤，也太艰难了。

意大利传教士利玛窦当年来到中国，在全面地考察了明朝的经济状况以后，说过这样一句有结论性的话："在世界上建立一个强国的基础就是文官制度。"这个文官制度是由科举考试形成的。从隋炀帝大业三年（607 年）开科举取士，到清德宗光绪三十一年（1905 年）废止科举，将近 1300 年的漫长岁月，全国一共涌现出了文武状元 800 名，平均每一年半才涌现出一名。为了竞争这高于一切的名誉和地位，不知道有多少学子一个台阶一个台阶地往上爬，牺牲了毕生的心血。

江南的读书人历来适宜在朝廷里做文官。整个明代 189 名内阁学士中，以江南人为主的南方人占了 1/3 以上。在明洪武四年（1371 年）至万历四十四年（1616 年）的 245 年间，各科状元、榜眼、探花和会元，一共有 244 人，其中以江南人为主的南方人竟有 215 人之多。明洪武三十年会试，全国一共录取了 52 名贡士，中试者竟然全部是江南人。这让那些来自北方的读书人耿耿于怀，差一点儿要动起武来。①

人们常说："书中自有黄金屋，书中自有千钟粟，书中自有颜如玉。"

这是不是归有光一次又一次落第而归，却一次又一次计偕北上的缘由呢？

这是不是四面八方的学子们来到安亭江上世美堂，拜震川先生为师的缘由呢？

也许还是苏州文人金圣叹看得透彻。民间传说，有一天他正在闭门读书，忽听门外吵吵闹闹，忙推开窗户一看，原来是一些应试未中的考生在那里高声喧哗，大发牢骚。

有人叫嚷道："现在考官不凭文才，只要银钱就可以录取。读书人今后还要读什么书呢！"

金圣叹听了，心里很是气恼，却半开玩笑半认真地说："照这种样子，学宫里的孔夫子可以和财神爷对调了！"

那些血气方刚的考生，居然真的把学宫里的"至圣先师"牌位抬进了财神庙，又把财神老爷的塑像扛进了学宫。

这件事使整个苏州城为之轰动。结果，金圣叹因"冒渎至圣"

① 本段数据参考李嘉球著《苏州状元》，苏州大学出版社 1999 年版，以及陈正祥著《中国文化地理》，三联书店 1983 年版。

的罪名被捕，接着又被判处斩首。

临刑前，金圣叹告诉刽子手，有一物相送，只希望斩首的时候干净利落，一刀斩下，免得拖泥带水，让人很不好受。他握紧拳头说：

“东西在我的手心里，不过要斩下了头以后才能看。”

刽子手砍下了金圣叹的头，急忙扳手细看。他还以为是藏着什么值钱的宝贝呢，谁知手心里空无一物，只写着三个字：

“啊唷哇。”

这样的黑色幽默，怕是会让《第二十二条军规》的作者约瑟夫·海勒自叹弗如的。

但古往今来像金圣叹这样的怪人只有一个，读书人谁也不愿意像他这样白白死去。无数聪明伶俐的江南男孩，生下来刚满1周岁，在“抓周”的时候就被长辈激励着，用稚嫩的手指头将书本抓在手里。他们注定了要以悬梁刺股、凿壁借光的精神，读书破万卷，才华横溢地去参加科举考试。金圣叹的惨烈，不过是茶余饭后的一个谈资罢了，他们根本用不着理会。一旦金榜题名，就有文官可做，自然也能耀祖光宗。书香门第永远是令人自豪的。

归有光一生的著述中，有大量的文章是用于教学，应付科举的。比如《尚书别解》《道德经评注》《易经渊旨》《中庸解》《文章指南》《文章体则》等。有的是告诉别人怎样读书，有的是指导别人如何作文。掌握这些基本功，是学子们起码要做好的事情。归有光的独辟蹊径之处，是钻研八股文却不被八股文所桎梏，以八股文练就的良好功底写出脍炙人口的文章。

他读书时能够读出文章的神韵，而且有与众不同的见解。

比如说他一生敬奉司马迁，在读《史记》的时候，用五种不同颜色的笔加以批注，“若者为全篇结构，若者为逐段精彩，若者为意度波澜，若者为精神气魄，以例分类，以示义法”(清章学诚《文史通义》)。在科举之风盛行的嘉靖年间，归有光能够这样做，是需要几分超凡脱俗的才气和离经叛道的勇气的。显然他与金圣叹并非绝然不同。

但是，不管是谁，都无法逃脱他所生存的那个时代。作为一个自小就渴望着通过科举之路改变命运，为自己的家族增添光彩的读书人，归有光也不例外。

安亭江上世美堂是他心目中的畏垒山。他满怀信心，勤奋耕耘，总是认为这片坎坷之地能够给他丰饶的收获，让人们“社而稷之”。为了实现这宏大的目标，他与妻子王氏一起，为这座畏垒山呕心沥血，付出了巨大的努力。

一分耕耘，一分收获。尽管付出了太多的心血与汗水，世美堂并没有辜负他的殷切希望。

其实，用今天的目光看，丰饶的收获季节，在他的身后若干年才可能到来。也正是在若干年以后，人们对他在世美堂孜孜不倦的努力，才会有比较清晰的认识。

父母官之心

花甲之年，归有光终于考上了三甲进士。

对于一次又一次北上考试，在希望与失望的边缘奔波了一辈子的老举子，这已经是极大的安慰了。

归有光屡屡落榜的原因，后人作过无数揣测。其实，从根本上讲，是他的试卷“与有司之绳尺阔如”，不合“时套”，也就是不能合乎当下的潮流。客观地说，不是他没有能力去掌握时文的套路，而是不屑于让流行的八股文“时套”框住自己的思想。

坊间流传的一个故事说，归有光年轻时，与好友季子升经过王文恪公故宅，读到了墙壁上金石学家都穆撰写的寿序。回家后，他们分别默写这篇全文2000多字的寿序，季子升错了两个字，归有光脱误不少，而且依照自己的想法加以改窜，文章却显得更好看了。季子升感慨道：“我正苦不能像他这样会遗忘呢！”

宋代昆山人龚明之，曾多次参加科举考试，每一次都名落孙山。后来，皇帝特别恩准他参加殿试，终于名列榜首。但龚明之已经82岁了，他已经没有资格任职，领取官俸。由于几个官职显赫的同乡力荐，龚明之被任命为南岳庙监。

几年后，龚明之应该告老还乡了，这时很多同乡又出来为龚明之说话，奏请延长他的官职。皇帝果然下旨，让龚明之迁官宣教郎，并赐官服“绯衣银鱼”。淳熙九年（1182年），92岁的龚明之口授，由儿子龚昱记录，编纂成《中吴纪闻》一书。其中有《有脚书橱》一则。

在民间，人们往往把饱读诗书的人，称为“有脚书橱”。龚明之在《中吴纪闻》中举了自己叔祖程信民的例子，说他自幼怎样在读书时攻苦食淡，手不释卷，记问精确，经传子史，无不通贯，所以人们都很赞赏，称之为“有脚书橱”。

归有光却并不希望自己成为“有脚书橱”。

不论读书还是写作，他都坚持自己的个性，依靠自己的头脑与双脚稳稳地站立。他不只是不肯死记硬背，更不愿意人云亦云，死板僵化。他一直想把古文的因素融入时文，获得文字的生命，让读者在阅读时能有更多的收益。这几乎养成了一种思维习惯。可是在主考官眼里，他的文章哪怕写得再好，也是不合时宜的，无法认同。

不过，随着时间的流逝，时文的风格也悄悄出现了变化。归有光所推崇的以古文为时文的方式，逐渐被人们接受，他的不少作品成了学子的范文。他的名声也为越来越多的人熟知。

嘉靖四十四年（1565年）这一科的主考官是高拱，同考官是余有丁。据说，余有丁在阅卷的时候，发现了一份“古色黯淡”的考卷，立即引起了注意。他判定，这样的文章只有归有光才能写得出来，便郑重地推荐给了主考官高拱。高拱仔细读过后，十分欣赏这篇文章。

当时，余有丁和翰林学士们都认为归有光是这一科进士中的第一人，除此之外没有谁能有这样的功力。可是，命运与他开了一个不大不小的玩笑，发榜时归有光竟列为三甲进士，让天下的读书人都大为失望。也许造成这种情况的原因，是有人“故乱其卷”，但查无实据，只能留下深深的遗憾。

不管怎么样，归有光还是当了官。

当官并没有让归有光摆脱书生气。

当时曾经有朋友劝他在京城里谋一个博士之职，这样可以继续做他的学问。归有光却相信自己是能够做官的，而且应该做一个好官。假如读书人不能做官，那么天下的官职又该由谁去担当呢？又如何去为老百姓谋福祉呢？

当然，他心里也明白，能当好一个小小的地方官，也决不是一件容易的事情。

他的职务是浙江长兴县令。

长兴位于浙江北部山区，临近太湖，历来交通闭塞。不知怎么，这里好多年没有知县，一切县政由胥吏把持，豪门大族勾结官府，把粮役负担转嫁到贫苦农民的身上。加上地偏一隅，“多盗而好讼”，治安状况也十分糟糕。这让归有光一上任就感到很头疼。

可是他丝毫也不胆怯，相信正能压邪。

上任后，归有光立即告示长兴全县：

“当职谬寄百里之命，止知奉朝廷法令，以抚养小民；不敢阿意上官，以求保荐，是非毁誉，置之度外，不恤也。”

归有光一心学习两汉循吏的经验，为老百姓兴利除害。显然是由于一辈子生活在底层，他端不出县太爷的架子，不会像别人那样吆五喝六地当官，反而很关心弱势平民的利益。对于上司，他不曲意应酬、不拍马奉承，他们下达的指示酌情执行。假如严重扰民，他甚至会顶着不办。上司说要立即办的事，他也未必见风就是雨。他认为，不必追求立竿见影的效果，社会元气的养护、良好民风的培育，才是根本。

他审理案件的方法很有人情味，很别出心裁——常常允许妇女儿童围观，“回避”“肃静”之类的牌子形同虚设。他用吴地方言耐心细致地问清原委，才作出决断，不轻易将人投入狱中。好在长兴与昆山相距仅 200 多里，彼此的方言都能听懂。听不懂的，多听几遍也就懂了。

有着秀美的湖光山色的长兴，土风竟然很刚猛。乡间的百姓动辄要举刀杀人，有时候一天惹出好几起人命案子。而且这里历来有掠掳的恶习，自安徽广德、江苏宜兴往来这里的客商，常常提心吊胆，说不准哪天会在半路上遭到强盗抢劫。但后来经过归有光的努力整治，风气大为好转。

长兴下属宜兴县、乌程县冤案甚多，归有光察知实情后，觉得不该如此狂指乱判，草菅人命，立即移文至两县，分别为那些被冤枉坐牢的百姓昭雪。

对于一般的囚犯，归有光也十分人道。按照律令发给他们衣服和粮食。冬天，寒风凛冽，囚犯单薄的衣衫无法保暖，归有光让自己的夫人动手，为他们缝制棉衣。有一个犯人在狱中听说母亲死了，流着眼泪哀求能放他回家，安葬母亲。归有光知道后，批准他保释回家一次。这个犯人将母亲的丧事办完后，如期返回狱中。其他的犯人听说了这件事，都为归有光的仁慈宽容感动得流下了眼泪。有一次，归有光因为过分劳累生了病，卧床不起，囚犯们偷偷地向天祝祷，但愿他早日恢复健康。

“除夕遣囚”的做法，在40多年后的遂昌，知县汤显祖也仿效了。

与归有光一样，汤显祖也信奉“以德化民”“以礼为治”的政治主张。他明白，团圆是人们千古不变的生活理想。过年时，老百姓尤其渴盼阖家团聚。身为父母官，不能不仁政惠民。地处浙西南的遂昌山峦重叠，土地贫瘠，素来被称作“九山半水半分田”。过完年，开了春，汤显祖就备好酒菜，执牛鞭下乡劝农（难怪《牡丹亭》里有“劝农”一折）。他努力减轻百姓的徭役，并对朝廷搜刮民脂民膏的矿税进行抵制，权贵的三亲五戚来打秋风，只招待他们一盘炒辣椒、一碗家常豆腐，外加一盆丝瓜汤。德行兼施，宽严相济的结果，是遂昌县夜不闭户，路不拾遗，出现了令人欣喜的升平景象。

无疑，归有光很懂得用道德教化的方法来改造囚犯。但是对于真正的盗贼，他决不手软，亲自率吏士前往山坳围捕。盗贼蜂起格斗，矢石满前，他连眼皮都不眨。

刚柔相济的治理，得到了预期的效果。长兴县治大安。从太湖南岸至湖州上百里路，出现了多年未见的太平景象，老百姓无不拍手称快。

可是归有光并不知道，他这样廉洁奉公、忠于职守，却也会产生负面效果。这位 61 岁的县令一切驰解，凡是有讼狱，“召妇人幼童，与之吴语，务得其情”，检验尸伤，他都亲临其地，虽暴露于赤日也不怕恶浊。酷日下小憩于古寺，喝了杯水又继续前行，从不去打扰地方。兢兢业业，勤于政务，想来没有做得不对的，却让那些养尊处优、疏懒政事的俗官们感到非常不舒服。而他为了分辨“无辜枉滥者”，审慎断案，得出了同别人完全不同的结论，常常与上司发生争执，得罪人也就在所难免。

与写文章一样，做了县令的归有光不愿轻易改变自己的观点，这就很容易断了自己的退路。他以为自己所做的一切有利于恢复吏治古风，殊不知，在很多人看来这是不识时务。

惠爱从政

与归有光同一年考中进士的朋友魏用晦，当了将近 3 年的吴县知县。在吏部考核官员时，政绩十分突出，于是被召入京城任职。在他离任前，吴县人特意画了一幅《吴山图》送给他，以表惜别之情。

《吴山图》几乎揽括了吴县全部的山水胜景。36000 顷太湖，有青螺般的七十二峰沉浸其间，为海内奇观。灵岩山、虎丘山、天平山、穹窿山、邓尉山、尚方山……簇拥着吴县，处处引人入胜。这些灵山秀水，对于魏用晦的离职赴京无不依依不舍——内中的艺术语言，犹如今天一位外国贵宾拜访某座城市，市长亲自赠送他一把城市的金钥匙一样，是谁也不难读懂的。

魏用晦为老百姓做了好事，因而赢得了老百姓的爱戴。他得到的不仅仅是《吴山图》这件珍贵的礼物，更得到了无数真诚的心。

这让归有光深受触动，于是他提起笔，写下了一篇《吴山图记》。想起当年苏轼贬官黄州时，曾建议将原黄州知府韩琦离任后思念黄州的诗句刻在石碑上，让人永远不忘。归有光觉得自己可以不刻诗碑，可以不作画相赠，却应该为魏用晦和《吴山图》写一篇文章。

无疑，魏用晦在吴县是尽心尽职的，称得上是老百姓的父母官。否则临走时，他和送别的人都不会如此情深义厚，恋恋不舍。“君之为县，有惠爱，百姓扳留之，不能得；而君亦不忍于其民。”县令的心中有“惠爱”二字，“其地山川草木，亦被其泽而有荣也”。

> 君今去县已三年矣。一日，与余同在内庭，出示此图，展玩太息，因命余记之。噫！君之于吾吴有情如此，如之何而使吾民能忘之也！

归有光为魏用晦的“惠爱”而感动，其实，“惠爱”二字也恰恰是他的从政思想。这位长兴县令，在任上虽然只有短短的两年，可是他每一天不都是这样做的吗？他不是同样因为自己的兢兢业业，而受到老百姓的真心拥戴吗？

他不仅仅以“惠爱”从政，还以“惠爱”为文。作为中国文人修身、齐家、治国、平天下这一道德准则的个性化人物，归有光不仅仅在从政时倡导太史公的“惟刑之静”——刑狱以实现宁静为目的，以道德良心去感化囚犯，在写作过程中也总是把“惠爱”作为散文家的魂系所在。

所谓“惠爱”，核心是仁，是人道主义。孔子认为，要做到仁，首先要行恕道。子贡曾经问他，有没有一句话可以成为终身奉行的原则？他说有啊，那就是恕。恕，就是将心比心，以自己为出发点去推测别人——己所不欲，勿施于人。这句名言不仅在国内流传至今，也流传于全世界。德国哲学家费尔巴哈曾给予此句很高的评价，说它体现的是健全的、纯朴的、正直的道德，是渗透到血和肉中的人的道德，而不是幻想的、伪善的、道貌岸然的道德。然而，这样的道德是需要每一个人身体力行的，极其艰难。

像历代的文人一样，归有光将“穷则独善其身，达则兼济天下”奉若圭臬。坚持“惠爱”，这无疑是正确的，可是他恰恰忘记了角色的转换。以文人的心态从政，又以政治家的心态为文，双重人格的矛盾冲撞，难免会演绎出一幕幕令人唏嘘不止的悲喜剧。你看，当他千方百计地“惠爱”于百姓时，忠于职守的自己却迟迟得不到朝廷应该给他的“惠爱”，甚至被明升暗降……

文人的优点，偏偏在很多时候是官员的弱点——封建官场什么时候喜欢过棱角鲜明、锋芒毕露的个性呢？归有光的“惠爱”，难道不正是反衬出了其他官吏的贪残淫逸？

皇帝与他的官吏们有时也会宣扬“惠爱”。比如出身贫寒的明朝开国皇帝朱元璋，不但自己节俭，也不许部属奢侈。看见一个散骑舍人穿了一件价值500贯的华丽新衣，立即将他训斥了一顿。这500贯，可是数口人家的农夫一年的费用啊！

朱元璋确实也惩治了一批贪官污吏，以保护老百姓的利益。“初飞之鸟，不可拔其羽；新植之木，不可摇其根。”这种寻求长治久安的政策，似乎与归有光的“惠爱”没有什么区别。然而，任何高明的政策，永远都只是权宜之计。朱元璋这样做的目的是显而易见的。

从本质上看，归有光还是一个书生。他过于率真，太有自己的个性，也太想在花甲之年做出一点政绩来。殊不知在封建官场混迹沉浮，离开了阿谀奉迎、营私舞弊，是寸步难行的。可是这位善良的书生不擅于此，也不屑于此。他的“惠爱”闪烁着理想主义的光彩，令人感动，却又难以推而广之，就仅仅是“惠爱”而已。

数百字的《吴山图记》让人读出一份心疼的感觉。

惟神鉴之

在政治不昌明，社会不安宁，正义不能得到伸张时，老百姓是很容易将自己的遗愿寄托于神明的。随着宗教的发展，明代中叶已经形成比较固定的教派，朝廷也例有册封，并常常以宗教仪式为国家祈福除灾。这样做，就使宗教具有了明显的社会功能。

尚是一介书生时，归有光只能将自己的好恶见解诉诸文字。当他也成为朝廷的一名地方官员，手里也握有一定的权力时，就可以借助于宗教的力量，辅佐自己行政了。

嘉靖四十四年，归有光刚刚出任长兴县令时，发现别处的城隍庙赛祀特盛，长兴的城隍庙却是塑像剥落，墙桓塌坏。四周的环境也污秽得令人无法忍受。于是，他出钱请人修葺了庙宇，绘饰了塑像，并且要求做到“神像特伟丽尊严如王者”。而祠堂前面的两棵古柏，尤其苍翠挺拔，十分可爱。其中之一像绞索一般扭曲，令人称奇。归有光觉得，这才是栖灵之地。每次在堂上审断重大案子时，他心里颇有所悟，似乎是神灵在冥冥中给予他指点。

白雀山法华寺是本地历史最悠久、影响较大的一处佛教名刹。它位于南太湖主峰弁山的东麓。相传南北朝时，有一位名叫道迹的尼姑在白雀山居住，每天诵《法华经》，长达20年昼夜不停。一只白雀总是在旁边旋绕，也是20年不停。道迹圆寂后，当地人把山称为白雀山，并在她的归葬处建造了一座“真身殿”。到了梁武帝时，他大兴土木修建寺庙，还亲自下圣旨敕令在白雀山建造法华寺，规定法华寺可以僧尼共侍，僧在前，尼在后。从此白雀山法华寺和真身殿名声大振，归有光主政长兴后，也专程去拜谒过几次。

有一年恰逢大旱，从五月至六月连续无雨。人们的心里都十分焦虑。白雀山附近有一座方山，气势雄壮地伫立于太湖边。山上有黑龙湫，一年四季瀑布不竭。当地老百姓认为去黑龙湫祷雨，甚至比去白雀山法华寺还要灵验，常常是有求必应的，只是山势险峻，路途艰难，不易攀登。归有光听说后，决定亲自带队上山。有人好心地劝解说："你年事已高，在山下望而祈之，不也同样可以祷雨吗？并非一定要上山的啊。"但是归有光却执意要上山去。

天气很炎热，山道上没有草木遮掩，徒步上下，足足有三四十里路，连年轻人都感到很累。60 多岁的归有光却披荆斩棘，顶着烈日不停地向上攀登。他在前面，随从人员都紧跟着向山上爬去。

归有光一边爬山，一边笑着说："为了祷雨，我们必须做到诚心诚意才是啊！"

爬上方山之顶，正是盛暑烈日，天无纤云。可是，当归有光和随行人员汲取了龙洞的泉水，放到城隍庙前举行完祭拜仪式，刚刚走出庙门时，天色就突然变了。一时间"大雨如注，四境霑足，绿畴弥望，万众欢呼，以为神之报答如响也"。

长兴的城隍果然十分灵验。

后来，归有光调任顺德府马政通判，离开长兴时，他打算去与城隍辞行。隔天夜里，他的儿子在睡觉时发觉有神灵托梦。归有光立即来到城隍庙。仔细一打听，才明白托梦的原因是神灵颇有微词。先前人们在绘饰塑像时，只注意上部的色彩和神韵，却忽略了下半部，那儿仍旧漫漶不洁。他赶紧捐出钱来，请人再次精绘城隍塑像。这样做了以后，他才感到心安理得。

归有光很想在城隍庙勒石纪念，但由于行程匆匆，未能如愿，但他心中却一直牵挂着这件事。不久，他特意写下了一篇《祭长兴县城隍庙文》，了却自己的心愿。

> 承乏宰县，典司神祠。宇庙弗称，瞻仰太息。岁则不易，未遑鼎构。聊尔涂塈，以饰厥观。庀工卜吉，敢用昭告。尚飨。

如果说，这一篇短短42字的文章，只是没有实质性内容的套话，让现代人读得枯燥乏味，那么他的另一篇《告昆山县城隍神文》，却是清清楚楚地表达了敬神信神的心态。

正当倭寇临境，昆山县的百姓同仇敌忾，奋起抗击的时候，作为一介书生，归有光也加入了抗倭斗争的行列。他并不吝惜自己的生命，可是与此同时，他又感到个人力量的有限，真切地渴望能够得到神灵的庇护，相信借助于神灵，是能够动员起一切可以动员的力量，阻止倭寇危害吴中老百姓的。

所以他在写信给城隍神的文章中说，神是聪明正直的，所司的就是将福和善施惠给百姓。那么，又怎么能够假手于凶羊恶犬，纵容它们乱噬滥啮，而危害无辜的百姓呢？

归有光的话语里颇有几分苦涩的幽默。也许是意犹未尽，接着他又向神灵作进一步的劝喻：

> 民之事神勤矣。纤芥之事，无不有求于神。今纵其犬羊以噬啮于民，而神不闻知，此神之所耻也！惟神鉴之。

中国历来的知识分子，都是以儒学正宗自居的，然而他们并不真正反对宗教。朱熹、程颐、王守仁等理学家，在青少年时代都曾经有过“出入于佛老”的治学经历，读过不少佛经。肩负着人类启蒙责任的知识分子，以无比艰辛的努力，探索着天地构成、人物化生、社会结构、人性善恶，他们从宇宙万物的本体，到人类自身的“本性”，都要询问一个为什么。可是，在自然科学不发达的时代，人们对于身边发生的许多怪异现象，常常不能作出准确的判断，便只能在宗教中寻找答案。恰恰宗教学说对于宇宙人生，有着系统而又独特的见解。尽管大多数人不能进入佛学和道学的境界，但是有解释总归要比没解释好。在深邃幽暗中看到的每一线光明，都是一种莫大的安慰。

归有光似乎也不例外。他在长期的艰难跋涉中，也从宗教中找到了某种安慰。不过，他并非毫无头脑的盲从，而是机智幽默地对神进行劝喻，希望神能够体恤老百姓的苦衷。你看，老百姓对神是那么恭敬，再微小的事情也有求于神，可是，现在那些凶羊恶犬对老百姓乱噬滥啮，神却什么也不知道。这不是神的耻辱吗？

惟神鉴之，这四个字让人读出无声的慨叹！

这位在中国散文史上作出过划时代贡献的散文家，一生不知道写出了多少令人吟诵不已的好文章。尽管他难以免俗，也有过一些只是记录市井轶闻的笔记文学，或者只是表达对神祇的信奉之心的作品，用今天的目光看，称不上是上乘之作，无法为人称道，但是从《告昆山县城隍神文》中，在体现敬神信神心态的同时，我们不也能够触摸到一个正直的散文家的良知吗？

英国传记作家 A.G. 加纳德曾经说过一句话：“我们所有的人都是通过自己的特殊的锁孔来观察人世……我们只看见我们所能看见的东西。”确实，我们也正是以一篇篇文章作为锁孔，来阅读归有光。

归有光是一个纯粹的读书人，纯粹的教育家，纯粹的散文作家。他的文章体现了他全部的血肉性情。即使是瑕疵与缺陷，也无法掩饰他真诚的内心。

他的一生，科举之路走得很坎坷，仕途走得很不顺畅，家庭生活本该让他获得感情的弥补，谁知也并不如意。8岁那年，疼爱他的母亲就不幸病逝了，使他少小体会到没有母爱的孤独。以后竟连续两次丧妻，不久又失去心爱的儿子和女儿。一连串的不幸遭遇，给了他沉重的打击，令人深感人世间的凄苦悲凉，及至无处寻求解脱，只好把目光投向袅袅香烟中的佛道造像，投向冥冥中的神灵。

于是，充满生命灵性才智的散文家，无可避免地写下了许多赞同因果报应、信奉神灵的文章，连同他的许多论说、寿序和应制文等，不免减少了作品给人的阅读快感。

这到底是归有光的不幸，还是中国散文史的悲哀?

让我们感到高兴的是他始终站在百姓的立场上说话。如果要让他在神灵与百姓之间选择，他会毫不迟疑地说，神灵应该和自己一样，多为百姓办好事——多办好事，神灵才会很灵。

共事梦鼎堂

《梦鼎堂记》碑

“作吏向风尘”

很少有人关注这样一段非常有意思的史实：被称为“明文第一”的散文家归有光，与神怪小说《西游记》的作者吴承恩，这两位在中国文学史上有着不可磨灭地位的明代文学家，不仅仅有着几乎相同的志趣和命运，都是于花甲之年才步入官场，而且还一起在浙江长兴县共事，一个当县令，一个任县丞。他们共同梳理政事，关心民瘼，结下了很深的友谊。

明嘉靖四十四年（1565 年），归有光终于考中了进士，被任命为长兴知县。而就在归有光来到长兴后的第二年，吴承恩被委任为长兴县丞，成为归有光的副手。

吴承恩出身于一个世代书香而败落为小商人的家庭。父亲曾以经营绸布为生，却喜欢研读群书。吴承恩早年希望以科举进身，但屡试不中，以致“泥途困穷”“迂疏漫浪”，直到 45 岁才考取岁贡生，后来又在老母与好友再三相劝下，努力考取进士，并入京候选。当上长兴县丞时，他已经 67 岁了。但他并没有因为上了年纪而有半点疏懒，与归有光合作得很密切。一个“发愤以修先王之道”，一个“悠悠复夙心，作吏向风尘”，两个读书人一旦当了官，都出奇地认真，而且下决心不逢迎长官，而以爱护百姓为宗旨，同心协力改革时弊，刷新县政。

归有光一再倡导的“惠爱”精神，成为他从政思想的核心。而吴承恩主管征赋粮马等事务，也竭力惠爱百姓。

岁月遥遥，400 多年前的喧嚣已归于沉寂，史籍中很难找到归、吴两人共事的记载。所幸浙江长兴县至今还保存着两通石碑，为我们提供了极好的佐证。一通是《圣井铭并叙》碑，一通是《梦鼎堂记》碑，1979年9月当地新建碑亭，将它们展出时，《人民日报》《光明日报》等新闻媒体都在显著位置作了报道。

《圣井铭》是归有光的一篇短文，共301字（吴承恩书写的碑文中标题有并叙二字）。他自叙，在读金史时深为感慨："嗟乎！中国于是不得为中国矣。绍兴君臣，万世之罪人也。昔晋永嘉之乱，其祸不异靖康。"联想到自己曾游览过南北朝时陈国国君陈霸先的故里，看到一口圣井，仍完好如初。相传陈高祖出生时"井中沸涌，出以浴帝"，后来这位君主"恭俭勤劳，志度弘远，江左诸帝，号为最贤"。归有光怦然心动，为之写下了《圣井铭》，他觉得即使是天上的流虹瑶月，也会应时而灭，这口圣井虽然历经岁月沧桑，却依然不竭不涸，令人想象贤帝明主的大业光灿。

隆庆元年（1567年）十月十日，吴承恩一个字一个字地将这篇颇含深意的文章书写了下来，并嘱人镌成石碑。碑高0.92米，宽1.47米，分成21行，每行16个字。四周刻有莲瓣，花纹古朴大方。显然，当明代又一任皇帝隆庆刚刚登基之时，两位花甲之年才当上小官的读书人合作了这件作品，是有深意的。他们正是以此来表达期盼圣主贤明，为国为民带来太平安宁的心愿。

不过，他们似乎意犹未尽。就在当天，吴承恩又书写了《梦鼎堂记》碑。他的字体楷中带行，圆腴劲秀，生动流畅，刚健而有骨力，堪称传世稀少的书法珍品。碑高1.85米，宽0.57米，全文共514字，分成17行，每行34字。篆书碑额，额两边镌刻着卷毛纹，左右下三边有莲花瓣，金石界对此评价很高。

梦鼎堂是县衙后宅的堂名。当年，归有光来到长兴当县令后，发现县衙年久失修，犹如乏人管理的县政。于是他设法重建了县衙，修缮了后宅，并且将后宅题名为"梦鼎堂"，还为之写下一篇

《梦鼎堂记》，叙述了“梦鼎堂”3字的来历。

原来，有一天他在睡梦中看见了一只“函牛之鼎”，鼎边却有一道裂痕，忙令人修补之。恰好在这时候，长兴有3个学子在试场上考得了好成绩，人们都说是应了三足鼎立的兆头。未几，传来消息，又有一人考中，人们高兴地说，这正是“补鼎”的应验。

归有光自然懂得鼎这种自商周时代就有的“三代之传器”的作用，以及它蕴含的象征意义，可是他将县衙的后宅取名“梦鼎堂”，却有十分独特的想法。

> 余少时有狂简之志，思得遭明时，兴尧、舜、周、孔之道，尝鄙管、晏不足为。今老矣，无能为矣。台鼎之兆，其以望诸二三子。因取而名斯堂，且以俟后之继余而来者云。

他明白，自己年轻时不遗余力，却一次又一次落第而归，好不容易当上七品芝麻官，来到长兴这个太湖边的偏僻之地。然而毕竟年逾花甲，尽管胸怀大志，也难以实现当初的愿望了。那么，美好的梦想只能期待由后继者来变为现实了，相信他们的中间一定会出现扛鼎之材。在这一点上，比归有光还要年长7岁的吴承恩肯定也有很大的共鸣，否则他是不会将《梦鼎堂记》书写成一通碑文，而且还写得那么有艺术功力的。

当时归有光与吴承恩还合作了一块《长兴知县题名记》，以表彰政绩卓著的官员，可惜原碑已在漫长的岁月中遗失。

以那个替老百姓做了好事的魏用晦为榜样，归有光和吴承恩在长兴县衙志同道合，也做了许多的惠爱百姓的好事。他们毕竟是文学家，喜欢以文学的方式将自己的心迹镌刻成石碑。今天，我们细读这两通石碑，完全能够想象，当年他们在共事时是如何地投契和融洽。梦鼎堂内，两位明代文学大家聚首灯下，不仅商讨政事，也切磋文学，该是一幅多么有意思的情景啊！

县丞吴承恩

归有光和吴承恩生活的嘉靖年间，明王朝开始走下坡路。用海瑞冒死给世宗皇帝的奏疏上的话说："嘉者，家也；靖者，民穷财尽，靡有孑遗。陛下试思今日之天下，是怎样之天下？"

明代，道教逐渐衰微，可是作为道教核心的神仙信仰却早已深入人心。明世宗——嘉靖皇帝一生最感兴趣的便是崇拜仙道，祈求长生不老。嘉靖初年，年仅 17 岁的世宗在暖阁太监崔文的诱惑下，在乾清宫等处建醮、祷祀，玩了一个多月，在内阁首辅杨廷和等人的苦苦劝谏下，他才停止了这类活动。可是一年以后，又开始设坛祈祷。当时杨廷和已经辞官，许多当政的官员投其所好，特意在钦安殿建醮，还写了关于斋醮的诗文进献。有人居然因为善于撰写此类的诗文而步步高升。

道士们深悉世宗企求长生不老、成仙心切的心理，故意将他愚弄。他们自称能够祈雨召鹤，其实一切都是事先做好了手脚。鹤是道士平时畜养训练好的，自然一召即至。而在久旱无雨、田地龟裂的时候祈雨，常常会有很好的效果——即使不求，天上也照样会下雨的。昏愚的世宗皇帝却以为这都是道士们的法术灵验，对他们提出的要求百依百顺，甚至将他们宠信到了无可复加的地步。

有一个名叫邵元节的道士，自称能够求雨求雪，世宗竟慷慨地赐给他玉带冠服和玉、金、银、象牙印各 1 枚，赠田 30 顷，每年给禄米 100 石。不仅专门为他建造"真人府"，还拨给校尉 40 人，供真人府洒扫之役。嘉靖十五年，世宗得了个儿子，心里非常高兴。他觉得这完全是邵元节祷祀的功劳。于是加授邵元节为礼部尚书，一品服俸，并且赐给他白金、文绮、宝冠、发服、貂裘等一大批礼物。愚蠢的皇帝全然没有想到，他儿子的诞生与道士邵元节之流的祷祀是风马牛不相及的。

大量的祷祀活动，使朝廷在经济上陡增负担，政治上也受到了严重腐蚀。当时宫中用于土木祷祀的消耗，仅香烛一项，每年就要花费黄蜡二十多万斤，白蜡十余万斤，香品数十万斤。而弄神捣鬼的道士居然能够官至一品，尊至公卿，更是令人不可思议。

如此看来，归有光祭拜菩萨，信奉神灵，也就丝毫不奇怪了。

其实，吴承恩以离经叛道为标识的小说《西游记》，也没有逃脱佛教的烙印。小说离不开唐初玄奘和尚跨越国境赴往天竺（印度）留学取经的这一段本事。这正是产生了重大影响的中外佛学交流的事件。同时，尽管孙悟空在取经的路上有许多桀骜不驯的表现，但他毕竟是放弃了大闹天宫的初衷，保护师傅唐僧去往西天，按照佛祖之意求取佛经。吴承恩为他设计了许多委曲求全、顾全“取经”大局的情节。而孙悟空在取经的路上克服九九八十一难时，也在很多方面仰仗了佛祖、观音、玉皇、老君的帮助。

孙悟空的身上，融入了吴承恩对自己的艺术化隐喻，少年聪慧，天资卓越，犹如石猴，卓然天成。成年后无心官场，逍遥自在，恰似孙猴子独踞花果山，呼朋唤友，自得其乐。其后“为老母徐氏所劝，又经好友李春芳敦谕，始入京候选”，犹如孙猴子受观音指点后始保唐玄奘。至于大闹天宫那一段，倒是引自民间传说，加入了吴承恩无穷的想象力，因为这毕竟是小说。

正如孙悟空逃脱不了如来佛的手掌，吴承恩与归有光也离不开他们生活的那个时代。

以神魔小说（也有人称为浪漫主义幻想小说或志怪小说）《西游记》而名垂青史的射阳居士吴承恩，也许是因为他的小说过于引人注目，其他情况反而被人们忽略了。他的生卒年月至今难以确定，有人认为他生于1504年，卒于1581年；也有人认为他生于1510年，卒于1582年。但不管怎么样，与归有光的生卒年月相差不多。

何况，他们有着极其相似的命运。

两个伟大的文学家，完全是由于偶然的机会才走到一起，他们的作品风格迥然不同。一浪漫，一现实，一奇崛，一慎独。然而，他们共同构成了明代文学兴盛时期的一道奇景，至少他们的信仰、功绩和命运，有着很多的共同点。

归有光、吴承恩在一起共事的时间比较短，地方志上关于这段经历的记叙寥寥无几，他们的诗文中似乎也没有什么反映，这未免让后人深感遗憾。不过，花甲之年才走上仕途，没有显著政绩，却在文学创作上建树很高的两个读书人，在一个小小的长兴县衙同事，光是这个现象，就很值得研究者们深思。

吴承恩来自书香之家，曾祖父担任过浙江余姚县学训导，祖父担任过浙江仁和县学教谕，都只是小官吏。很快家道中落，到了他的父亲手里，便只能改行经商，专门贩卖绸缎布匹以维持家人的温饱。但是他为人正直，富有正义感，也喜欢阅读史书，读到屈原、伍子胥、诸葛亮、岳飞等的事迹，常常感慨流泪，这给吴承恩带来了深刻的影响。

吴承恩自小聪慧敏捷，博览群书。不但擅长于写文章，还常有幽默的谈吐。很多人上门向他请教，甚至有人请他代为捉刀。早年他也像归有光一样，希望以科举进身，然而在科举场上他也无法逃脱失败的命运。屡试不中，以致“泥途困穷”。

47岁时，他还在南京国子监当太学生。67岁时，迫于家贫母老，他很不情愿地去浙江长兴当了县丞。但是没多久，却因为冒出“粮长事件”，被诬陷贪赃入狱。后来总算弄清楚是冤案，被释放出狱，可他一气之下，干脆辞官回家。他再也不想在这个小小的职位上耗尽自己的精力，更耻于官场的酬答周旋。

后来，他一度担任过荆州府纪善——一种级别与县丞差不多的闲职。然而他的兴趣并不在此，心里想的还是回家去做自己的文章，何况年岁也不饶人了。

到了晚年，吴承恩终于归居乡里，放浪诗酒，贫老以终。尽管他的生卒年月在各史志上的记载不一致，但我们至少可以估计，正是在厌倦了官场的繁文缛节和尔虞我诈后，他才潜心写作《西游记》，给世界留下了宝贵的精神财富。

吴承恩自小就喜欢读神怪故事，常常找来许多稗史小说，避开师长，偷偷地阅读。或许，他的脑子里积累了无数的民间神话和传说故事。所以，他才有可能根据唐太宗时僧人玄奘赴往天竺（印度）取经的历史记载，根据民间神话传授和传世的“西游记”平话和杂剧，创作出脍炙人口的长篇神魔小说来。

一生过着蹭蹬清贫生活的吴承恩，借《西游记》寄托了自己的孤愤之情。在这部奇书里，吴承恩以非凡的想象力，描绘神魔斗争，暗喻复杂的社会生活，表达了正义战胜邪恶、光明驱除黑暗的心愿。“盖不专明鬼，时纪人间变异，尔微有戒鉴寓焉。”作者如此自我剖白，他的《西游记》确实是寓有深意的。

从历史的角度看去，吴承恩辞官而去的选择是完全正确的，否则，文学宝库中将因为缺少了一位足以征服亿万读者的齐天大圣孙悟空而分外寥落。

由于贫穷、愚昧和地方势力错综复杂，长兴县县令的职位竟然空缺了好长一段时间。直至归有光在60岁时考中进士，前来赴任。归有光无法像吴承恩那样，心里不痛快就拂袖而去，所以他必然会面临着比吴承恩更加艰难的局面。何况从内心讲，他既想为后人留下不朽的“震川文章”，也很想把这个县令当好。所以，他在遇到难题时，往往会诚惶诚恐地向城隍庙中的神灵们祭拜。

归有光曾经写过一篇散文《西王母图序》。他的朋友鲍良珊客居苏州，打算回新安老家为母亲祝寿，画了一幅西王母神像，特地来拜见归有光，请教西王母神话的真伪。在中国的古史传说中，西王母有时是一个豹尾虎齿善啸的怪物，有时却是一名雍容和顺、能歌善唱的妇人，有时则是一位年轻美貌的女神。真是扑朔迷离、莫衷一是。

归有光引经据典地向鲍良珊说明，西王母的神话尽管在《山海经》《穆天子传》《汉武内传》中都有记载，但是不可信。民间流传的许多关于西王母的传说，是不合情理，不合史实的。

> 今天子治明庭，修黄帝之道，西王母方遍现中士，人人见之。穆满、秦、汉之事，其不足道矣！

世宗皇帝迷信道教，向往神仙，致使普天下到处都能见到西王母的画像。然而，归有光却丝毫也没有隐瞒自己的观点，很坦率地说了一句“其不足道矣”。

诵读过大量佛经，相信因果报应之说的归有光，说出这样一句真话，是很需要目光与勇气的。

事实上，他是既信神，又不信神。

是的，在归有光的内心深处，常常会被一种难以摆脱的矛盾所占据。他总是在长久的思索中陷入困惑。然而，我们不管是读《告昆山县城隍神文》，还是读《西王母图序》，都可以清晰地看到，他的文字绝对没有半点矫揉造作、文过饰非，只袒露着一个大散文家的真挚之情。而真挚恰恰是散文的灵魂所在。

粮长事件

归有光所生活的太湖流域，历来民丰物阜，是“赋税半天下”的鱼米之乡。可是由于明代统治者竭泽而渔，搜刮无度，又加上连续几年遭受旱涝灾害，以及从海上窜来的倭寇抢劫，富庶的土地便出现了贫困现象。当时有许多狡猾的豪门大户，为了逃避赋税，往往将田产分散成“细户”，反而让贫户充当纳粮大户。归有光识破了这种“踢脚诡寄”的伎俩，站在同情小民的立场上，公开宣布道：

> 当职为民父母，岂不欲优恤大户，而专偏重小民？特以俱为王民，尔等大户，享有田宅童仆富厚之奉，小民终岁勤苦，糟糠短褐，犹常不给；且彼耕田商贾，大户又取其租息，若刻剥小民，大户又何所赖？况大户岁当粮长，不过捐毫毛之利，以助县官；若小民一应役，如今之里递者，生计尽矣。如之何不为之怜恤也？

按照明初的制度，各地征粮设粮长，一般由大户担任，负责将本地里甲小户应交的粮食收齐解送官府，里甲（地方的基层组织）负责协助。最初，粮长是一种大户们争抢的荣耀职务，但是后来由于有很多农民逃亡，里甲人口不齐，征粮却仍然按照原有的人口数统计，所欠缺的粮食，往往要让粮长补齐，大户们就不愿担当粮长了，纷纷想办法嫁祸于小户。小户自然也不愿意。他们的生活本来不宽裕，当了粮长，更会被迫搞得倾家荡产，粮长一职几乎成了祸害。

当时浙江湖州一带推行的所谓里递，就是让地方基层组织兼任粮长。归有光认为，这还是让小户承担责任，于是他决定在长兴仍实行大户粮长制，将征粮的责任归于豪强。

很快，他恢复了明初的“粮长”制度。“乃取大户所分子户为里甲，因以充粮长”。这样做，既减轻了小户的负担，也便于农民缴纳税粮。为了确保政令畅通，他又警告大户：“尔等大户，各自为子孙之计，毋得仍前侥幸，剥害小民。幽有鬼神，明有王法，宜各深思。”

告示贴出，豪门大户都深受震慑。

归有光心里应该明白，他这样一来同时也得罪了很多人。可是他并不理会，公开表示“偏重小民”，而不允许大户“剥害小民”。这种率性由为的做法，是违背了做官的常规的。

这位花甲之年才入仕当县令的读书人，年岁已经不小，居然有些涉世未深的天真，难道他真的不知道官场的阴阳明暗？换了另一个人，怕是绝对不敢这样公然得罪大户的。

其实，归有光并不愚顽。他当然明白，官场从来就不是躺着吃安逸饭的地方。有一个昆山人卢熊，精通书法，善篆籀之学。明洪武十年（1377 年）时，由中书舍人迁任兖州知州。他是一个勤奋的官员，政务之余，还编撰了《苏州府志》《兖州府志》，传诸后世。卢熊曾上疏说，自己官印上的“兖”字被误刻为“衮”字，请求改正。谁知明太祖把“衮”字认成了“滚”字，“秀才无礼，便道我衮哩”。这实在是大不恭，怎能容忍？不久，朱元璋就借胡惟庸的“党案”把卢熊给杀了。咬文嚼字害了卢熊，死的时候他只有50岁。明初的文字狱，就是这样扩大到了地方官员对朝廷的事务性表章中的错字……

作为文章，归有光的《长兴县编审告示》倒是十分精彩耐读的。作者对于民间疾苦的关切之情溢于言表。字里行间，也洋溢着一股书生意气。尤其是最后的一句“幽有鬼神，明有王法，宜各深思”，更是让人看出这位老儒新官的天真无邪。试想，自古以来，无论是鬼神还是王法，对于豪民奸吏能起到多少作用呢?

既然是书生意气，归有光一言既出，也不怕将人得罪，起码在他的任期之内，一定要按照自己的意愿，为老百姓的利益着想，把长兴县治理好。

正是出于这样的想法，归有光时时刻刻不敢倦怠，总是自己亲自动手处理事务，不让豪民奸吏有空子好钻。在实施均徭时，归有光闭门阅册，随田轻重品搭，慎重地处理了长兴县的赋役问题。以往一些人总是利用均徭渔取奸利，可是在归有光的面前却无机可乘，不由叹息道：“如今是遇到灾荒，大大歉收了!”

归有光绝对没有想到，自己所做的一切，竟然引起了湖州府乃至浙江巡抚的很大不满。

隆庆二年，是外官觐见之年，归有光应该在元旦之前入京述职，于是他将政务（包括征粮等事）一起交给了上级派来的摄令（又称署印，即代理县令）。谁知，这位摄令擅自改动归有光确定的大户粮长任职计划，强硬命令小户担任粮长，结果造成征粮困难，局面难以收拾，导致摄令与协助其工作的县丞吴承恩以贪赃罪被捕入狱。

事件发生时，归有光并不在长兴县，但是改革征粮制度，牵涉到的方面很复杂，府、县对于归有光的批评颇多，且有追究责任的舆论。

归有光在长兴任上已经两年。他觉得自己很辛苦，但心里很踏实。毕竟可以做一些愿意做的事情，也得到了百姓的拥护。也许继续当下去，还能够有所作为。然而，一纸公文，彻底改变了归有光的想法，他奉命改调顺德府通判，专司马政。几乎所有知道这件事的人都为之惊讶。这看上去是升迁，其实是降职。他的全部使命只是管理各县送来的有关马匹、折钱等的文书表册，根本无法发挥他的长处。

然而，时至如今，他无法拒绝。

归有光的命运，使人想起了与他有颇多相似之处的忠介公海瑞。

比归有光晚出生 7 年的海瑞，以举人入仕，45 岁时才担任浙江淳安知县。此后屡经沉浮，两次被罢黜，当他担任南京吏部右侍郎和右佥都御史时，已经是 71 岁高龄的老人了。历史对于人才的选择未免太悭吝，在生命的最后岁月才让人有机会实践政治主张。

海瑞自号刚峰，病逝后谥号忠介。古往今来，有几个人能像他那样，在官场显现如此旗帜鲜明的个性？他敢于向嘉靖皇帝上奏疏，批评嘉靖是一个虚荣、残忍、愚蠢的君主，毫不含糊地说："盖天下之人不直陛下久矣。"海瑞得到的结果是锒铛入狱。好不容易被释放，又有机会担任应天巡抚，他全力推行一条鞭法，并强令豪绅徐阶等人退田，使那些借富欺贫者有所戒惧。可是这样一来又受到张居正、高拱等人的排挤，直至革职回家闲居，长达 15 年之久。

然而，海瑞毕竟是海瑞，他绝不愿意扭曲自己的性格，执拗、奇崛而又务实。他坚守着自己的人生准则，在浙江淳安任知县，推行清丈、均徭，深受百姓拥戴。在江南任南直隶巡抚时又疏浚吴淞江等河道，根治水患，恩泽后世。在他的词典上是没有明哲保身一说的。难怪他死后，灵柩归葬海南（琼山）故土时，南京城万人空巷，白衣素冠的百姓们等候在街头，为他挥泪相送……

今天我们已经很难用正直、狷介、峭刻、激进之类的词语来描绘海瑞的性格。其实他是一个复杂的多面体。海瑞因为冒犯了嘉靖皇帝，而被投入狱中10个月。恰逢隆庆皇帝登基，才被释出狱，继而被安排了一个身穿红袍，官至四品的闲职。海瑞生性不愿赋闲，干脆提出罢官。在这种情况下，谁也不想得罪这位以诤谏而闻名天下的忠臣，于是将他委任为南直隶巡抚，驻扎苏州。但是仅仅8个月，这位巡抚大人就因遭到劾参，被迫退休。这一切都具有悲剧色彩。

平心而论，这悲剧也是性格的悲剧。

一到苏州，海瑞就向所治各府县公布了“督抚条约”，条约规定，境内成年男子一律从速结婚成家，不愿守节的寡妇应该立即改嫁。巡抚出巡各地，府县官不得出城迎接。巡抚在各府县官逗留，地方官供给的伙食标准为每天银二钱至三钱，鸡鱼肉均可提供，但是不提供鹅和黄酒。境内的公文，今后一律使用廉价纸张。原来习惯于在公文后留有空白，今后一律废止……

他不避琐碎地为自己树立了十分清廉的形象。同时，为了维护道德的神圣，他千方百计缩小贫富差异。然而，他疏忽了一点：凭着个人的力量去反抗积重难返的社会惯性，要取得成功何其渺茫！

每一个跋涉于历史长河的人，总是在被时代所选择，又不断地改变时代。海瑞之所以成为海瑞，在义无反顾地向传统道德的光明顶攀登时，谁能说得清他走过了怎样跌宕起伏、曲折反复的心路历程？他当然明白自己会面临万丈深渊，可是一旦甘愿以生命捍卫正义，身后便会耸立起一道万里长城。他也就成了某种道德精神的象征。

何止是海瑞。

归有光不也是这样的吗？

无解的悬案

吴承恩究竟有没有跟随摄令贪赃枉法？

这在当年就查无实据。今天，我们不妨再从一个侧面来看看长兴县丞吴承恩的心路历程。

吴承恩屡试不第，对于经由考试入贡已经不抱什么希望。十余年来散漫惯了的他，突然又重拾书本，走进试场，去争取一官半职，主要是因为80岁老母亲的坚持——“为母屈就长兴倅”。但是从他的内心看，已经没有太多激情。何况，已经是60多岁的人，谈不上政治前途，去长兴为官，也就是可做可不做之事。

好在县令归有光为人正直，跟他又有许多共同爱好，很容易相处。公务之余，吴承恩走出衙门，四处游逛，倒也觉得像一个山野之人。有时身穿官服，走在乡间也算是体察民情，这比起独自闷在书斋里苦读，可要畅快得多了。

风尘客里暗青袍，笔砚微闲弄小舠。
只用文章供一笑，不知山水是何曹。
身贫原宪初非病，政拙阳城自有劳。
会结吾庐沧海上，钓竿轻掣紫金鳌。

这是吴承恩在长兴任上所作的诗句。从中不难看出，他的心态是散淡轻俏的，没什么职务造成的压力和读书人生来就有的社会使命感。显然，在这样的心态下，他偶尔有可能发点牢骚，却不会过于认真，甚至跟归有光形成利益的或者道德的冲突。

如此看来，吴承恩作为长兴县丞，在归有光暂时离任以后，与摄令仅仅相处一两个月，就合伙贪污，显然是不可能的。归有光为官很清廉，吴承恩即使是一个极贪之人，在他身边当副手，也几乎没有机会。真的想贪，那是需要非同一般的手腕的，但吴承恩在长兴任职期间，看不见任何这样的迹象。

很多年过去了，直至今日，仍然有学术界人士提出另一个尖锐的问题，说在粮长事件发生后，吴承恩受牵累锒铛入狱，归有光竟表现冷漠。不但不为其开脱，反而有幸灾乐祸之意。找遍归有光、吴承恩在长兴合作共事时的资料，却又缺乏依据。

这成了一段悬案。

有人分析，归有光和吴承恩之间即便有分歧，也只能归结于文人意气——他们两人的文学观点有所不同。

明嘉靖初年，文坛由“前七子”主盟。由于过分强调复古，文学的创造性不足，有的甚至沦为“高处是古人影子耳，其下者已落近代之口”，给文坛带来了新的流弊。自从王慎中、唐顺之走上仕途以后，“唐宋派”渐渐崛起，文风开始发生变化。“唐宋派”将李梦阳、何景明等“前七子”师法秦汉文风作为自己反拨的对象，提倡唐宋文风，在当时产生了一定的影响。然而，到了嘉靖二十九年，李攀龙、王世贞、宗臣、梁有誉、徐中行、吴国伦等人相继入朝，并且结成文社，号称“后七子”，一时声势显赫，文风再次发生了变化。“后七子”重新举起复古的大旗，他们的一些观点，正是针对当时以王慎中、唐顺之为代表的唐宋派文人的创作主张而提出的。《明史·李攀龙传》中说：

> ……诸人多少年，才高气锐，互相标榜，视当世无人，七才子之名播天下。……（攀龙）其持论谓文自西京，诗自天宝而下，俱无足观，于本朝独推李梦阳。诸子翕然和之，非是，则诋为宋学。

所谓“宋学”，就是“唐宋派”，在他们眼里显然是不值一文的。

徐中行、归有光分别是“后七子”和“唐宋派”的重要人物。

徐中行，明代文学家，浙江长兴人。嘉靖二十九年进士，初授刑部主事，任端州同知、山东佥事、云南参议、福建副使、参政等职，累官至江西布政使。当时，“后七子”击垮“唐宋派”势力，徐中行发挥了相当大的作用。耐人寻味的是，粮长事件发生的嘉靖四十五年，徐中行正丁忧在乡。

归有光入仕虽然较晚，在文坛却有较大影响力，成为“唐宋派”的后期主力。他绝不赞成“后七子”的文学主张，所批评的对象，主要是“后七子”后期的活跃人物徐中行、王世贞等人：

> ……但今世相尚以琢句为工，自谓欲追秦汉，然不过剽窃齐梁之余，而海内宗之，翕然成风，可谓悼叹耳。(《与沈敬甫》)

吴承恩的文学见解，恰恰倾向于“后七子”。他当县丞的时候，徐中行正丁忧在乡，吴承恩（字汝忠）有空就去看望他，在长兴与“邑绅徐中行最善，往还唱和”。

> 长兴有徐子与者，嘉隆间才子也，一见汝忠即为投合，把

臂论心，意在千古。（陈文烛《花草新编序》）

汝忠与七子中所谓徐子与者最善，还往倡和最稔。（李维桢《射阳先生集选序》）

从这两则资料，也不难看出，共同的文学主张是彼此交往的黏合剂。而归有光就不会跟徐中行有如此密切的关系了。有人便说，因为吴承恩跟这位“后七子”的代表人物接近，归有光与之疏远，并且在他出事后表现冷漠。谁让他跟自己心中的宿敌亲近呢？

这样的剖析，似乎过于武断。信手拈来的“幸灾乐祸之意”，把归有光描绘成了一个心胸褊狭的小人，未免把他妖魔化了。文学主张与政治手段之间，虽然会有很多联系，却并不能画等号。相比于政治前途，文学主张再强烈，也只能避退在后面。

在粮长事件中，归有光和吴承恩都是受害者。吴承恩入狱，归有光调离，去往河北顺德任马政通判的日子一点也不好过。只要有点政治常识的人都知道，遇到突发事件，一把手总归是主要责任人，因为他握有决策权，哪怕不在现场。何况，归有光、吴承恩之间本来就没有利害冲突，谁都救不了谁。即便真的伸出援手，也无济于事。

一段悬案，看来是无解了。

命运的玩笑

归震川墓

良苦用心

从一个人的文章中，不仅可以读出他的志趣和情绪，也能感受他的性格。这里，且让我们再读一段归有光的文章。

> 有光不敏不明，不知世俗所以为吏之事。独尊孔氏之训，其于治民事神，不敢不尽其心。所恃以鉴临者，惟神而已。前五月不雨，为民乞哀于神，神即赐之甘霖。四野沾溉，绿畴弥望，万人胥悦。今复竟六月不雨，为民乞哀于神，神未之许。为此焦老靡宁，瞻仰何里，愿神终惠之也。吏以数易之故，不能久以事神。然一日在位，亦不忍忘乎民。惟神永享民之报祀于无穷，其何可以不念也！

归有光来到长兴上任后不久，就遇到了旱灾。正是稻禾急需分蘖发棵的季节，五月间几乎滴雨不降，实在令人忧愁。他带领百姓去城隍庙祈雨，还亲笔写下了《祈雨文》，说天降旱殃，是因为“人心不古，吏道多端，遂以礼仪之邦，化为夷鬼之俗”。归有光表示，“愿以一身当其罪罚”，只盼望“神其降鉴，特赐一日之泽，以慰三农之望”。

身为长兴县令，他明白自己扮演着父母官的角色，宁愿接受苍天的罪罚，也要让百姓免除旱魃之害。所幸祈雨之后，很快就降下了甘霖。但是到了六月间，竟又是连日无雨。归有光怀着虔诚之心，又写下了《再祈雨文》，祈愿苍天再降喜雨。

这样做的原因很简单，既然一朝在位，就不能忘记老百姓的疾苦。为民乞哀于神，也是县令的职责所在。

原来，归有光是处处不忘“惠爱”。

太湖流域，鱼米之乡，水历来是百姓赖以生存的命脉。几乎在6000年前稻作文化开始萌芽时，先民们就利用自流井和池塘灌溉原始稻田，旱灾或涝灾则成为困扰农民的大问题。风调雨顺、五谷丰登，是最为令人欢欣的年景。人们的宗教信仰，与之息息相关。寺庙里的四大金刚，怒目圆睁，威风凛凛，却也是风调雨顺的象征——他们是司雷电、司风雨的。心诚者，终究有求必应。归有光深深懂得其中三昧。他的信神，不是简单的信神，而是一种“惠爱”之举。尽管他自谦地说“有光不敏不明，不知世俗所以为吏之事”，不知道在这个世界上应该怎么做官，可是，实际上他把“惠爱”作为人生的终极目标，他的信神敬神就超越了一般意义。

散文家归有光，同时也是一个诗人，只不过散文家的影响力大大盖过了诗名。他的诗多为感时之作，具有较高的艺术性，不事雕琢，追求清新自然。“其于诗似无意求工，滔滔自运，要非流淌可及也”(《列朝诗集体·小传》)。日本德川幕府时代精通汉学和“兰学”(即西学)的帆足万里，在评论归有光的诗作时说：“如其五言古诗，载《列朝诗集》者，卓然有大家风度，出王、李之上也。”

归有光文集中，别集卷即是他的古今诗，其中也收录了《读佛书》这样的五言诗。他以“雪山真苦行，九恼尚缠已。非徒食马麦，空钵良可耻”等诗句，表达自己对佛经的理解。这类诗，在他本来就存世不多的诗章中，仅仅占了少数，却也可以作为他信神敬神的一个小小佐证。

然而，让我们感兴趣的，毕竟还是他为那位维护自己的贞洁，却被恶少歹妇逼迫、残害至死的安亭女子所写的《招张贞女辞》。他不仅为命运悲惨的19岁女子写了许多文章，还以《招张贞女辞》

为她招魂：

> 魂兮归来乎！东有穹洞，门帘肃兮。朱火粲粲，丽文木兮。黄金铠甲，光煜煜兮。云中鼓乐，来逆复兮。神女迅众，齐欢睦兮。靡颜盛鬋，被绮谷兮。芳馨杂糅，纷郁郁兮。遨游阊阖，骛轻谷兮。邑宰敬恭，虔尸祝兮。闭安弘靓，永宜屋兮。魂兮归来兮！

在洋洋洒洒100多句的辞中，归有光充分舒展自己的神思和文采，对这位无辜女子的命运，寄予无限的同情。他以华美的语言描绘着张贞女的形象，构想着她生前洁不可污的操守和品行。在他的心目中，张贞女已不是一个遭受不幸婚姻折磨的普通女子，而是美丽与善良的化身。

你看，那美丽而善良的灵魂，柔躯雅步，在天庭中默默地逡巡。云中有鼓乐响起，神女们珠冠霞帔，芳馨馥郁，迎迓着她的来临。恍若琼台瑶池的仙境，是那么令人陶醉，令人神往。

19岁女子所遭受的人生痛苦，在这绮丽华美的氛围中，悄然消融了……

归有光不愧为散文家，心头充满了浪漫主义的情思。他对弱女子的同情，对恶少歹妇的憎恨，对吞噬着善良生命的时势的抨击，都化成诗意在笔下流注。

这篇《招张贞女辞》，让人再一次体味到散文家的“惠爱”之心。

但他的文章中也有对于官场时弊的强烈抨击。比如在《送吴纯甫先生会试序》中，他这样写道：

> 而比年以来，士风渐以不振。夫卓然不为流俗所移者，要不可谓无人也。自余奔走富贵，行尽如驰，莫能为朝廷出分毫之力。冠带褒然，舆马赫奕，自喻得意。内以侵渔其乡里，外以芟夷其人民。一为官守，日夜孜孜，惟恐囊橐之不厚，迁转之不亟，交结承奉之不至。书问繁于吏牒，馈送急于官赋，拜谒勤于职守。其党又相为引重，曰："彼名进士也。"故虽荦然肆其恣睢之心，监察之吏，冠盖相望。莫能问也。居无几何，升擢又至矣。其始羸然一书生耳，才释褐而百物之资可立具，此何从而得之哉？亦独不念朝廷取之者何如，用之者何如，爵禄宠锡之者何如也。岂其平居无恳恻之意欤？将富贵之地，使人易眩，失其守欤？世之所倚重者尽赖此辈，而如是弥望，君子盖以为世道无穷之虑焉。

官场上，有些人确实很坏。他们鱼肉百姓，中饱私囊，整天想的就是如何巴结上司，一步步升官，然后谋取更多的私利。归有光认为，这些人的坏，并不是踏进官场富贵之地后才开始的，而是他们原本就缺乏"恳恻之心"。但这些人却能不断得以擢升，被委以重任。这是为什么呢？这只能证明，国家的评价体系出了毛病。可悲的是，这些被擢升的势利小人偏偏又承担着管理国家机器、引导社会风尚、教育子孙后代的责权。"如是弥望，君子盖以为世道无穷之虑焉。"实在是令人忧心忡忡啊！

归有光心里始终明白，自己是偏居一隅的一介老儒，即使是当上了长兴县令，仍然不过是七品小官。在明朝这个庞杂错综的社会机器面前，他无法像海瑞那么挺身而出，严惩腐恶，也无法像吴承恩那么干脆拂袖而去，写自在文章，他只能凭着自己的良知，以"惠爱"精神，艰难地当好一个七品芝麻官。

归有光总是想着惠及老百姓，爱之弥深，护之弥坚，这十分令人感动。这里，用得着他文章中的一句话：惟神鉴之。良苦的用心，只有神灵明鉴。

马政通判

不得不离开长兴梦鼎堂，前往顺德府担任马政通判的归有光，境况是颇为凄凉的。

且不说离开生活了 60 余年的江南水乡，前往几千里外的北方，他和随行的家人水土不服，各方面都很不习惯，由县令而改任通判，明升暗降，心情也是不会舒畅的。来到顺德府一看，他的“官邸”竟简陋到了难以想象的地步。别的不说，他的书斋是用芦苇编起后再糊上泥作为墙壁，在寒冷的冬天怎么也无法抵挡凛冽的北风。书桌是用大风刮倒的柳树做成的，伏案写作时会发出吱吱嘎嘎的声响。对于酷爱读书的人来说，这是比别的简陋更难以忍受的。他不能不怀念当年的书斋“陶庵”，至少那儿还可以读书作文。

何况，他从来就没有什么积蓄，来到顺德当通判，俸钱只够养活自己，根本顾不上随行的家人。幸而在前往顺德府上任时他借了一些钱，买了 30 多石大米，能够维持半年的口粮，这才稍稍心安。

马政通判是一个闲职，只管理顺德府所辖各县送来的有关马匹、折钱的表册，没有多少事情可做。归有光空怀一腔热情，却不能不坐冷板凳度日，他自嘲地称自己为“吏隐”。

既然是“吏隐”，就没有太多的麻烦事，这位耐不住寂寞的书生就自己找事情干。参考史籍，采访掌故，修《马政志》，聊以寄托情志。空闲时，他也会为自己的处境作愤忿之言，“虽称三辅近，不异湘水投”，觉得像是屈原被放逐一样，可又无可奈何。

在给朋友的信中，他为自己辩白道：“今兹之调，实由谗邪之中伤。”在百里之县当县令，尝够了酸甜苦辣，兢兢业业地做事，却“白首为小人所败”，悲愤之情实在难以言表。踏上仕途很晚，刚刚开始却又受挫折，让人伤心的是清白的名声受到污损，却无法申辩。咳，不仅仅是禽鸟才爱惜自己的羽毛啊！

记得还是在嘉靖四年（1525年），19岁的归有光补苏州府学生员——考取了秀才，迈出了科举的第一步。当时苏州府学中有一位来自四川青衣江畔夹江的张先生，担任训导，他负责管理府学中的诸多学生，在与归有光连续4年的朝夕相处中，感情十分融洽。后来，张先生被调离苏州，去往陕西的同州（今陕西大荔县）任职。尽管看起来是当学正，提升了一格，实际上他的生活环境却不知道要比苏州差了多少。“知其风土之不逮吾吴中”，归有光为之愤愤不平，乃至写下《送夹江张先生序》，以表达内心的不满，呼吁“以为先生之贤，宜得显耀，使出于格例之外”。但这种“破格”之想，只能是一种幻想。任教职者历来是清贫的，而且无奈。谁会想到，如今自己也遇到和张先生一模一样的命运呢？这个时代，要找到“公论”二字，谈何容易啊。“公论在于下而上弗知，有识之士所以掩郁丧气而长叹也。”（《送夹江张先生序》）

然而，他的性格决定了决不会“终身沉沦而不敢有分外之思”，也不会甘心情愿就这么虚掷生命，趁着有些闲暇，他开始考察马政的沿革与得失，撰写《马政志》和有关马政的文章。他有时候也劝解自己，这也是一门全新的学问呢。

> 尝考洪武初制，令有司提调孳牧，江南十一户共养马一匹，江北五户共养马一匹，以丁多之家为马头，专养一马，余

> 令津贴以备倒失买补。每二岁纳驹一匹。又立群头群长，设官铸印，与守令分民而治。有牧马草场，又免其粮草之半，每加优恤，使有司能责实而行之，常使民得养马之利，则马亦何忧于不蕃也。今顾不能修其旧法，而徒以法之弊而亟变之，则天下安得有善法。夫令民养马，国家之意，本欲得马而已，而有所谓本色折色何为也？……

归有光很快写成了一篇精彩的《马政议》，在洋洋洒洒的议论中，他提出了“常使民得养马之利，则马亦何忧于不蕃也”的观点。发展马政，要旨在于民意民力。只要老百姓认识到养马能够给国家带来利益，也能给自己带来好处，他们就会全心全意地去养。同样的，官府要动员百姓养马，也必须保护百姓的利益。假如官府“惠爱”百姓，百姓“惠爱”马匹，马政何愁不繁盛呢？

这篇文章与他的“惠爱”思想一脉相承。至少从文章看，这位艰辛的马政通判是尽心尽责的。对于自己艰难的处境，他没有半点牢骚，依然勤勤恳恳地做着他应该做的事。

然而，管理马政毕竟与他宏大的理想不符。

任何朝代，官员的擢升与贬黜都有专门机构负责，并且建立一定的考核制度。明代也同样如此。然而，一个简单的道理是制度是由人制定的，也是由人执行的。人为的因素，常常使制度变得很有弹性。何况，掌握游戏规则，把控舆论方向的，总是那些有权有势有背景的人物，民间的舆论难以通达最高权力机关。从这个意义上说，一个官员在任上当得好不好，并不在于老百姓是否拥护，自己是否做出了很多政绩，而在于有没有“人脉”，能不能在逐级汇报的过程中获得美言。假如不懂得这个潜规则，就与升迁无缘，甚至会走到相反的路子上去。

终于，归有光想明白了，不能过于书生气。再这样，就把自己的一切都毁了。于是，他鼓起勇气给户部右侍郎万士和写了一封信。

受人欺负，蒙冤被屈，自然是需要申诉辩诬的，然而在信中却不能急躁轻言。他静心思考了一番，一封信写得有理有节，正气凛然，而且在逻辑上也十分严密，根本没有那种扭捏作态和摇尾乞怜的样子。他想申辩，许多话却不便自己说出，就巧妙地借助古人的事例，设置比喻，说得既有分寸感，又十分顺畅，让人读起来觉得甚有道理。

> ……有光今已摧残至此，夫士之所负者气耳，于其气之方盛，自以古人之功业不足为；其稍歉，则犹欲比肩于今人；其又歉，则视今人已不可及矣。方其久诎于科试，得一第为州县吏，已为逾分；今则顾念养生之计，欲得郡文学，已复不可望。计已无聊，当引而去之。譬行舟于水，值风水之顺快，可以一泻千里；至于逆浪排天，篙橹俱失，前进不止，未有不没溺者也。不于此时求住泊之所，当何所之乎？

这篇如行云流水般的《上万侍郎书》，成为归有光的代表作之一。

天不假年

第二年——隆庆四年（1570年），命运发生了奇妙的变化，65岁的归有光突然获得了一个机会，以邢州倅的身份进京朝贺万寿节。

他经过再三思考，决定上书乞改国子监的职务。希望能在有生之年，用自己的经学来训诲学者。他觉得这才是适合自己才华的职位。

经过恩师高拱等人的引荐，归有光顺利地被升为南京太仆寺丞，终于从怨愤中摆脱了出来。首辅李春芳识才，特意将他留在北京内阁制敕房，负责纂修《世宗实录》。

归有光实在是喜出望外，只想一展身手，一上任就抱病工作。在京城撰修《世宗实录》，不但能够读到内阁所藏的许多秘籍，更能舒展自己作为古文家的才华。尽管这件好事来得迟了些，但终究是令人高兴的啊。

说起来，归有光很早就有重修《宋史》的心愿。他在给朋友赵子举的信中感慨说："近世多欲重修《宋史》，以为其简轶之多。夫苟辞事相当，理所宜多，何厌于多？仆于此书，颇见其当修者以为不在于此。有志数年，而书籍无从借考，纸笔亦未易措办，恐此事亦遂茫然矣。"

原来，要当史学家并非易事。除了要有远大的志向，更要博览群书，学贯古今，还得有十分充沛的精力。在书籍无从借考，纸笔难以措办时，凭什么去撰修史书呢？

在给陆太常的信中，他又说："而怪近世数代之史，卑鄙凡猥，不足复自振。尝有志规摹前人之述作，稍为删定，以成一家之言。而汨没废弃。今老矣，恐此事逐已也。"

是的，凭着个人的力量，他纵然有重修近世数代之史的雄心壮志，也难以完成。可是，当史学家的宏愿，是从小就有的啊。

他觉得已无法实现理想之际，机会却突然来临了。

然而，万万没想到，当他满怀希望来到内阁制敕房，负责纂修《世宗实录》，完全有条件成为史学家的时候，身体偏偏不争气，在这一年的秋天突然生了病。

这场病来得不是时候，偏偏又难以治愈。他觉得是水土不服，很想回到故乡昆山养病，却实在放不下没有完成的《世宗实录》。强撑着精神，仍然抱病撰述，怎么也不肯放下手中的笔。可惜天不假年，翌年正月十三，他怀着极大的遗憾，在北京离开了人世，终年 66 岁。

命运给这位善良的读书人开了一个辛酸的玩笑。

临终前，归有光给儿子写下了这样几句话：

> 假我数年，卒成大业，庶几不负先师，今竟不可得，命也。然乘化而往，亦复何恨哉！

世界上最让人悲伤的事情，莫过于眼看已经到手的机会，却像流水一般地从手指缝里滑走。能完成的大业，竟毁于一旦。老天爷，为什么这样吝啬，不肯多给他几年时间呢？

归有光把这无奈地归结为“命”。这样的结局，或许早已在冥冥之中就安排下了，让人永远也无法摆脱。

这让人又一次想起海瑞。

海瑞出任应天巡抚后，接受了一桩“徐氏父子案”。徐氏子弟和家人倚仗当朝首辅徐阶的权势，巧取豪夺，侵占贫民田地 40 多万亩，并且勾结官绅，肆意报复，致使十多人死于非命。此外，他们还凌虐乡里，勒索钱财，强娶民女为妾，为老百姓深恶痛绝。尽管徐阶对海瑞有知遇之恩，但是海瑞仍然决意秉公而断，不徇私情。他不仅严惩奸恶，为民除害，还迫使徐阶退了田。

这件事在地方上产生了非常大的影响，很多人为之拍手称快。然而海瑞得到的结果是削夺应天府巡抚之职，改调南京粮储的御批，朝廷让他管粮草去。

一片赤诚的海瑞惊愕万分。他并不怀疑皇帝的贤明，也不知道徐阶买通太监冯保，在皇帝的面前做了手脚。那个掌管吏部大权的内阁大学士高拱，推荐学生归有光去担任南京太仆寺丞，对海瑞却始终抱有嫌隙仇怨，不仅仅想借海瑞的手打击徐阶，而且暗中策划，要从根本上削除海瑞的官职。处在如此变幻莫测的局势中，正直的海瑞竟对别人的阴谋诡计浑然不知。他更多的是在严格剖析自己，在应天巡抚任上做错事情了没有？杀错人了没有？细细检查过，回答是否定的。那么，又为何落到如此地步呢？

他百思不得其解。

可海瑞依然不愿改变自己的秉性，死也不改。万万没有想到，即使是南京粮储的闲差，朝廷也终究不让他去做。他离开苏州，来到南京没几天，突然接到朝廷下达的公文，明令裁革南京粮储，原有政务交给南京户部侍郎兼理。

海瑞终于恍然大悟，巧言令色之流，虽干尽坏事，也会升迁；刚正忠直之士，极欲矫正时弊，反遭贬斥。这就是他身处的世道。海瑞坦然写下了《告养病疏》，向朝廷表明为民请命的心迹。

《告养病疏》送到吏部，高拱恼羞成怒，立即批道："器小易盈，晚节不忠。令回籍候用。"转呈皇帝御批。隆庆皇帝草草看过，便心不在焉地放到了一边。司礼监秉笔太监冯保早已心怀鬼胎，趁机用朱笔写上："知道了，照吏部议。"

为国为民、清廉刚正的巡抚大臣海瑞，就这样在皇帝的昏愦无能和阁老大臣争权夺利的角逐中，被罢官了。他回到故乡琼山闲居，一住就是十几年，几乎被外面的世界所遗忘。

海瑞躬耕陇亩，研读经卷，平静而淡泊地安度晚年。可他怎么也没有想到，由于广东巡抚邓纯吾的推荐，他在 72 岁高龄时，竟又重新获得出山的机会。朝廷先是发来任南京通政司右通政的任命，不几天又调任他为南京都察院右都御史。

年逾古稀的海瑞在接二连三地接到邸报、任命、改调任命时，心头十分激动。他发誓要以老朽之身重登官场，报效朝廷。可惜正当他夜以继日地为国计民生日夜操劳的时候，身体健康却每况愈下。整整劳累了两年，万历十五年深秋，一代忠臣被疾病夺去了刚烈的生命……

这就是海瑞的故事。几乎每一个读过一些书的中国人都知道他沉浮起伏的故事。

很难说海瑞和归有光的命运谁比谁更不幸。他们差不多是同龄人，尽管彼此性格不同，境遇也不同，却有着一个极大的共同点——嫉恶如仇，从善如流。“惠爱”或者称作“仁爱”，是他们身居官职时对老百姓的一片赤诚，是他们恪守奉行并不惜以生命捍卫的信条。

显然，摈弃了虚伪的承诺，坚持“惠爱”自古以来就是艰难的，没有人不懂得“民惟邦本，本固邦宁”的道理，孟子甚至认为“民为贵，社稷次之，君为轻”，可是历来的中国人，有多少敢大声疾呼皇帝是靠不住的呢？

归有光在刚刚开始做他一生都想做的事情时，离开了人世。对于他，这确实是最大的遗憾。然而对于中国散文史来说，遗憾的恰恰是他为科举和仕途蹭蹬终生，牺牲得太多太多。否则，他该能为我们留下多少精美绝伦的文章啊！

震川文章

归有光和《项脊轩志》

金榜题名之外

读书、考试，历来不容易。无数读书人，从童稚岁月开始苦读，经过乡试、省试，最后上殿试夺魁，不知道该冲过多少关卡，淘汰多少对手，其竞争的激烈程度可想而知。但无论如何，学子们若想入仕当官，科举考试是必由之路。难怪当年唐太宗李世民看见新科进士从考场中鱼贯而出，不无矜持地笑道："天下英雄尽入吾彀中矣！"

平心而论，科举制度确实选拔了一大批治国安邦的人才，构成了封建统治集团从中央到地方的官僚队伍。一个耐人寻味的历史事实是历朝历代的状元中，除了杨慎、柳公权等少数人在文学艺术史上有较高的地位，载入史册的寥寥无几。尽管状元都是以文得名，只有少数是武状元。有人说，科举考试只重诗赋、八股等官样文章，所以造就了大量应试型人才。这句话也有失偏颇。很多人自幼苦读诗书，作为文化人所需要具备的技能，诸如诗赋词文，无所不通。神思遄飞，下笔千言。然而，一旦步入官场，心志随境遇而变化，往往热衷于官场得宠、仕途得意、富贵得失，再也没有心思在寂寞的书斋里案牍劳形，探索文学艺术的真谛。再看看唐宋八大家——韩愈、柳宗元、欧阳修、王安石、曾巩和苏洵、苏轼、苏辙（史称三苏），以及李白、杜甫等大诗人，又有谁跟状元结缘呢？

"太上有立德，其次有立功，其次有立言，虽久不废，此之谓三不朽"（《左传·襄公二十四年》）。古人提出的"三不朽"，用今天的话来说，就是人生的三个最高标准，即做人应该有修养完美的道德品行，建立伟大的功勋业绩，确立独到的论说言辞。简单地说，就是做人、做事、做学问，然后名垂青史。按照这样的标准，世上能够做到“三不朽”的状元，也就真是寥若晨星了。

状元，曾被苏州人骄傲地称为“土特产”。从唐代开始的“状元”算起，苏州一共诞生了60个状元。这个数字，几乎占了全国状元总数的1/13。

昆山作为苏州的属县，显然也是状元重镇。民间一直有“海潮过唯亭，苏州出状元”的说法。卫泾得中宋孝宗淳熙十一年（1184年）甲辰科状元，那年恰好潮水从浏河口倒灌，沿着娄江向西30里，到了唯亭（今属苏州工业园区）。此后，又陆续出现了7个状元，包括1个武状元，在全国同类城市中，名列前茅。

金榜题名，乃人生最为得意之事，更何况问鼎魁首呢！“朝为田舍郎，暮登天子堂”，一夜之间的境遇竟有霄壤之别。黄梅戏《女驸马》中，有“我也曾赴过琼林宴，我也曾打马御街前”的唱词。其实这只是状元庆典的一部分。唐代新科进士，常常身披锦袍、打马游街、曲江赐宴、雁塔题名。到了宋代，也是天子赐诗赐宴，撰题名登科录，州府县、三司官员迎讶馈送，并建立状元坊。明、清两代，更有隆重的传胪大典、赐恩荣宴、刻碑题名、赐匾建坊。全然是超出想象的荣耀风光。

然而，只要冷静地想一想，我们就会发现，考中了状元并非意味着一步登天。一切才刚刚开始呢。隋唐时期，必须通过吏部考试，状元们才可以参加铨选，释褐授官——脱掉平民的服装，换上官服，然后上岗。北宋初期后至元、明、清三代，进士及第以后，可以直接授官。但是职位都不高，从六品而已。或翰林院修撰，或著作郎、秘书郎，或掌修国史，或做天子侍讲。至于榜眼、探花，则会封授为翰林院编修，正七品，尚是地地道道的芝麻官。他们的日常工作，只是修史、实录、会要，颇有些实习生的味道。成为状元后，若要在品行、政绩上拔擢第一，立功立言传后世，还有漫长的道路要走。

苏州府长洲县人钱棨（1734—1799 年），是清乾隆四十六年（1781 年）辛丑科状元。要知道，他可不是普普通通的状元，而是清朝第一个连中三元（乡试第一解元、会试第一会元、殿试第一状元）的状元，还是中国历史上唯一的一个连中六元（童子试中长洲县县试第一、苏州府府试第一、江苏学政院试第一、再在正式科举考试中连中三元）的状元。真可谓前无古人、后无来者。然而，时至今日，有几个人还记得起他的名字？更不用说熟读他的著作了！

苏州的历史文化名人，诸如书法家“草圣”张旭、雕塑家“塑圣”杨惠之，名相范仲淹，著名诗人范成大，画家、“元四家”之一黄公望，被称为“蒯鲁班”的香山帮匠人鼻祖蒯祥等，他们的知名度，远远超过钱棨，以及与他同为清代状元的徐陶璋、汪应铨、彭启丰、毕沅、秦大成、张书勋、陈初哲等。而并非状元的“明四家”（沈周、文徵明、唐寅、仇英）和通俗文学作家冯梦龙，更是家喻户晓，妇孺皆知。

昆山人与嘉靖王朝

明嘉靖十九年（1540 年），归有光在他的文章中说：“东南之民，始出力以给天下之用”，昆山无疑是东南财赋之地的佼佼者。

然而，对于嘉靖王朝，昆山不止是经济繁荣，更有政治与文化影响力。在嘉靖执政的近半个世纪中，昆山值得称道的至少有两件大事。一是毛澄、朱希周、顾鼎臣三位昆山籍状元，先后在朝廷辅佐嘉靖皇帝，掣肘他的决策；二是魏良辅、梁辰鱼和他们的同道，改良昆山腔使之日臻完美。其实，归有光的许多代表作，也都是在嘉靖年间完成的。

顾鼎臣是明代弘治年间的状元。他究竟当过什么官，怎样当的官？民间只流传一句话“代皇三月”，即做过嘉靖皇帝三个月的替身。关于他的传奇故事，诸如“八宝铲刀汤”“红嘴绿鹦哥”“清炖街沿石”等，经由苏州评弹和地方戏曲的传播，家喻户晓。他幼年时出过天花，脸上留下瘢痕，老百姓讲起顾大麻子十八点，无不津津乐道。

古代的状元大多出身于豪绅之家、书香门第，顾鼎臣却出身贫寒。父亲顾恂是一个买卖针线的小商人，在县城玉山镇开设小店铺。妻子是个凶悍、好妒的女人。孰料，顾恂却与婢女生下一个男孩，这就是顾鼎臣。顾恂妻子十分恼怒，曾多次要杀死男孩。顾恂无奈之下将男孩丢到隔壁磨房，幸而被磨房主人发现，救出收养。这个私生子，传奇是与生俱有的。

昆山历来人文荟萃，光是弘治年间就连续出了顾鼎臣、朱希周、毛澄 3 个状元，为什么偏偏顾鼎臣在民间享有很高的知名度？原因并不复杂，他被戏曲化了。这个历史人物被塑造成艺术形象，名字成了戏目和书目。先后有清光绪二十二年（1896 年）的石印本《绘图秘本弹词顾鼎臣一餐饭双玉玦》、石印本宣卷《玉玦》出版。地方戏有越剧、婺剧《合连杯》，滩簧、常锡文戏《顾鼎臣》（又名《一餐饭》《林子文》）等。著名评弹艺术家张鉴庭创作加工的长篇评弹《顾鼎臣》，更是名闻江、浙、沪地区。关于顾鼎臣的戏曲、评弹，长演不衰。

那么，真正的顾鼎臣又是怎样的一个人物呢？

《康熙昆山县志稿》描绘顾鼎臣“身长七尺，虬髯虎视，吐音宏畅，应事而发，襟度豁然也”。看来，他是南人北相，跟传奇所说有点不同。

史料记载，他的养父家境十分贫困，常常是吃了上顿没下顿，顾鼎臣对饥饿有深切感受。一天，他和一群讨饭的乞儿打死了一条狗，跑进一座破庙，搬出罗汉佛像当柴。狗肉烧熟后，顾鼎臣和乞儿们团团围坐，伸出双手，大咬大嚼，总算是吃了一饱。

顾鼎臣小时候聪明过人，有一天，塾师出对子为难他："花坞春晴，鸟韵奏成无孔笛。"顾鼎臣面无难色，一眨眼就对出来了："树庭日暮，蝉声弹出不弦琴。"塾师十分惊奇。父亲出对子考他："柳线莺梭，织就江南三月景。"顾鼎臣立即对道："云笺雁字，传来塞北九秋书。"这当然令人高兴。

后来，他通过童试中了秀才。然而，顾恂的妻子不以为然，仍然像奴隶般虐待其生母，甚至在顾鼎臣中状元后，依然叫她干脏活累活，不允许见亲生儿子。后来，顾鼎臣衣锦还乡，执意要见生母，说道："即使能见一面，死也无恨！"在亲友的帮助下，生母终于"自爨下出，衣服褴褛"，母子两人抱头痛哭。这有点传奇色彩了。

明弘治十八年（1505 年），33 岁的顾鼎臣进京赶考。也是机缘巧合，廷试时，弘治皇帝对顾鼎臣的试卷文章十分赏识，特意将他拔为一甲一名状元，原本这个状元差点儿是别人的。很快，顾鼎臣被授予翰林院修撰。嘉靖后，他历任直经筵讲、礼部右侍郎、吏部左侍郎、掌詹事府、礼部尚书等职。嘉靖十七年八月，以礼部尚书兼任文渊阁大学士，入参机务。不久加少保、太子太傅、武英殿大学士。翌年正月，嘉靖皇帝出巡，特命顾鼎臣留守京师，辅太子监国，赐他一枚用象牙刻的留守大印。民间有"代朝三月"的说法，就是指这件事。这时他已经 67 岁了。第二年，病死于任上，赠太保衔，谥号"文康"。

昆山亭林园内的“顾文康公崇功专祠”，就是为纪念他而建的。

顾鼎臣文才卓著，以擅长作青词闻名。嘉靖是一个别出心裁的皇帝，对如何管理国家兴趣不大，却迷信神仙，爱好长生之术。他在宫内设斋醮，豢养了一批道士，经常设坛打醮求仙。按照道教惯例，举行斋醮仪式时，要诵念焚化给天神的奏章表文，一般为骈体文，须用朱笔抄写于青藤纸上，名曰青词。当时，朝中词臣争相以青词取宠，偏偏嘉靖皇帝看不中，让顾鼎臣来试一试。顾鼎臣撰写了《步虚词》七章，没想到，受到嘉靖皇帝的“优诏褒答”。《明史》说：“词臣以青词结主知，由鼎臣倡也。”很多大臣都学着他的方式写青词，去巴结皇上。

其实，顾鼎臣并不是一个只会拍马屁的角色。明清以来，有人评论顾鼎臣“不能有所作为，仅充位而已”。其实他在任上，做了不少好事。他对当时的江南重赋十分不满，主动上疏改革钱粮积弊，建议“履亩检踏丈量”，以减轻老百姓负担。明代中后期的一项重要国策“土地丈量”，就是由顾鼎臣首先提出来的。这对于保证国家财赋收入产生了重要的作用。顾鼎臣晚年患病，即使在临终前，他还上书皇帝，对国防、财政、经济、水利、农业发展等战略性问题提出自己的思考意见：

“一、复盐法以备边计；二、兴两京、山东、河南水利，开稻田以省漕运；三、经理宣府、大同、蓟州、辽东、山西边备，以保障京师；四、复河套，经理甘肃，以保全陕；五、经理松、潘，以保全蜀……”

嘉靖皇帝评价顾鼎臣是“警悟疏通，不局偏长，器足任重”。而《吴郡五百名贤传赞》称他“泽被东南，功存桑梓，救时良相，名炳青史”，似乎更加确切。

对于家乡昆山，顾鼎臣“泽被东南”所做的一件事，就是修筑城墙，抗击倭寇。这拉近了他跟普通百姓之间的距离。江浙沪一带流传最广的，则是他去萧林村吃饭的故事。

相传顾鼎臣有一次回乡，因事耽搁了时间，夜晚时分来到萧林村，只能到农妇陆素贞家中要口饭吃。陆素贞家里穷，只能以清炖豆腐和菠菜汤给顾鼎臣下饭。饭后，锅里只剩下烧焦的锅巴，陆素贞倒了一勺水，煮沸了给顾鼎臣当茶喝。顾鼎臣实在是饿极了，连声称赞她的美食。陆素珍灵机一动，把它们称作“八宝铲刀汤”“红嘴绿鹦哥”“清炖街沿石”。顾鼎臣自然不是傻瓜，对农妇陆素贞的聪明伶俐，暗自赞赏。见陆素贞相貌酷似自己的亡女，便问她愿不愿意做他的干女儿？并且说，如有什么为难之事需要帮忙，可到京城找他，并赠予她一件玉佩。

原来，陆素贞是林子文的妻子。明代常遇春的后代常子文遭奸人陷害，改名为林子文，与妻子陆素贞隐居萧林村。谁知，陆素贞被当地毛尚书之子看中，图谋不成，杀害他人，移尸到林子文家门前，意图谋夫夺妇。当地县令明知有冤情，但慑于毛尚书的权威，只能袒护毛公子，助纣为虐，将林子文屈打成招，下狱问斩。在性命攸关之际，陆素贞想起顾鼎臣的话，连忙赶往京城求救。平反昭雪的结局，也就可想而知。

也有民间戏曲作品说，当林子文临刑之际，顾鼎臣亲赴法场营救，高呼刀下留人。千钧一发之际，传来皇命，宣告林子文无罪，当即获释，夫妻团圆。陆素贞感激涕零，家里贫困，无以回报，只能用“红嘴绿鹦哥”等家常便饭感谢救星。

还有故事说，他退隐回昆山后，到太湖边的光福潭东察看自己的寿坟（他逝世后，葬在光福潭山绝顶）。由于耽误了时间，半夜三更只能到做豆腐的徐籀家要吃的，徐籀情急之下，弄出了那三样东西。

显然，有很多是后人的杜撰。人们总是用自己内心的感觉，来理解和评判历史人物。对于一个出身低微却地位显赫，处于逆境却脱颖而出的人来说，演绎出很多传奇完全正常。

归有光无疑也做过状元梦，也很想在官场上一展身手，否则他不会埋头苦读，一次次北上赶考，又一次次失望而归，耗尽了青春年华。然而，诱惑人的功名迟迟不肯垂青于他，令人空怀一腔惆怅。所幸，科举之路的不顺畅，却让他把自己无穷的才华、智慧和情感留给了文学，在这一方园圃中辛勤耕耘，精心浇灌，获得了丰硕的成果。尽管，散文作家的头衔，只是不选之选。

每一个人的命运，往往都不是自己选择的。

“唐宋派”主将

明代文坛上派别众多，弘治、正德年间，以李梦阳、何景明为首的“前七子”提出了“文必秦汉，诗必盛唐”的复古主张。在文章方面，他们以艰深的词句相标榜，打倒了粉饰太平，平庸芜弱的台阁体。台阁体统治文坛近百年，“前七子”对它的扫荡是有其功绩的，但是他们片面地强调形式上的模拟，提出要像临摹字帖一样模拟秦汉的散文和盛唐的近体诗。他们全盘抹杀东汉以后的散文、魏晋以后的古体诗和盛唐以后的近体诗，使积极的复古又变成了消极的拟古。

嘉靖、万历年间，以李攀龙、王世贞为首的“后七子”继承了这一路线，并且变本加厉，文坛上弥漫着模仿剽窃的恶劣风气。《四库提要》指出：“自李梦阳之说出，而学者剽窃班、马，李，杜；自世贞之集出，学者遂剽窃世贞。故艾南英《天佣子集》有曰：

‘后生小子，不必读书，不必作文，但架上有前后《四部稿》，每遇应酬，顷刻裁割便可成篇，骤读之无不浓丽鲜华，绚烂夺目，细案之一腐套耳。’”

在前后七子倡导的拟古风气中，王慎中、唐顺之、茅坤、归有光等人大胆地标举唐宋散文来与“文必秦汉”的口号相抗衡。茅坤还编集了《唐宋八家文钞》，作为学者的范本。于是“唐宋八大家”的名称被确立，并且广泛流传。

“唐宋派”认为，唐宋散文是秦汉散文的继续，与秦汉散文相比较，如同秦中、剑阁、金陵一样各有千秋，甚至间或有所超越。学司马迁学得最好的是欧阳修，学班固学得最好的是曾巩，那么学习欧阳修、曾巩也就是学习司马迁和班固了。“唐宋派”不但在取法对象上反对远拟秦汉，选择文从字顺、文体也更为成熟的唐宋散文，而且在取法方法上也反对句拟字摹，提倡吸取神理。

他们被称之为“唐宋派”，开展文学活动的时期比“后七子”要略早一些。虽然学习秦汉和学习唐宋都是复古，但是，唐宋散文是对秦汉散文的发展和革新，承认这一发展和革新是很有意义的。因为它提供了一种新的思想方法，使文章家们在学习前人的时候，无须亦步亦趋，作茧自缚，容易走上一条继承与革新相结合的健全道路，从而使文章与时代相适应。因此，明末和清代的批评家、作家都在不同程度上接受了“唐宋派”的主张。

归有光比唐顺之大 1 岁，比王慎中大 3 岁。不过，唐顺之嘉靖八年会试第一，王慎中则是嘉靖五年的进士，而归有光科举连连受挫，嘉靖四十四年才考中进士。在一个官本位的年代，他局促于江南一隅，在“唐宋派”理论的建设与鼓吹方面，影响力不如他们，但他的作品无疑是“唐宋派”的杰出代表。

归有光的文学主张，主要散见于他所写的信和序文。

归有光论文，观点非常鲜明。他与“唐宋派”其他代表人物一样，首先把矛头指向时人生吞活剥秦汉散文的恶劣风气上。“余好古文辞，然不与世之为古文者合。”(《送同年孟与时之任成都序》)“仆文何能为古人？但今世相尚以琢句为工，自谓欲追秦汉，不过剽窃齐梁之余，而海内宗之，翕然成风，可谓悼叹耳。”(《与沈敬甫》)他认为要做好古文，须以学问作根底，要学古但不能拟古。“文字又不是无本源。胸中尽有，不待安排。……若论经学，乃真实举子也。”“为文须有出落，从有出落到无出落，方妙。敬甫病自在无出落，便似陶者苦窳，非器之美。所以古书不可不看。”(《与沈敬甫》)

归有光一生对《史记》最为钟情，但他的重视《史记》与拟古派很不相同。“余固鄙野，不能得古人万分之一，然不喜今世之文。性独好《史记》，勉而为文，不《史记》若也。夫西子病心而颦其里，其里人之丑人亦捧心而颦其里。其里人之富人见之，坚闭门而不出；贫人见之，挈妻子去之而走。……夫知《史记》之所以为《史记》，则能《史记》矣。”他认为，如果不懂得《史记》好在何处而盲目摹拟，则无异于东施效颦。他对《史记》评价极高：“荆楚自昔多文人，左氏之传，荀卿之论，屈子之骚，庄周之篇，皆楚人也。试读之，未有不《史记》若也。”(《五岳山人前集序》)这样的评价别具慧眼，给人以启迪。

在遣词造句方面，归有光明确地反对熟烂之语，主张清新自然，自出机杼。在《与沈敬甫》的小简中，他批评道：“尽有一篇好者，却排几句俗语在前，便触忤人。如好眉目又着些疮痞，可恶。”他一方面反对“以文害辞，以辞害志”，另一方面又对修辞极为重视，在给沈敬甫的另一短笺中，他评论说，“文字大意不失，而辞欠妥耳”。他又说，“求子之文，如璞中之玉，沙中之金。此市人之所以掉臂不顾也”。这无疑也是在批评沈敬甫文章不重修辞。

明清时代，写好文章在很多时候是文人赖以生存的手段。归有光自幼练就古文功底，书写此类文字十分娴熟，往往能够达到很高的境地。他的散文之所以能有如此高的成就，正是与他在修辞上所具有的雅致趣味和高度敏感分不开的。

有一个例子可以帮助我们了解归有光对语言和谐性的要求。在一次赴考途中，有学生问他，李梦阳的文章怎么样？他把学生递给他的《于肃愍庙碑》仔细读完，说道：“文理哪得通！”李梦阳是弘治七年进士，“前七子”领袖，他的文章“通”大约总是“通”的。归有光说他，文理都不通，未免过于夸张。看来，他指责的应该是李梦阳的文章因文字太艰深而失去了流畅与和谐。

综合归有光的论文言论，我们可以大概知道，他所提倡的是以六经为根本、以《史记》和唐宋散文为模范，质朴而晓畅的文章。他自己为学、为文的实践也说明了这一点。

归有光最著名的论文文章是《项思尧文集序》。

在这篇为他人的文集所作的序文中，归有光明确地表明了自己的“唐宋派”观点。他认为宋元诸名家足以与古人相颉颃，和秦汉派的主张“文必两汉，诗必盛唐，大历以后书勿读”(《明史·王世贞传》)针锋相对。文中还提出了两个很有思想锋芒的见解。一是文章与天地同流，权势虽能荣辱毁誉其人，却不能奈文章何。二是文章的价值，作者应该有自己的判断。这与杜甫所说“文章千古事，得失寸心知”有异曲同工之妙。这一段议论，充分显示了归有光在浑浊的世风中高标异帜、特立独行的人格力量。

身居安亭江上的归有光，日子过得太累，无法像唐顺之等人那样，在“唐宋派”的理论建设上倾注较多的力量，他更主要的是以写作实践来与“秦汉派”对抗，以他的精心之作给时人及后人留下典范，使人们在当时一派摹拟剽窃的风气中看到了真文章。正是如此，他成为“唐宋派”中对后人影响最大的作家。

“天下文章其在桐城乎！”这是清代乾隆年间人们对“桐城派”文章的赞誉。显然，由于“桐城派”始祖方苞早年曾师承归有光，使归有光和“桐城派”之间产生了极其深厚的渊源关系。归有光的文学观念，启发和影响了“桐城派”文论体系的建立；他自然本色、言生于情的文学理论和融小说笔法于散文的创作技巧，促进了“桐城派”内容醇正、文辞雅洁的散文风格的确立。所以，后人多认为，归有光是“唐宋八大家”与“桐城派”之间的桥梁纽带型人物。

心有戚戚

归有光像

没有边沿的小宇宙

《归有光全集》（上海人民出版社 2015 年版）的编校者，在前言中对归有光先生的一生，作出了这样的评价：

“纵观归有光一生，科举耗费了他大量时光，相比之下仕宦对他来说为时甚短。这反而成就了他的学术研究和文学创作。明代科举原即重视儒家经书，诵读、研究经典更是归有光的一生追求。在长期的备考中，归有光讲学不辍，读书不辍，创作不辍，不但留下了数百万字的著述，而且，他本于儒家经典进行创作，在古文、制义两方面也成为明一代大家。《明史》本传评价说：‘有光为古文，原本经术’；‘有光制举义，湛深经术，卓然成大家。’可以说把握了归有光古文、制义创作的根本特征。阅读、讲学、著述、创作多方面并进，且相互影响，使归有光的成就在明代文人中十分突出……”

归有光一生的著述十分丰富，主要的有《易经渊旨》《尚书别解》《读史纂言》《文章指南》《兔园杂钞》《三吴水利录》《道德南华二经评注》《震川先生集》《震川先生别集》《归震川先生未刻稿》《归震川先生未刻集》等，经史子集四部均有涉及，可谓著作等身。散文创作是他的主要成就。

归有光的议论文字，气度从容，说理条畅。比如《三途并用议》，提出求贤当不拘一格，大破因循之论，以收用人之实效。《御倭议》和《备倭事略》则揭露了将骄兵惰，遇倭即溃，坐视四郊之民惨遭杀戮的实情，并且拟出了一整套平倭策略，在抗倭斗争中发挥了很大的作用。《水利论》等一系列议论水患的文字，在引征古籍和实地考察的基础上，提出了根治东南水患惟在开阔吴淞江的途径。他指出：“天下之事，因循则无一事可为，奋然为之，亦未必难。”这句话掷地作金石声，充分表现了归有光性格的一个侧面。

尺牍中的“书”，有私函，有条陈，因为内容比较重要，所以大都是他的精心之作，文风显得温润典雅。小简是写给友人的，或叙友情，或论文章，或感时事，或言心志，看似信笔写来，却也显得轻灵生动，简洁雅致。如《与马子问》：“白居易为《元稹墓志》，谢文六七万。皇甫湜《福光寺碑》三千字，裴晋公酬每字三缣，大怒，以为太薄。今为甫里马东园作传，可博一盘角菱乎？一笑。”朋友之情跃然纸上。《与沈敬甫》：“人须当任性，何可强自抑遏，以求人道好？”主张高扬个性，真是可圈可点。《示庙中诸生》：“诸君在庙中者，志意修洁，艺业亦精进，深以为喜。但岁月如流，人情易驰，愿更加鞭策，以成远大。日逐课程，须遵依条约。宁迟毋速，宁拙毋巧，庶几有真实得力处。”对弟子循循善诱，语切情深，溢于言表。

归有光应酬文字的篇数比较多，其中也不免有些泛泛之作，如许多寿序等。这无疑跟当时的社会风气有关。然而他所作的赠序、送序，富有社会内容。钱谦益曾评论说：“赠送序考论学术吏治，皆非苟作。寿序古人所无，先生为之，皆古文也。”(《震川先生文集序》)

众所周知，归有光在文学上的成就，以散文最为突出。其实，他的诗词，无论是艺术技巧还是思想内容，都沿袭着散文以情感动人的风格，水平不容低估。词，至今只发现一首，诗作也不多，仅存一卷。但是仔细读去，他的诗也有很强的感染力。如《鲤鱼山》揭露兵匪一家的社会黑暗：“始者军掠民，以后军民一。”《郓州行寄友人》记述了遭受水旱之灾的农民卖男卖女，食人如食豚的惨状。《甲寅十月纪事》《海上纪事十四首》则感叹倭害的惨烈和官吏的无能。《十八学士歌》："……能以六典致太平，远追二帝轶夏商。唐初得士宜比迹，胡为致治非成康。中间岂无河汾徒，唵遏师门竟不扬。吁嗟房杜已如此，何恨薛生先蚤亡。"写得酣畅淋漓，气势不凡。《列朝诗集·小传》评他："其于诗似无意求工，滔滔自运，要非流俗可及也。"

最能反映出归有光散文艺术特点的，终究是他的记和传记类文章，其中有颇多佳作。这两类文章都为记叙性体裁，含有丰富的形象，与我们今天所说的文学的散文也最为切近。

归有光写人物传记，不作全面的铺陈，而是抓住人物的特征，以简练的笔触加以勾勒。比如《可茶小传》，写了一个"母少有不乐，未尝不长跪，母既责其饮酒醉，即终身饮未尝敢醉""母斯不嗜食物，即终身不食"的乡间医生。甚至在非传记体裁中，归有光也常以极省俭的笔墨勾出人物。《夏怀竹字说序》虽然解说的是人物的字，但也勾勒出了一个颇有侠气的宦家子弟形象："章甫为人滑稽，与伶人伍，衣裳偏倚，步履邪施，忽去忽来，见备咸轻之。"只两三笔就使人物性格凸显了出来。

值得一提的是归有光笔下的人物，大都是无名之辈，他们在社会上没有什么权势，并非财大气粗，而是像他一样难以经由科举进入仕途，但对于世相却有深刻的认识。归有光为他们书写，描绘他们备受磨砺又充满活力的形象，抒发郁积之气，在很大程度上也是寄托自己内心的情感。归有光跟他们是相通的，可以毫无阻碍地描写他们。这跟某些"大家""大手笔"不一样。地位显赫的人物，只要愿意，就能出钱请他们写文章，巧妙地美化形象，赢得理想的知名度、美誉度，归有光可没人邀请。他大多数时间都局促于水乡一隅，为了养家糊口而勤勉教学，日常交往的多是生活在底层的普通人，但他很乐意为左邻右舍的朋友们写文章。耐人寻味的是，恰恰是这些带有草根气息的作品，能流传至今，为越来越多的读者所欢迎。这是“大家”“大手笔”们预想不到的。

墓志铭、墓表，碑碣、行状等志墓之文，是最见功力高低的。由于归有光古文功底深厚，他的这类文字也达到了很高的境界。钱谦益对此作了高度赞扬：“志墓之文，本朝弘、正后，靡滥极矣。先生立法简严，一禀于古。移步换形，尺水兴波，直追昌黎，不问其余也。”（《震川先生文集序》）志墓之文通常要介绍人物生平，因此也可以看作传记文学的一支。其中人物形象较为完整的是行状。

《吴纯甫行状》中的吴纯甫，是归有光相知甚深的友人，他生前曾托归有光在他死后作状，说：“子将来不忘夷吾、鲍子之义，吾老死，不患无闻于后矣。”果然，凭借这篇名作，“意气自负，豪爽不拘小节”的吴纯甫的名行也得以流传后世。

《李南楼行状》和《通议大夫都察院左副都御史李公行状》写的是父子两人。前者写了世代业农的李南楼如何竭其全力为其子宪卿延致师友，但在其子中举的第二年，来不及享其成便撒手西归。文章按照儿子宪卿所述如实写就，如泣如诉，十分感人。归有光在文中还表明了他反对记事“弗核”的态度：“予恶夫世之撰事者弗核，故弗敢损益于宪卿之言，俾铭者考焉。”

“事核”正是太史公的传统，班固《司马迁传赞》称，“其文直，其事核，不虚美，不隐恶”。归有光继承了司马迁的实录精神。

后者写其子李宪卿再试中式、赐进士出身后，“山东获贼，湖广营造，东南平倭”的功绩，长达3000余言，墨浓笔饱，酣畅从容，又严于剪裁，疏密有致，为古文传记中的鸿篇。

归有光说，他“平生足迹不及天下，又不得当世奇功伟烈书之，增叹耳”（《与王子敬》）。一辈子大多时间生活在江南水乡，没有走得很远，只是为了赶考才匆匆去往北方。个人经历和时代的局限，使归有光的记叙性文字较少有《史记》那样瑰丽和传奇的色彩。他最著名的几篇文章都是记述他的身世和家人的，如《先妣事略》《项脊轩志》《世美堂记》等，题材十分普通，却都达到了极高的艺术境界。归有光的科举之途充满坎坷，家庭生活也屡遭不幸。他 8 岁丧母，成年后又两次亡妻，长子 16 岁病故，两个女儿幼年夭折。这些人事变故，都给了多愁善感的归有光以沉重的打击。读书人没有别的选择，只能拿起笔来写下这些哀婉动人的悼亡文字。清人方苞说他这些篇章“不俟修饰而情辞并得，使览者恻然有隐”(《书归震川文集后》)，数百年来，人们读到《先妣事略》等文章，无不为之一掬同情之泪。

这些文章之所以能引起读者的强烈共鸣，不仅是因为感情真挚，语言朴素，还因为归有光非常善于在文中嵌入精心选择的细节，把抒情、状景、叙事三者融为一体。

请看《先妣事略》中的一段：“正德八年五月二十三日，孺人卒。诸儿见家人泣，则随之泣，然犹以为母寝也，伤哉。于是家人延画工画，出二子，命之曰：‘鼻以上画有光。鼻以下画大姐。’以二子肖母也。”诸儿幼小，“以为母寝”，不知道从此竟失去了母亲。这一细节淡淡地写来，却把幼年丧母的哀痛表现得十分强烈。紧接着，又是一个“二子肖母”的细节，余韵不尽。

《项脊轩志》里有一个细节追忆亡母对子女的怜爱：“室西连于中闺，先妣尝一至，妪每谓予曰：‘某所，而母立于兹。’妪又曰：‘汝姊在吾怀，呱呱而泣；娘以指扣门扉曰：儿寒乎？欲食乎？吾从板外相为应答。’语未毕，余泣，妪亦泣。”母爱有许多内容可写，归有光只选择了老妪告诉他的一件小事，“娘以指扣门扉曰：‘儿寒乎？欲食乎？’”但这一人人皆可理解的细节却是何等传神。

《世美堂后记》:“庚戌岁，余落第出都门，从陆道旬日至家。时芍药花盛开，吾妻具酒相问劳。余谓:‘得无有所恨耶?’曰:‘方共采药鹿门，何恨也?’长沙张文隐公薨，余哭之恸，吾妻亦泪下，曰:‘世无知君者矣。然张公负君耳!’辛亥五月晦日，吾妻卒。实张文隐公薨之明年也。”归有光下第还家，神情黯然，妻子置酒于花下，没有任何责备之意，全然是好言宽慰。这个细节，已经充分展现出相濡以沫的夫妻深情，而归有光的悼亡之意也尽在其中。

清人张士元在《〈震川文钞〉序》中说归有光的散文“读之使人忽以悲，悲者忽以喜”。这句话，道出了归氏散文抒情性的基本特征。也许，散文家只是为了在心中祭奠，表达一种真情实感，可是他将主仆关系描写得十分融洽自然，体现了世俗生活中人与人之间关系的新变动，并开拓了一片新的视野。流淌在笔端的文字，引来一股清洌的新风，荡涤着盘桓文坛已久的冗滞僵直的旧习。

散文怎么写，写什么，常常使散文家们白头搔更短。它看似篇制短小，却可以小中见大，小中见深，构成一个没有边沿的小宇宙——优秀的散文家正是靠自己的真本事、真功夫、真性情，来经营一方小小的花圃，使短小的散文显得隽永而深邃。

今天，当我们探讨散文技巧时，却没有想到，400 多年前的归有光，早就这样做了。显然，他在写自己的许多作品的时候，既不想轰动，也不想走红，甚至连技巧之类的问题都顾不得细想——尽管那一篇篇今天看来极其短小的文章，首尾呼应，结构完整，又撷取了很好的细节，颇有章法。他的成功，其实只是因为这株鲜花用血泪浇灌，所以长得蓬勃旺盛，且带有他的思想和感情，让人历久难忘。

情感的力量

元代大德、至正年间，有一个昆山人郭翼，写下了两卷《林外野言》。细读这部诗集，可以发现在他的作品中，有对于江南水乡景色如娄江、巴城湖、绰墩的赞颂，有为倪元镇、柯敬仲、李遵道等画家的题赋或迎送友人的酬应，也有对顾阿瑛玉山草堂等诸多景观的吟咏。

郭翼一直没有离开过故乡，也就成了描摹这片沃土最多也最早的诗人。当时的统治者歧视汉族知识分子，有抱负的读书人难以经由科举进入仕途，只能隐居山林，过着闲云野鹤似的日子。郭翼就与杨维桢、袁华、吕诚等文人高士参与玉山雅集，《林外野言》中，不仅收录许多诗作，如《玉山草堂》《拜石坛》《白云海》《柳塘春》等，还附有他写给顾阿瑛的长信，信中畅叙了自己对江南众多文化人的推崇，提出了“境因人胜”“不传于今，必传于后”等观点，给予顾阿瑛极大的支持。这对于研究玉山雅集这个元末的文化盛会是十分珍贵的资料。

元末农民起义中，学问渊博、胸怀大志的郭翼曾向吴王张士诚献策，试图获得一展才华的机会，谁知根本没有引起张士诚的重视。我们从他的号“东郭生”也可以揣摩，对于在政治上不分善恶、滥施仁慈的做法，他是持讥讽态度的。直到晚年，他才被张士诚委任为训导官。但这时候，他已经无意从仕，除了读书交友，便把全部的精力都投入了诗文写作。他以“野翁”自诩，诗集名曰“野言”，却是处处有真见。难怪当时的文学家说他的诗“绝处绝不与人同调”。《四库全书总目》在收录《林外野言》时，对他的作品也作出了很高的评价："乃其笔力挺劲，绝无懦响，在元季诗人中可谓矫然特出者矣。"

郭翼写有《行路难》7首，借助于古今世相的描述，袒露了身处艰难世道，但来日苦少去日苦多，仍不敢沉沦的内心感悟。其二这样写道："君不见草木荣复凋，青青摧折风霜朝。人生寓一世，何异石火飞流猋……莫令闲虑损汝神，未老面黧毛发焦。冈头松柏多高坟，声誉俱逐尘壤消。令人及此志沈菀，上堂鼓瑟歌诗谣。"

大自然中的草木，一岁一枯荣，人的生命也不可避免地被岁月风霜摧折。一生一世，如燧石击火般地流逝。无论贵贱，无论寿夭，谁也逃不过死亡的结局。那么，请不要以无用的杂念去损耗你的精神，弄得未老先衰，容颜黑黄。古往今来，无数追逐名利的人都消失殆尽，归于尘埃，只剩下山岗上松柏间的坟堆。看到这些，应该让自己沉稳下来，击鼓弹琴，唱一首有诗意的歌谣。

透过这首诗，不难看出郭翼淡泊名利，又四顾茫茫的心态。在他吟唱《行路难》时，被誉为"昆冈之玉"的陆机早已不在华亭，令人怅然。

归有光的一生经历了太多磨难，生活境遇未必比郭翼顺畅，然而因为他内心隐藏着不屈不挠的信心，所以对身边的一切充满了温情暖意。当了长兴县令，于从政时衍化为惠爱思想；体现在散文里，就是随处可见的情感力量。这些温情暖意，并非存在于抽象性的抒情描写中，而是含而不露地寄托在典型而平凡的细节里。正是这种具有可视形象的伸手可抚的细节描写，创造了文章中哀婉缠绵，而又暖意融融的氛围，也形成了归有光散文的独特风格。

黄宗羲曾正确地指出归有光散文的这一特色："予读震川文之为女妇者，一往深情，每以一二细事见之，使人欲涕。盖古今来事无巨细，唯此可歌可泣之精神，长留天壤。"（《张节母叶孺人墓

志铭》）

董说，乌程（今浙江湖州）人，明末小说家。明朝灭亡以后，他隐居于丰草庵，改姓林，并自称槁木林。中年在苏州灵岩寺出家为僧，法名南潜。董说一生博学多才，研习的范围极广，经史、天文、象数、地志、律吕、医卜、方言、音韵、释老等，均有涉猎。还能写得一手好书法。他对归有光的散文也有中肯的评点。

董说有过显赫的门楣和丰富的人生经历，也曾经走过科举道路。他对于文学有自己独特的见解，尤其对散文有深刻认识。他说："文字总患不得闲，不得闲者患不得细。不得细者患不得实，文至于实而古今之能事毕矣。""至于实"，是他对文章写作提出的一个重要标准。归有光在《先妣事略》中，记述给去世的母亲画小影这一琐事，画师命"鼻以上画有光，鼻以下画大姐"，董说评此段说："愈琐愈妙。"虽然是琐碎的俗事，却因为细节真实，而给人留下美妙的印象。

《褚隐君墓碣》一文，主要记述了褚隐君的两件事：其父病将死，褚隐君去山神庙求神问，于途中"十步一膜拜"；母亲信佛，他"十五年不辍呗诵"。董说评点这两件事说："二事皆俚俗事迹，而引情深渺耳。"他评《泗水何隐君墓碣》一文时，也说："世人不悟文字理，便以为闲话太多，思之。"可见，他所说的"文至于实"，就是要求文章写出人的神情、叙明事情的原委。描绘难写之景如在目前，述难叙之事不啻若自从口出，这往往需要用"俚语""俗事""琐语"。

归有光在《送何氏二子序》中说："凡今世之人，多纷纷然异说者，皆起于讲道也。予以为圣人之言，简易明白；去其求异之心，而不纯以儒者之说阂之，必有庶几于所谓什之三四者。"董说评点说："只信宋儒所讲何尝非异端。'简易明白'四字甚好，但须料简，未有习世间传注之书而得其‘简易明白’者也。”他评点归有光《送国子助教徐先生序》中“夫科举之所为式者，要不违于经，非世俗所谓柔曼、戳要、媚悦之辞以为式也”一句时，又说：“以不违于经为式，一语中的。后学宜笃行此言。”董说坚持“不违于经”“简易明白”的标准，而对“朱注”“宋儒所讲”常有所抨击。他要求“不违于经”，并非是将学者从宋儒之传注引向汉唐时的文字训诂，而是张扬切于实用的精神。

归有光在《贞妇辩》中说：“贞妇之事，今日所目见者也，谓不得为烈者，东土数万口无此言也。”董说在评点这一句时说：“然则非归子之文，乃东土数万口之文。此一语可为作文之准则，可为读书论古之本源，表而出之，以告后学。”

从董说的评点，我们不难看出，归有光散文对后世有巨大的影响，“明文第一”的称号是名副其实的。

归有光的记和传记也颇为精彩，《遂初堂记》是典型的一篇。

晋代的孙绰，曾经在浙江会稽（今绍兴）纵情山水十几年，颇有些竹林七贤“采薇山阿，颐性养寿”的风范。并且写下《遂初赋》，表示自己辞去官职，归隐田园，实现本初志愿的思想。然而他并没有真的超尘绝世，不久便又去当了官。到了宋代，尤文简公尤袤，官至礼部尚书，却说自己喜爱孙绰的《遂初赋》，特地在无锡惠山（九龙山）下修了一座遂初堂。宋光宗还为他的遂初堂题写了匾额。

到了明嘉靖年间，尤袤的十四世孙找不到先祖当年建造遂初堂的遗址，便依照自己的猜想，在惠山的南面新建了一座遂初堂，并且写信给归有光，请他为之作记。

然而，正直的归有光却觉得，孙绰也罢，尤袤也罢，他们并不是真正的隐士，他们以《遂初赋》或遂初堂标榜自己，所作所为却与遂初的本意完全不同。

这是一篇极其难写的记。换了别人，或许早就婉言谢绝了，但是归有光不仅应允，而且很快将它写了出来。

他自然不肯违拗自己的心意，作阿谀奉承之言。可是作直率的批评，怕也是行不通的，那就婉转一些吧。

归有光以正反两方面的事例来阐述自己的观点。

商代名臣伊尹、傅说和被周文王立以为师的吕望（姜尚，即姜太公），出身都很低微。伊尹原本是商汤妻子的陪嫁奴隶，傅说最早是为人版筑（建造房屋）的奴隶，而吕望则是起于耕钓——他在渭水之滨垂钓时，遇见了周文王。可是他们后来都一心辅佐商、周的君主，立下了不可抹杀的功绩。伊尹辅佐商汤伐夏桀，获得成功，被尊为阿衡（宰相）；傅说被商武丁任命为相后，使商代出现了中兴的局面；吕望帮助武王灭商，功成而封于齐，成为齐国的始祖。他们的一生，自辅佐君主以后，就再也没有起过归隐的念头。自古以来，志得道行者，正是应该这样做。

召公曾辅佐武王灭商，被封于燕，成为燕国的始祖。当他提出告老还乡时，被周公挽留。周公劝他说，应该以明智的努力辅佐君主，诚实地奉行君主的命令，时时想着君主的恩德，为君主承担无穷无尽的忧患——那个时候君臣之间的关系可以想见。后来的人们，尽管不像前人那样得到君主的信任和重用，但是在道义上觉得自己不能不仕。在他当官当到贵显之际，哪怕不能发挥全部才干，也因为时势所迫，难以辞职了。

自然，也有许多性格耿介、意志坚定者，始终不肯随世俗而移易。虽然有三公那样的地位，有数以万钟的俸禄，坐在那个位置上，仍时时不能心安。心里常常有归隐山林的想法，试图做出高于世人的举动，在言语文字之间便流露出来。

北宋时，欧阳修位登两府——担任枢密院和中书省的副长官，地位不可谓不显赫。可是他却无意于此，尤其在遭人诬陷，被贬为颍州知州，后来又改官离开颍州后。他写下了《思颍诗》和《归田录》，表达了自己在政治上失意和愤慨的心情。

> ……今读其《思颍》之诗、《归田》之录，而知公之不安其位也。况南渡之后，虽孝宗之英毅，光宗之总揽，远不能望盛宋之治。而崇陵末年，疾病恍惚，宫闱戚畹，干预朝政，时事有不可胜道者矣。虽然，二公之言，已行于朝廷，当世之人主，不可谓不知之，而终不能默默以自安。盖君子之志如此。
>
> 公殁至今四百年，而叔野能修复其旧，遗构宛然。无锡，南方士大夫入都孔道，过之者登其堂，犹或能想见公之仪刑。而读余之言，其亦不能无慨于中也已。

归有光的文章像是在和缓春风里放飞的风筝，虽然飞得十分高远，可是一根风筝线始终握在手里。他绵里藏针，巧妙地批评了那种言行不一致的假道学者，从容不迫地阐述了“天下有道则仕，无道则隐”的儒学观点。

孔夫子的话，读书人历来是捧若圭臬的。归有光不也正是为了企求“志得道行”，才不辞辛苦地走上仕途的吗？他不只是希望做官的人名副其实，言行一致，也希望天下的读书人耐得住清贫和寂寞，认认真真地做自己的学问，不要一味贪求利禄。

在他的另一篇文章《耐斋记》中，就强调了这种观点。

在昆山县学担任教职的刘先生，把自己的居所称为“耐斋”。秋风萧瑟，黄叶满庭的时候，归有光前去拜访他。一个穿着黑衣服的仆役迎接归有光进屋，并为他沏了香茗。于是归有光与刘先生在清静安谧的环境中品茗聊天。

刘先生说，将这居所称为耐斋，是因为自己既耐贫、耐辱，而且又耐久。作为一个在县学任职的小官，官阶很低下，俸禄十分微薄，每个月的薪金是三石禄米，即使常常烧粥也不够养家糊口。这不正是耐贫吗？上面的官员到县里巡视，他无权无势，只能带领学生到郊外去迎接，然后跟在县令、县丞、主簿的后面亦步亦趋，唯唯诺诺，这不正是耐辱吗？朝廷历来有按期升迁官职的规定，有的人刚刚满一年就又调动官职。如果不这样，就看不出尊卑高下。而他却是官常不迁，困守在这里，这不是耐久又是什么呢？

归有光十分耐心地听他讲了耐斋的来历。

几天以后，刘先生又派他的弟子上门来，求归有光为之写斋记。

很明显，刘先生对自己在县学的处境颇为不满，耐斋者也，不过是在发牢骚。归有光采取了与《遂初堂记》相似的办法，借耐斋之名，发了一通议论。

归有光认为，作为士人，不应该首先“忧贫”——担忧自己的生活清贫，而应该首先“忧道”——担忧天下国家大事。孟子曾经说过，读书人不能坚持自己的理想，为贫穷所迫而去当官，倒不如拒绝高官厚禄，去担任守门打更的小吏。在县学中担任学官或书院山长，是清高的工作，并非高官厚禄，但是能够使“为贫”和“为道”得到兼顾，比起“抱关击柝”——专门打更，可要高尚得多了。明代的最高学府国子监中设有博士，从事教学，为七品官，这是十分清高的职位。有些人就耐不住清贫。如果不能“耐”，那么即使是博士官也不能当的。如果能“耐”，那么像孟子所说的去担任守门打更的小吏也无妨。

归有光的这篇《耐斋记》，不仅语气委婉，而且说理清晰。对于贪求利禄的读书人，他作了含蓄的批评。但是对于以三耐自诩的刘先生，他又是充满了同情。历来的读书人和教书人，与荣华富贵无缘，很需要“蜡炬成灰泪始干”的心志。归有光自己也是感同身受的。每个士人在这个世界上立足谋生，都有不同的方式，可是能“耐”者终成大事。“耐”并不是一句毫无分量的空话。

> 士之立身，各有所出。夫使其能耐，虽至于大臣宰相可也。

归有光的这句话，让人想起还初道人洪应明的《菜根谭》。生活在万历年间的洪应明，很看重士人的人心修身处世，认为“咬得菜根，则万事可为”，这其实正是典型的“耐”。不过，《耐斋记》的主题，还在于劝勉士人首先要“忧道”，而不应首先“忧贫”。这又让人想起范仲淹的名言“先天下之忧而忧，后天下之乐而乐”。

是的，自古以来文化人喜欢将忧和乐上升至社会道德的层面。不过，想要忧国忧民其实并不简单。

我们需要在对时势和人生的判断中，懂得真正应该耐些什么，忧些什么。屈原的“心不怡之长久兮，忧与愁其相接”的惆怅，李白的“东风吹愁来，白发坐相催”的深沉，曹操“慨当以慷，忧思难忘；何以解忧，惟有杜康”的悲壮，诸葛亮“静以修身，俭以养德”的沉稳，都足以令人深思……

蒿目时艰

从宋代开始，中国古典文学逐渐开始了由雅向俗的转化。从宋词到元明戏曲，从小说到市井民歌，俗文学显示出它们特有的生命力，对大众的吸引力，超过了正统的文学诗歌。明代中叶，尤其是在嘉靖、万历年间以后，小说、戏曲等与现实生活联系密切的通俗文学，更是在文坛上占据了重要地位。《水浒传》《西游记》和《金瓶梅》等长篇小说，以及以昆山腔为代表的戏曲和村坊小曲，因为表现了市民阶层的思想感情和审美情趣，而受到大众的热烈欢迎。这种欢迎的状态，一直延续了数百年。

有学者评论，明代中叶是一个自由的时代，但也是一个庸俗土气的时代，是一个为了追求自由而失去了品格的时代。然而，象牙塔中的学者眼里的庸俗与土气，恰恰正是市民们生气勃勃的生活和思想的自觉表现。

在这自由的时代中，归有光舒展着自己的个性和才华。

明代文坛的复古运动，从以李梦阳为首的“前七子”到以王世贞为首的“后七子”，从弘治、正德到嘉靖、隆庆，几乎经历了上百年。复古派们不仅在形式上摹仿古人，更坚持正统文学观念，复兴正统文学。归有光以一介寒儒的身份，单枪匹马地展开了同文艺复古思潮的斗争。他以自己质朴、隽永、贴近生活本色的散文作为匕首和投枪，冲破陈规陋法，在文坛闯出了一条新路。

事实上，归有光生活在商品经济渐渐萌生的东南沿海地区，他很真切地感受到时代与观念的变迁。

四川梓潼人蒲君，以监生资格被选派为苏州府幕僚。适逢昆山县令空缺，朝廷让他做“摄令”，代理掌管昆山县事。不久，新县令到任了，他应还府。士大夫们为他送行，蒲君说，昆山这地方容易治理，民间发生争吵诉讼，用几句话就可以解决，没有深藏叵测的心机。赋税听起来比较繁难，但假如能厘整其法，取之以时，就不至于对百姓造成危害。

蒲君代理县事仅仅两个月。新县令到任时，百姓夹道相望，纷纷说："来者能像蒲君这样，就心满意足了！"蒲君称赞昆山的话是朴素的，归有光听到后却深有感触，写了一篇《送摄令蒲君还府序》，将两种不同的县令进行比较，表达了老百姓对于好官的殷切期待。

在蒲君之前，昆山多次更换县令。来的几个县令都认为这里民风不淳朴。当然也有几位县令，如南海人卢宁，称赞昆山风俗之美。在他以后，上党人任环、李敏德，山阴人张牧，都是以知府的头衔兼主县事。他们有的以廉洁、清净著称，有的以通达、敏慧闻名，有的以宽恕、厚道出众，对昆山百姓有恩德，离开后，也称赞昆山风俗之美。所以有人责怪昆山难以治理，是很荒谬的。

> 嗟夫！民之望于吏者甚轻，苟不至于虐用之，而示之以可生之涂，无不竭蹶而趋奉之者。今则不然，徒疾视其民，而取之惟恐其不尽，戕之惟恐其不胜。民俛首不敢出气，而闾巷诽谤之言，或不能无。如是而曰俗之不善，岂不诬哉？

归有光说，有些人只会对百姓怒目而视，惟恐榨取他们不够干净，戕害他们不够深刻，百姓低头不敢出气，但街巷里诽谤之言不会没有。因为这样而说风俗不美，难道不是污蔑吗？

他的文章，是写给县令们看的，但无疑是在为百姓代言。

《吴山图记》，归有光作于65岁，正在内阁制敕房修《世宗实录》。这或许是他一生最后的作品，最鲜明地体现了"惠爱"思想，同样也是写给官员们（包括自己）看的。

"余同年友魏君用晦为吴县，未及三年，以高第召入为给事中。君之为县，有惠爱，百姓扳留之，不能得，而君亦不忍于其民。由是好事者绘《吴山图》以为赠……"

魏用晦是与归有光同年的进士，担任吴县令不到3年，被召入朝中任给事中。他对百姓有惠爱，百姓挽留他而不成，他也不愿意离开百姓，有人便绘了一幅《吴山图》赠送给他。吴地的旖旎山水，融入了县令魏用晦的心血，那就以这幅画作寄托眷恋之情吧。

借助《吴山图》，归有光作文叙述魏用晦与百姓之间互不忘怀之情，也表达了自己的从政理想。父母官与老百姓的和谐相处，该是一幅何等美好的图景啊！

另一篇《瓯喻》，写于刚离开长兴任上时，则是换了一个角度。

某人放在路边的一只甏跌倒，破碎了。他刚想走，恰好看见一个人拎了一只甏过来，于是赶紧把那人扭住，说："你为什么碰碎我的甏？"不由分说便抢下了他的好甏，让他把破甏拿走。街市上的围观者竟然偏袒这个无赖，那个老实人有口难辩，只好自认倒霉离开了。

事情实在很小，却耐人寻味。归有光不由感慨道："以其全瓯易其不全瓯，以其不全瓯易其全瓯。事之变如此，而彼市人亦失其本心也哉！"他的话锋刺向那个无赖，更刺向一群乱哄哄的围观者。世风的堕落令他忧心忡忡。作为一个有抱负有良知的读书人，归有光不能不用手中的笔，无情地加以剖析。

《惧谗三首》，与《瓯喻》有异曲同工之妙。归有光借用汉唐时期小人进谗、陷害君子的事例，论述谗言的严重危害，批评了官场的恶浊风气。其中第三则说，韩愈为人坦荡正直，自认为没有得罪过别人。任国子博士时，他去拜见宰相郑絪，郑絪请他入座，求讨诗文作品。谁知很快就有人向宰相谗毁韩愈，还有人在翰林学士李吉甫面前诽谤他。"女无美恶，入宫见妒；士无贤不肖，入朝见嫉。"韩愈写了《释言》一文，作自我宽解。归有光对此有不同看法。既然韩愈说不必害怕谗言，又何必写这篇数百字的文章？可见他惧怕谗言的程度有多深！

谗言从来就是防不胜防的冷箭，蕴含着凶险毒辣的阴谋，体现出小人奸诈的本性。它无处不在，又无时不在。受谗言伤害的，往往是那些无辜的善良人。

对此，归有光自己也是有切肤之痛的。60岁那年，他终于考中进士，被任命为浙江长兴县令，得以实现年轻时的抱负。他以“惠爱”作为自己的从政理念，与县丞吴承恩一起，在长兴兢兢业业，为百姓谋福祉。不料却因此得罪了地方豪宗。当小民感恩戴德时，大族们却咬牙切齿，在背后放射冷箭。隆庆二年（1568年），归有光按例进京朝觐。他一走，政事由湖州知府派员处理，即所谓“摄令”。谁知这位摄令竟在征秋粮之际贪赃枉法，把吴承恩也牵扯在其中。吴承恩蒙冤入狱，归有光也难逃其咎。尽管按照明代制度，“进士为令，无迁倅者”，他仍然被迁往河北顺德任马政通判。但那是一个闲职，只管顺德府所辖各县送来的有关马匹、折钱的表册，几乎是坐冷板凳度日。消息传出，诸生为他的不公正待遇抱不平，集体要求他留任，竟因此遭受迫害……

归有光之前没有当过官。他所做的一切，以“惠爱”为核心，都是从书本上读来，从前人的经验中学来的。他明白，世上无难事，只怕有心人，只要遵循自古以来最重要的吏治准则，就不怕当不好这个地方官。不过归有光这样做，无疑会得罪很多人，可他从不理会。果然，经过刚柔相济的治理，长兴的社会治安收到了预期的效果。

文字的光焰

《归有光全集》

歸有光全集 1
歸有光全集 ①
歸有光全集 ②
歸有光全集 ③
歸有光全集 ④
歸有光全集 ⑤
歸有光全集 ⑥
歸有光全集 ⑦
歸有光全集 ⑧
歸有光全集 ⑨
歸有光全集 ⑩

刻书的烦恼

在归有光的深层性格中，有一种与生俱有的执拗。哪怕是遭受一次又一次挫折，难以实现理想，在痛苦的煎熬中，他也不愿轻易改变自己。

这正是他可亲可敬可慨可叹之处。

历来的读书人，都恪守着自己不可动摇的信念和自尊。所以他们才会锲而不舍地寒窗苦读，朝着自己选定的目标跋涉。所谓书生气，其实是指读书人过分信奉书本上讲述的道理，过分执拗，不懂得圆滑、圆通，甚至有点儿不近世俗人情。但是读书人却不以为然，信奉书本上的道理，又有什么错呢?

归有光的执拗可以说是非常典型的。

然而，人总是会有过不去的门槛。到了万不得已的那天，高贵的头颅还是不能不低垂。

65岁那年，他再也不想在顺德府待下去了。那个马政通判的职位，对于他完全是枉耗生命。于是他上书乞改国子监之职，觉得若能用自己的经学来训诲学者，将是晚年最大的安慰。

> 自念髫龀厉志，白首不衰，方国家收录人才之日，臣不忍自弃于造化生成之外。兹因入贺万寿圣节，得望阙廷，君父在上，臣子敢不控诉愚悃。伏望敕下吏部，改臣过子监一官。俾臣以五经训诲学者。匡鼎虽贫，读书不废于宦学，桓荣已老，专门自许于师传。忖臣之力，足以任之。俾于未死之年，少尽平生之志，亦以见圣世之无弃才也。

他没有想到，上了这份《乞改调疏》后，事情竟然发生了戏剧性的变化。世宗皇帝并不想让他当国子监，而是让他升任南京太仆寺丞。他的恩师、被罢官复又进入内阁的高拱，也给了他很大的帮助，否则事情不会如此顺利。首辅李春芳却留他在京城掌制敕房，修《世宗实录》。归有光终于找到了一个适合自己的工作，或者说是从小时候就一直想做的工作，心里有说不出来的高兴。

可是，即使他抱病撰述，也无法完成手头的工作。不仅仅是《世宗实录》卷帙浩繁，更因为人生苦短，留给他的日子，已经少得可怜。

明隆庆四年（1570年）秋季，终日伏案苦干，不愿歇息的归有光终于积劳成疾。第二年刚刚过完春节，也刚刚过完他的65岁生日，他便在北京悄然离开了人世。这一天是正月十三，整个北京城里到处是迎接元宵节的热闹气氛。

在一家老少的哀泣声中，归有光短暂的官宦生涯悄然宣告结束。当了5年官，他在任上做了不少有益于老百姓的事情，也实践了自己的意愿。然而毕竟时间太短，又有诸多客观条件的限制，很难说他究竟作出了多少显著的成绩。

相比而言，他的无数篇文章却闪烁着耀眼的光彩，丝毫也不为历史的风尘所湮没。

明万历三年（1575年），归有光逝世5年后，得以归葬故乡昆山。

在归有光安葬后，人们想起了他留下的精彩文章，发觉那些文字仍然散发着耀眼的光芒，大家都说，完全有必要刻印《震川先生文集》。然而，他没有遗产，几个儿子不善经营，经济状况十分困难。转眼间就是几十年过去了。到了清代康熙年间，归有光的曾孙归庄与文学家钱谦益终于重提旧事，决心实现前人没能实现的愿望。

明代文人的作品，常常是积累到一定数量就编成文集，并无严格规程。大约在归有光即将任长兴县令时，他的门生王子敬在福建建宁为官，曾经刻印过《震川先生集》，上下两卷。因为是复古堂所刻，所以称为“复古堂本”，也称“闽本”。这个文本流传不广。归有光逝世后不久，他的儿子子宁、子祜收集了父亲的350多篇文章，又刻印了文集。文集是在万历元年由书商翁良瑜在昆山刻印的，分为32卷，所以称之为“昆山本”。“昆山本”不但窜乱严重，而且板片也有十几块散失，引起了归氏家族内部的一些矛盾。很快，又出现了“常熟本”。“常熟本”由归有光从弟归道传（字泰岩）所刻，收入文章350多篇，分为20卷。归庄对此很不满，他批评说：“宗人道传又刻于虞山，篇数与昆山本相埒，文则昆山本所无者百有余篇，然颇多错误。”

显然，由于“闽本”流传不广，“昆山本”和“常熟本”又存在诸多的问题，归庄决定重砌炉灶。他的方法是不专注于某一本，也不仅仅依据抄本，而是或从“昆山本”，或从“常熟本”，或从“闽本”，也有的从其他藏本，甚至是综合各个文本。

为了重新编定《震川先生文集》，纠正旧刻本的一些讹误，归庄四处奔走，再三校勘，煞费苦心。在这个过程中，钱谦益不仅利用自己在官场的职位，大力宣传归有光的文章，使归有光声名鹊起，文集编成后，又为之写下了序文，高度评价了归有光：

> 少年应举，笔放墨饱，一洗熟烂，人惊其颉颃眉山，不知其汪洋跌荡，得之庄周者为多，壮而其学大成，每为文章，一以古人为绳尺。

归庄与顾炎武是县学同窗，从小便在一起玩耍，读书，纵论古今，成年后更是一起参加抗清复明的斗争，被昆山人称为“归奇顾怪”。但终究因为贫穷，他无法将编定的《震川先生文集》付梓成书，只能借给别人传抄，多留副本，以免先人遗泽湮灭。归庄老而无子，生活潦倒，十分担心自己死了以后，此书无人可托，每日“痛心疾首而不能一刻宽者”。在他的奔走呼号下，士大夫们纷纷资助刻印。全书计文集 30 卷，别集 10 卷，余集不分卷，约 300 余篇。

康熙年间昆山县知县董正位，直隶府人，是一位颇具政声的官员。他捐出俸禄在衙门内所刻的“公生明”碑，至今仍保存在昆山亭林园内，成为当地的一道胜景。他甫一到任，归庄就为刻印《震川先生全集》上门求援。董正位十分贤明通达，尤其重视文脉的传承。他不仅全力支持，自己更带头捐出了俸禄，并且作序道：

> 明三百年，文章之派不一。嘉靖中，有唐荆川、王遵岩、归震川三先生起而振之，而论者又必以震川为最，岂非以其学之深，力之大欤？

他由衷地称赞归有光与韩愈、欧阳修一样，是“卓然绝出，能转移风气者也”。

可是谁会想到，未待全书刻成，归庄就逝世了。

而在编书刻书的过程中，归庄还与清初散文家汪琬打了一场笔墨官司。

汪琬是长洲县（今属苏州）人，早年曾经参加过复社。顺治十二年（1655 年）考中进士，历任户部主事、刑部郎中、编修，是清初的一个官吏学者。汪琬是出了名的急躁性子，喜欢与人争长论短。他出身宦家，博学多能，锦绣文章远比欧阳修、近攀归有光，口才也挺出众。谁敢与其争锋？事实上跟他辩论的人还不少，有人统计，他先后发起和参与古文论争十几次，光大型论争就有 8 次。“钝翁性卞急，遇意所不可，辄攘臂争”，一旦辩不过，情急之中汪琬还会动手。

汪琬与归庄本来是老朋友，彼此说话都比较随意。汪琬对他曾祖父归有光的文章怀有极其高昂的热情。那时，归庄正一门心思计划刊印《震川先生全集》，一部分刚问世，汪琬就写信给他，陈述关于校订方面的许多意见。归庄比他年长 11 岁，又是归有光的曾孙，当然不甘示弱，很快就向汪琬寄出了反驳信。

由此，围绕校订问题，他们书信来往，进行了一场大争论。

两人在商证文字的过程中，不免意气用事。所争论的不仅是刻集是否可以改变原作，而且涉及古文用意、用字等问题。汪琬以文法为复兴古文第一要义。归庄却讥刺说：“执事每言作文无他妙诀，惟有翻案。”他的反驳在文坛引起了不小的反响。叶燮也忍不住发言了。他在《汪文摘谬引》中说“隔纸画印，寻一话头发端”，正是斥责汪琬的“翻案法”。随着时间推移，他们甚至引发出了明朝遗民与新朝士大夫身份之争，产生了超乎书信字面的怨恨。

由于传播媒介的局限，他们无法像今天这样，在报刊杂志或广播电视上公开辩论，在网上微博、手机微信上实时争持，只能由汪琬的门人周汉绍在中间传递书信，根据中间人传递的书信，再进一步争论。这在现代人看来，简直是不可思议。

但汪琬与归庄的争论，还是很快传遍了文坛。有好事者甚至在宴席喝酒后，将汪琬致归庄的信任意增删字句，加以夸张，作为话柄。这也扩大了他们之间的矛盾。

归庄编书所用的底本，是归氏家藏抄本和钱谦益校订本。全书共有文章800余篇，比以前的“昆山本”“常熟本”齐全。他在《凡例》中批评以前两个刻本说：“惟此书旧刻之误，不可胜举……昆山本则以从祖之好自用，凡篇首作文之由，往往删去，篇中遂无照应，而擅改者尤多。常熟本则以宗人之少读书，凡用经史，彼所不晓者，非删即改。”孰料，归庄过于自信。他批评“昆山本”“常熟本”不善，偏偏杂取了这两个版本，恰恰也犯了依据有所混乱、文字擅改的错误。

比如《书张贞女死事》一文中，烈妇折断的究竟是“梳”还是“梭”？汪琬和归庄两人争论不休。归有光原文为：“胡岩者四人，登楼纵饮。因共呼贞女饮酒，贞女不应，岩从后攫其金梭。贞女詈且泣。还之，贞妇折梭掷地。妪以己梭与之，又折其梭。”对于文中的“金梭”，归庄解释说，梭，“常熟本”作梳，但他觉得金梭是纺织之物，并非栉发之梳，因为声音相近而错讹。“金梭”到底是什么？归庄也只是臆测。相反，汪琬则认为应该是“梳”字。他在给归庄的信中说，从来没听说吴人富室以金为梭的，假如以铁做梭，就不是一个弱女子能够折断的了。抢了她的梭子，情势似乎还比较和缓，至于抢她的头梳，咄咄相逼，她才不可不加峻拒。所以，金梳恐怕不是栉具，应该是一种首饰。汪琬从文章的情境入手，认为“金梳”或许是首饰之类。《补刊》中的《续书张烈妇事》一文中有这样一句：“酒罢，一人独留，出袖中金钗与之，烈妇折其钗，妪复自与钗，又折之。”既然是续书，当然成文在后，对事件的叙述更加清晰。与梭、梳相比，金钗更加符合情理。但最终汪琬也没确认“金梳”是什么。

又如《上王都御史书》一文，在“昆山本”、抄本、“常熟本”

三者之间，归庄选取了曾经批评过的“昆山本”，而将抄本作了附录。这与他自己提出的以抄本为本的意见相背。

还有后文将要着重谈到的，《寒花葬记》被删去 23 个字，变成了《寒花葬志》。

凡此种种，不一而足。

“按先生之诗文也，用字用句莫不有所从来。非不学者所可得而涂窜也。惟诸家之本，各以其臆之所见，或增，或删，或改一字，或抹一字。于是，有昆山本如此，常熟本如彼，而新本则又杂用昆山、常熟二本，不彼不此者，一篇之中析而为三，几何不至于以赝乱真，以非易是也……”

汪琬抓住他的毛病，批评很尖锐，归庄岂能接受？他立即对此作了答辩。

事实上，归庄不愿意自己惨淡经营的书稿一刻印就被人横加指责，也是有理由的。他的父亲归昌世逝世后，家道中落，印书资金无着。好不容易得到一位亲戚资助，不料亲戚很快也逝世了，难以为继。不久，泰兴藏书家季振宜答应出资，谁知他又与季振宜意见不合，一场争吵，印书的事情随之搁浅。后来，在昆山地方长官的斡旋下，募集了捐款，才重新启动。

随着时间的推移，汪琬与归庄之间不再只是文章上的争论，还掺杂了一些感情成分，例如他们在争论中牵涉对钱谦益的评价，汪琬是“倒钱”，归庄是“师钱”。

当时，汪琬就归有光的诗，撰写了《诗集考异》，由周汉绍抄写后转给归庄，归庄撰写《考异驳》进行反驳。后来，归庄赴北京时，在士大夫之间谈及这一争论的情况，士大夫们都很同情归庄，而纷纷谴责汪琬的傲慢无礼。在这种情况下，汪琬不得不寄书周汉绍，哀叹道：“玄恭（归庄）交游甚广，其声焰气势，皆足以杀仆，不得不自白于足下，幸足下代为雪之。”

客观地说，汪琬学识广博，对于归庄所编《震川先生集》的批评，是有一定道理的。何况，归庄只是区区布衣，汪琬则是朝廷命官。然而，在很多人看来，汪琬人品欠佳。康熙十七年（1678年），他借助于博学鸿儒科登上仕途，在钻营中赢得了较高的地位，但失去的是应有的品质，人们宁可站在并不正确的归庄一边，也不相信他的话语。

当时，远远近近的士大夫们支持归庄，纷纷助刻震川文集，使归庄十分欣慰，十分感动。他忍不住提起笔，以“文章千古事”为韵，写下诗赋五章，以答谢诸位的鼎力相助。

一

在昔盛明世，天未丧斯文。
笃生吾太仆，著作迥轶群。
一时七才子，标榜皆渊云。
其魁卒推服，卓哉绍前闻。

二

太仆绝代文，诚继韩欧阳。
越今百余载，弥觉光焰长。
所恨前人谬，删改不成章。
犹赖元本存，小子椟而藏。

三

先子于是书，搜辑已有年。
更赖钱宗伯，汇选加重编。
卷帙计四十，叶数逾一千。
校勘空劳心，无力使流传。

四

邑宰董仁侯，无锡吴明府。
捐俸锓遗文，表章我曾祖。
诸公因继之，翕然相鼓舞。
盛事慰九原，高义足千古。

五

文章关气运，岂复一家事。
兹集得流传，后学受其赐。
先泽幸不湮，小子差自慰。
顾藉他人力，寻思终内愧。

归有光是不可能知道自己身后还会有这么多琐事了。

凝聚自己一生心血的文集，在身后还会经历诸多曲折反复，假如他能有所感知，他的灵魂在九泉之下还会安宁吗？

文章里与文章外

清朝初年，翰林院里一批才俊随意聊天，纷纷夸耀家乡的土特产。粤人有象牙犀角，陕人有狐裘毛皮，鲁人有绢丝海珍。轮到苏州人了，他一本正经地说："苏州土特产极少，只有两样而已。"众人问是哪两样，他不紧不慢地回答道："一是梨园子弟，一是状元。"

所有的才俊都噤声了。

这个不无矜持的苏州人名叫汪琬。

他显然也属于苏州的土特产。他是顺治十二年（1655 年）进士，曾任户部主事、刑部郎中等。后因病辞官归家。康熙十八年，召试博学鸿词科，授翰林院编修。作为清初散文名家，汪琬给后人留下了不少作品，其中最著名的是《传是楼记》。

传是楼主徐乾学，是顾炎武的外甥，酷爱藏书读书。在他当官的 20 年间，适逢明末战乱结束，社会日趋安定，许多藏书家散失的珍贵图书流落各处。他多方搜求，江浙一带的珍贵图书尽归其所有，多为宋元刻本。为珍藏数万卷书籍，他在家乡修筑了藏书楼，命名“传是楼”，并特意请汪琬为之写下《传是楼记》。文章很精彩，尤其耐读的是藏书、守书、读书、用书之间关系的论述。

汪琬说，书遇到的灾难太严重了！从汉代以来，皇帝常常用官家的丰厚赏金去买书，皇帝以下，名公贵卿又常常用许多钱物去换书，有的亲自动笔，有的雇请抄手加以誊录。但是聚集不久，就常常遭故散失，由此可知藏书之难了。不过，他以为藏书之难还比不上守书之难，守书之难又比不上读书之难，更比不上亲身去实行而有所体会之难。所以藏书而不能守，同不藏书没有什么两样；守住了而不能读，同守不住没什么两样。虽然已经读了，但如果嘴上是一套，实行的又是另一套，心中想的和实际做的不一致，采了它的花而忘记了它的果实，那么就是用记诵之学来欺世盗名，与不读书又有什么不同呢？

有人不禁要问了，汪琬自己是不是说到做到了呢？

在回答这个问题前，我们不妨先看看徐乾学。

据清末陈康祺《郎潜纪闻》记述，徐乾学依靠高超的文学才能和丰富的学术修养，为自己赢得并保全了显要的名位。确实，由于徐乾学在延揽人才、加强文治方面的作为，他深受康熙皇帝宠信。“三公以博学高才连掇上第，位列卿，门地之隆、宾客之盛，一时无两。而先生尤知人能得士，有人伦水镜之目。蒙其赏识者率飞黄腾达，以去登李元礼之门，不雷虬户，望韩昌黎一面，有若泰山，海内之士云集星驰，若百川之归巨海，鳞介之宗龟龙也。”清代笔记小说中还有许多类似记载。

徐氏三兄弟在京城当大官，地位显赫，却没有忘记落叶归根这句老话。他们在家乡玉峰山下建造了各自的住宅和园林，也为舅舅顾炎武造了房子，劝说他不要再居住在华山脚下，还是早早回到故乡，安度晚年。毕竟是阳澄湖的大闸蟹和鱼虾诱人啊。江南水乡温润的气候，对于他的身体健康也大有裨益。

顾炎武给徐乾学、徐元文写信，婉谢了他们的好意。信中，他以舅舅的身份批评徐乾学的所作所为，同时又以一个学者的目光批评“世风日下，人情日谄”的社会现象，体现了耿介清正、不愿委曲求全的心态。在青年时代，他就不肯与官场的蝇营蚁附之流合作共事，到了晚年怎么可能公开表示改变初衷呢？恰恰是年事愈高，孤傲的脾性愈为凸显。

耐人寻味的是，当徐乾学初入京师，尚未站稳脚跟时，汪琬就在文章中毫不掩饰地加以夸奖，并且预言徐乾学将来一定会有无可估量的前途。这跟他对待叶燮的态度截然不同。汪琬是抑扬有别的，谁也不能不承认他独具目光，洞悉世事。汪琬不仅自己有文名，与清初文坛名家王士祯等人也有很深的交情，他不遗余力的褒奖和推崇，自然会产生明显作用。事实上，徐乾学的文学观点和学术主张跟汪琬很接近，在不少地方受到了汪琬的影响。

读到这里，我们可以明白了，徐乾学修筑传是楼，自称“所传者，惟是矣”，顾炎武却对他保留了很多看法，尽管他在学术上曾对其进行耐心的指导，并始终怀着“爱恨交织”的心态，希望能纠偏治恶。但身居高位的徐乾学没能真正做到清正廉明、诗书传家。汪琬很用心地写下《传是楼记》，将藏书、守书、读书、用书讲得头头是道，自己的所作所为则恰恰也像徐乾学一样，“口与躬违，心与迹忤”。

清康熙三十三年，徐乾学病逝。与他的遗愿相悖的是他的儿孙根本没有好好继承传是楼，数万卷藏书逐渐变卖殆尽，大多数流入清朝宗室怡亲王府中。传是楼只剩下一个空壳。再往后，连屋宇都荡然无存。有谁能读出《传是楼记》背后的讥讽意味？

汪琬还有一篇代表作《改过说》流传至今。他在文章中说：“吾谓善改过者，始乎悔，而成乎勇。昼之所为，夜而思焉。少盛之所为，壮老而思焉。举凡言语之不慎，饮食之不节，以失其身，取怨尤于人者，不可谓不多矣！……”

汪琬认为，知错而重犯并认为所犯错误为小事，是铸成大错的重要原因。犯了错误，必须趁着悔悟的时候鼓足勇气去改正，这就是善于改错的人了。这些话说得何其好，简直是完美无缺。

然而，假如知晓了他的人品，还有多少人将他的文章奉若神明呢？

生活告诉我们，行动永远要比理念、愿景、言论、辞藻之类坚硬有力。有些人的文章里外，是很不一样的。只有廓清迷雾，辨明事实的人，才是智者。

徐乾学在重刻震川先生文集时，作下了这样的序言：

> ……太仆久困公车，屏居绝迹，淹综百代，始成一家之言。其曾孙玄恭负盛才，既穷且老，日抱其遗书而号于同人，醵金而刻之。垂竣身没，不见其成。此予之叹夫文之难如此，其传之难又如此，后之读者宜如何其爱惜之也。

这段话，读来令人动容。

历来的读书人都在说买书难、读书难、刻书难、藏书难……可是书却给了我们永恒的诱惑。不管到了什么时候，总是有人刻书、印书、订书、送书、买书、卖书、藏书、读书。无论是“寂寂寥寥扬子居，年年岁岁一床书”，还是“故书不厌百回读，熟读深思子自知”，读书人的烦恼也永远是可爱的。

《震川先生文集》终究刻出来了。当时几位在政坛或文坛地位显赫的人物为之作序，也收录了王世贞的《归太仆赞》、钱谦益的《震川先生小传》、王锡爵的《明太仆寺丞归公墓志铭》以及归庄的《书先太仆全集后》。他们纷纷以诗赋一般的语言赞美归有光，给予他生前从未有过的荣光。

备尝人间艰辛的归有光，却是一句也听不到了。

他一生的崇高愿望，是当一名像司马迁那样的史官，以自己的才华，重修近世数代之史。可惜未能如愿。或许，他纂修的是另一种史。他用沉甸甸的文集，展示着他和他所生存的时代，给后人留下了异常珍贵的精神财富。

谁删改了《寒花葬记》

归有光的名篇《寒花葬志》，历年收录于各种选本（包括初中语文教材），广为人知。近来，随着《归有光全集》由上海人民出版社正式出版，其未刻稿中的《寒花葬记》，引起了专家学者的极大关注。有人惊呼，《寒花葬志》长期以来被人们误读了！

《寒花葬记》全文如下：

婢，魏孺人媵也。生女如兰，如兰死，又生一女，亦死。

> 予尝寓京师，作《如兰母》诗。嘉靖丁酉五月四日死，葬虚丘。事我而不卒，命也夫！婢初媵时，十岁，垂双鬟，曳深绿布裳。一日天寒，爇火煮荸荠熟，婢削之盈瓯，予入自外，取食之，婢持去不与。魏孺人笑之。孺人每令婢倚几旁饭，即饭，目眶冉冉动，孺人又指予以为笑。
>
> 回思是时，奄忽便已十年。吁，可悲也已！

由《寒花葬记》变为《寒花葬志》，看起来仅仅是删去了“生女如兰，如兰死，又生一女，亦死。予尝寓京师，作《如兰母》诗”这23个字，却隐瞒了归有光的一段情感史实。

归有光一生中共娶妻三次，23岁时娶魏氏，28岁时魏氏卒，隔了一年，即30岁时继娶王氏，46岁时王氏卒，一年后又继娶费氏。寒花，是随原配魏氏嫁到归家的婢女，初来时只有10岁。5年后，因为魏氏病逝，她的身份有所变化，由媵成妾，与归有光共同生活，直至19岁时逝世。她先是为归有光生了一个女儿如兰，但如兰没满周岁就夭折了。接着生一女，复又夭折。

学界始终认为，归有光的文章是明写寒花，暗写魏孺人。看似一带而过的闲笔与淡笔，恰恰是被誉为明文第一的归氏散文的特点。在这种刻意的淡化与压抑之中，包含了作者深挚沉痛的情感和细腻丰富的心灵。《寒花葬志》是为归家的一个婢女寒花写的。她10岁时随归有光的原配夫人来到归家，但很不幸，未及20岁就亡故了。

归有光是捕捉和刻画细节的高手。他巧妙地选取了3幅图像，勾勒出婢女寒花的形象。

一是寒花作为归有光的发妻魏孺人的陪嫁丫头，刚刚来到归家时，年方10岁，完全是个孩子。她梳环形发髻，身穿绿色衣裙。

也许是比较矮小，衣裙还在地上拖曳。

那一天，主人归有光裹着寒气，从外面回家，看到寒花将烧得热气腾腾的荸荠削去了皮，放在瓦钵里，差不多已经放了一钵。归有光伸手去取食，寒花故意把瓦钵拿开，不给他吃，逗得魏孺人笑了。

三是魏孺人每次让寒花在矮桌边吃饭，她都端起碗来就吃，一双眼睛却慢慢地转动，似乎在寻思什么。魏孺人忙指给归有光看，寒花的样子真是逗人发笑。

不用再添任何笔墨，一个幼稚、淳朴而又有几分调皮的婢女寒花，便跃然纸上。但这可怜的孩子竟过早地死了，年仅 19 岁，没有品尝到人生真正的幸福。当归有光在 42 岁那年再一次想起寒花，寒花已经在土山上埋葬了 10 年。他深深地为无情流逝的时光和女孩多舛的命运而感慨。简约的文字中，包孕着如潮的哀思和失控的声调。

流逝的时光真是太无情，转瞬间已是 10 个年头。妻子病故，寒花早夭，还有两个女儿也相继离世，令人陡生人去楼空的感觉。“回思是时，奄忽便已十年。吁！可悲也已！”难以排解的空虚感，难以申说的沉痛感，郁积在心头，随着一声悠长的“吁”冲出胸臆，在空中回荡，也在纸上盘旋。读完最后的几个字，我们仿佛看见归有光趺坐在灯下，掷笔长叹的身影。

事实上，几乎每一个读者对归有光的理解都错了。应该说，归有光是一个太注重感情的人。他是明写寒花，暗写自己。对婢女寒花不幸命运的哀伤与同情，其实蕴含着爱妾病逝带来的巨大的情感失落。

我们只要读一读归有光的《女如兰圹志》，就不难发现，文章中有“母微”二字。微者，身份卑微也。如兰的母亲寒花的身份，最初只是婢女，而后是媵妾，与明媒正娶的夫人相比，地位显然不高。然而归有光却在她病逝后，特意写下悼亡之作，且形象生动，情景交融，这就远远超越一般的墓志了。妻子魏氏突然病逝，给归有光留下了两个年幼的孩子，女儿 4 岁，儿子还在襁褓之中。这时候，寒花站了出来，她不仅承担了抚养两个孩子的责任，也照顾归有光的生活。归有光对她的感情，确实是不同一般的。即便是王氏逝世后，归有光很快就迎娶的夫人费氏，在他的文章中也找不到只言片语。

关于寒花的身份之谜，学术界已有突破性的发现。野村鲇子《归有光〈寒花葬志〉の谜》(《日本中国学会创立五十周年纪念论文集》，汲古书院 1998 年)、黄明理《如兰之生母为寒花说——归有光两篇短文的阅读策略》(《孔孟月刊》第四十四卷第九、十期，2006 年)、邬国平《如兰的母亲是谁——归有光女如兰圹志、寒花葬志本事及文献》(《文艺研究》2007 年第 6 期）等文章，足以说明。

那么，究竟是谁删节了《寒花葬记》？又为什么要让一篇短文出现两个版本呢？

《归震川先生未刻稿》是归有光孙子归济世收集的，比较可信。但其中的《寒花葬记》成了《寒花葬志》，当是归庄所为。明末文学家董说当时在评点中就指出了归庄严重的窜改行为。删去 23 个字，“得元公（归庄字元公、玄恭）之误如此”。寒花是否为震川侍妾？如兰的母亲究竟是何人？后人对此虽然有一些猜测，但难有定论，这一事实不清，归庄的臆改难辞其咎。

汪琬学识广博，对于归庄所编《震川先生集》的批评，自有一定道理。然而，这个朝廷命官，在很多人看来是一个背信弃义的人物。康熙十七年秋天，诏举博学鸿词科。他的好友叶燮是个很有学问的人，与汪琬交往密切。身为明朝遗民，他们早先都信誓旦旦，绝不与清廷合作，但康熙皇帝抛出的博学鸿儒科终究是一个大彩球，极有诱惑力。叶燮特地从浙江嘉兴赶到苏州，想听听汪琬的意见，是否要去应试。

汪琬以两种高义对叶燮作了教育。一是德之高义，要甘于淡泊，不能失去士子气节；二是学之高义，做官僚是一时的，做学问却是永久的，做官僚很可能遗臭万年，做学问却往往流芳百世。听了这番话，叶燮断绝俗念，毫不犹豫地读书去了。

谁曾想，他不去应试，汪琬却乐颠颠地去了，还一举登上龙虎榜。“御试名列甲等，改翰林院编修，入馆仅六十日，撰史传百七十篇。”当官后的两个月中，每天竟能写出史传3篇，果真是了不得！康熙皇帝十分赏识，到汪琬告老还乡时，还给予嘉奖：“汪琬久在翰林院，文名甚着，近又闻其居乡里，不与闻外事。可嘉！”于是赐御书一轴以荣之——赠送了一幅御书，使之大有面子。无疑，汪琬在钻营中赢得了较高的地位，但失去的却是读书人应有的品质。

归有光的文章，在明代流传时就出现了不同的异文，这意味着已被改动过。在钱谦益、归庄整理《震川先生集》时，又做了取舍。归庄并不讳言自己曾对原作做过一定修改，某些修改的说明文字还保留在《震川先生集》有关文章后。

归庄这样做，似乎并不都是率性而为。

如果我们细读《归有光文集》，就可以发现，他有不少文章悼念自己的亲人，而亲人逝世时都很年轻。母亲周桂，26岁；原配夫人魏氏，不满25岁；继配夫人王氏，34岁；妾寒花，19岁；长子归翻孙，16岁；女儿如兰，2岁；女儿二二，2岁。在归有光46岁前的23年中，家里共有7位亲人去世。如果算上寒花生育的第二个女儿，他平均每三年就会遇到一次丧事。

人生有三大不幸，“幼年丧亲，中年丧妻，老年丧子”，归有光什么都遇到了。他8岁丧母，16岁祖母逝世，23岁结婚，5年后便丧妻。43岁，人到中年，又失去儿子。再加上功名未遂，家境清贫，世事坎坷，接二连三的心灵创伤，令人难以承受。归有光在《亡儿䎃孙圹志》一文中痛诉了心中的悲哀：

> 呜呼！孰无父母妻子？余方孺慕，天夺吾母；知有室家，而余妻死；吾儿几成矣，而又亡。天之毒于余，何其痛耶！……

“天之毒于余，何其痛耶！”他痛恨死亡，诅咒老天的不公平。儿子离世后，他觉得自己的生命似乎也走到了尽头，精神几近崩溃——在中国历代文学家中，有他这般遭遇的，恐怕找不出第二个。然而，归有光终究很理智，且具有不可多得的心理承受力。他不仅没有被坎坷命运的磨难击垮，反而从血泪中凝练出了散文名篇：《项脊轩志》《先妣事略》《寒花葬记》《世美堂后记》……爱情与亲情的结晶，创痛与悲愤转化成的爱，在字里行间闪烁着难以磨灭的光彩。

失去的，往往是最珍贵的。何况是失去一个又一个亲人？正是对刻骨铭心的爱情、亲情无比珍惜，归有光才用手中的笔，记录下一幕幕难忘的情景，向自己，也向世人诉说。他的超乎常人之处，就在于能把一切的惨痛悲哀都酿化为爱的清泉，酿化为美的甘霖，让心灵深处绽放出素雅而隽永的花朵。这是一个涅槃的过程。

归庄与顾炎武并称为“归奇顾怪”，生来放荡不羁，狂野得超出常人想象。即使是科举考试，他也以一种漫不经心的游戏态度对待。有一次，居然拎了酒壶走进考场，一边美滋滋地喝酒，一边提笔书写考卷。“日未晡而成七义，分隶、篆、真、草书五经文字。”尽管才思敏捷，下笔千言，甚至在试卷上还能潇洒地表现书法艺术，但依然名落孙山。清军破城后，他一度削发为僧。后来又以卖书画为生，每日“纵酒狂歌，长篇短咏，挥洒淋漓”。

归家在昆山始终是一个大家族，但后来家道衰落。直到归有光出现，才让归家重现虹霓。归庄对曾祖父的敬仰不难理解。无疑，归有光是诚挚而坦率的，他对自己和寒花的关系没什么掩饰，几篇文章相对照，完全能看清楚。在他生活的那个年代，纳妾生子也并不受道德谴责。然而，在某些人眼里，寒花终究只是早夭的没有名份的通房丫鬟。

也许，仅仅是为亲者讳，归庄才删改了这篇《寒花葬记》。殊不知，几百年来却让无数读者迷糊了。

寂寞身后事

震川园一隅

墓地的虹光

明万历三年（1575 年），归有光归葬故乡昆山。他的墓地在东南门内金潼里，祖茔之右。他的儿子子骏特意请户部尚书、建极大学士王锡爵为之撰写了墓志铭：

> 秦汉以来，作者百家。譬诸草木，大小毕华。或春以荣，或秋以葩。时则为之，匪前是夸。先生之文，六经为质。非似其貌，神理斯述。微言永叹，皆谐吕律。匪笾匪簋，烝肴有铋。造次之间，周旋必儒。大雅未亡，请观其书。

墓志铭写得不错，波澜意度，与归有光的文风接近。可是据钱大昕考证，这并非王锡爵亲笔，而是由唐钦尧代写的。

清乾隆六年（1741 年）四月，也就是归有光在金潼里祖茔之右归葬 166 年后，新阳县知县（当时昆山由新阳、昆山两县分治）丁元正刚刚上任，便来到距离县衙仅数百步的金潼里，拜谒归有光墓地。他没有想到，一代大儒的墓地，湫隘嚣尘，几近湮没。

> 墓门石柱仅存，隔墙古树一株，扶疏轮囷，阴可覆冢。上施斧斤者且数四，以关阖风水得全。登陇四望，溷厕秽积，累累错于前。其左右屋而翼者，圈而牧者，坑而土室者，园而灌蔬者，厂而为磨、为舂、为廪、为栈、为庖湢者，瓜分瓦裂，日以侵削。

丁元正无法忍受眼前这种古墓犁为田、松柏摧为薪的事实。他忙以知县的身份命令手下人稽册籍、绘图、勘文，召集侵占了墓地的居民并喻之于义、动之以情、怵之以法，将他们说服及至踞者吐之，价售者偿之，碍者毁之。

在丁元正的心目中，归有光是一个非常值得敬重的人，是一个宇宙间不朽的人，是一个以自己的道德文章独立于世的人。这样一位旷世文才，终老于太仆寺丞任上，未免太可惜了。作为后学，他所能做到的，只是修缮墓地，在四周的隙地栽种数百株松柏，并且派人专门看守。修葺一新后，每年春秋两季，他又总是恭恭敬敬地前来祭扫，以表达自己对归有光的崇敬之情。

一代大儒重新获得了应有的尊严。

至于清乾隆六年以后的岁月里，归有光的墓地又几度荒杞，几度修葺，这里就不再赘述了。

归氏墓地占地五亩多，墓有两冢。东冢是归有光高祖南隐公和夫人俞氏之墓，西冢是归有光和夫人魏氏、王氏之墓。丁元正修葺墓园后，竟发现了一幅令人惊讶的景象：西冢穴前的芦苇几乎全都发出奇异的光，满地闪烁，一连几夜不肯消退。附近的人们纷纷前来观看，都说是震川先生显灵的征兆。

归有光出生前“有虹起于庭，其光烛天”，逝世多年后又有奇光在墓穴前闪烁，这或许只是一种想象与附会，未必确有其事。然而多少年来人们宁可相信这是真实的，绘声绘色地进行描述。因为作为一代散文大家的归有光，在人们心目中真的是“有光”的。

时序到了 20 世纪 70 年代，台湾学者林藜游览了归有光的墓地。他在《萍踪识小》一书里写下了当时的观感：

“归有光的墓地，在昆山城内的一条兴学路上，一座摇摇欲坠的牌坊上，刻着‘归震川先生墓道’等字样，上面那些碧琉璃瓦已破败零落，两边的围墙也快倒了。这儿曾在民国二十三年重修过，没想到如今又是这么个残破的样子。”

“游人打从牌坊的正面走了进去，没一会就来到归有光墓前，那是一个用水泥堆糊成的大馒头墓茔，石人石马及华表全没有，就算必备的香台也不见了，只有几条半欹半倒的石凳还立在墓旁，以供游人休憩——一代大儒的归宿地，未免孤零寒伧了一点！”

幸好他说的情景很快就得到了改变。今天震川园内归有光的墓地已经不可与当时同日而语。然而，台湾学者对于一代大儒归有光的景仰之情，却已使人为之感慨。

今天，在归有光的故乡江苏省昆山市，有为了护卫他的墓地而修筑的幽静的震川园，有以他的号命名的横贯东西的通衢大街震川路，有一所新建的重点中学震川中学，更有许多冠名“震川”的商店，每天霓虹闪烁。位于震川路与柏庐路交汇处的震川园内，有归有光先生的墓地，以及为纪念他的从政思想而建造的惠爱亭。他的墓地原来在附近的金潼里，因为市政建设的需要，前些年往东移置到了娄江边，并且专门开辟成一个公园，供人们游览和凭吊。

震川园内，绿树掩映，花木扶疏，显得分外幽静。墓前是一个明式亭轩，飞檐拱顶，花窗敞亮，正是惠爱亭。亭南有香樟、松柏，枝叶茂盛，为前来游览的人们投下一片荫凉。围墙外，便是日夜流淌的娄江了。昔日归有光曾为“三江”水利殚精竭虑，如今流水声日夜陪伴着一代大儒的灵魂，使他在九泉之下永享安宁。

震川园中植有数十株梅花。寒冬季节，自有一派疏影横斜、暗香浮动的景色。梅花的可歌可咏之处，就在于它寄托了中国文化人的骨气、品格和精神。那一片临寒无惧的烂漫，给静谧的墓地带来春的消息，让小园生气盎然。

园前，就是通衢大道震川路——也就是台湾学者林藜文章中所提到的兴学路。这些年它向东西两端延伸，穿越昆山老城区和开发区，两旁商店林立，高楼比肩。从早到晚汽车、摩托车和自行车川流不息。它正是昆山从遥远历史走向辉煌今天的象征。

坦率地说，归有光在孜孜矻矻的一生中，确实很想为后世留下无尽的功绩，像虹霓一般闪烁光彩。他似乎已经尽自己的最大努力做到了这一点，可是由于种种局限，这支烛炬未能完全燃烧。他无奈地给自己，也给历史留下了许多遗憾。

震川书院

清代道光年间，为了纪念在安亭世美堂读书讲学的先贤归有光，安亭人在镇北菩提寺东设立了一所震川书院。当时一共建造房屋 40 多间，内藏大批经书，供昆山、嘉定和青浦三县的书生借读。每月的上旬或下旬，院方总是要邀请当地知名人士前来讲学，同时进行命题作文比赛，选择优秀者给予膏火费（奖学金），以此激励学生努力读书。这样的帮助对于贫困学生显得尤其重要。

地方文献中说，包括膏火费（奖学金）在内的书院经费都来自田租。当时书院的田地一共有 800 多亩，是由昆、嘉、青三县捐助的，其中昆山县捐 297 亩，新阳县（民国时期并入昆山县）捐 194 亩，嘉定县捐 86 亩，青浦县捐 248 亩。由于这些田地受到气候的影响有丰有歉，书院的经费也就有增有减。假如遇到战事或者灾荒，田中粮食减产，书院的经费也就会受到严重影响。

1901 年，地方热心教育的人士在安亭镇筹办了一所震川学堂，后来又扩建修葺了震川书院，将震川学堂迁入。震川学堂本来是一所小学，1905 年改为中学，兼设师范。这是昆、嘉、青地区第一所中等师范学校。

为了粉碎帝国主义列强瓜分和灭亡中国的迷梦，以孙中山先生为首的中国资产阶级，拉开了辛亥革命的序幕。1911 年，热心人士四处演说，动员青年学生为强国之计，积极应征革命军。后来担任北京女子高等师范学校（北京师范大学的前身）校长的昆山人方还，专门来到震川书院演讲，并且夜宿震川，在这所古老的学校中引起了一股爱国的热潮。

同年，孙中山先生领导的资产阶级革命派终于推翻了清朝政府的统治。武昌起义的枪声一响，震川书院的师生们再也坐不住了。老师挑选了数十名年龄较大的学生，星夜奔赴上海，参加革命军，攻打高昌庙兵工厂（清廷的南铁厂），旗开得胜。安亭镇的老百姓在欢迎他们凯旋时说：

“震川书院培养的学生不简单，是爱国爱民、能文能武的人才！”

归有光要是在九泉之下有知，肯定会喜不自禁地拿起笔，为之写下精彩文章。他的一生有很多时间是在安亭度过的，安亭使他感到了无限的寂寞，但也给了他极大的安慰。更何况在他身后，世美堂的事业得到继承，无数莘莘学子创造了比他更大的成就，那么，一己的寂寞，名誉的得失，又有什么可谈的呢？

“五四”时期，中国新文化运动的先驱者陈独秀热情地介绍欧洲文艺复兴后文艺思潮的变迁，反对古典主义，鼓吹写实主义和自然主义。他认为古典主义“模拟古代文体，语必典雅”“堆砌成篇，了无真意”，而“吾国之文，举有此病，骈文尤尔”。他特别推崇自然主义，因为它是“意在彻底暴露人生之真相”。

文学革命的领头羊胡适，为了在中国传播新的思想，要求废除文言文，而大力提倡白话文。在《文学改良刍议》中，他提出文学改良应该从“八事”入手：

“一曰，须言之无物。二曰，不摹仿古人。三曰，须讲求文法。四曰，不作无病之呻吟。五曰，务去烂调套语。六曰，不用典。七曰，不讲对仗。八曰，不避俗字俗语。”

胡适提出白话文学为中国文学之正宗，还为此写了一部白话文学史。并且以激进的态度提出了文学革命的三大主义：

“推倒雕琢的阿谀的贵族文学，建设平易的抒情的国民文学；推倒陈腐的铺张的古典文学，建设新鲜的立诚的写实文学；推倒迂晦的艰涩的山林文学，建设明了的通俗的社会文学。”

陈独秀、胡适所提倡的这些主义，不能不让人想起归有光的散文主张。

历史常常会有惊人的相似之处。

故乡的身影

归有光把故乡昆山称作娄曲。这是因为“吾县在娄水之曲”——娄江转弯的地方。源自太湖的娄江故道，至昆山境内顺叶荷河往北，折向西塘河往东，穿过玉龙桥，进入太仓塘（浏河）。今天的娄江是20世纪70年代初裁直，流经市区，再流向太仓的。

昆山城东南，有一个南园，原本属于归有光高祖兄弟。“弘治、正德间，从高祖以富侠雄一时。宾朋杂沓，觞咏其中，峨眉翠黛，花木掩映，夜深人静，环溪之间，弦歌相应也。鞠为草莽几年矣……”

500 年前的南园在哪里？如今已难以查考。但从城区变迁的轨迹分析，当不会超出北至震川路、南至朝阳路的区域。当年，南园是归家发达兴盛的象征。从民谚“县官印不如归家信”，也可以体味归家在昆山的地位。但从归有光曾祖父归凤开始，归家就走下坡路了。他的祖父归绅和父亲归正均以布衣终老。南园也沦为草丛，此后归属朋友沈本初所有。

不过，故乡的身影始终留在归有光的成长轨迹中，项脊轩、野鹤轩、吴家桥、千墩镇都曾被他细细描摹，化为不朽的文字。

“文化大革命”时期，归氏墓地被毁。1989 年在娄江边重建震川园和震川墓，占地面积达 2470 平方米，新立墓碑，上书“明南京太仆寺丞归有光先生之墓”。园内有归有光雕像和惠爱亭等纪念建筑。1991 年被选为昆山市文物保护单位。

1997 年，在归有光的故乡昆山，由政府投资创办了震川中学。2004 年创建成为江苏省四星级普通高中（国家级示范高中）。位于震川东路的校区占地 149 亩，努力营造生态型、人文性的校园环境，还建有纪念归有光先生的“震川园”，与充满现代气息的校舍相得益彰，成为师生缅怀先贤、励志求学的好去处。

尤其值得一提的是，作为“昆山三贤”（顾炎武、归有光、朱柏庐）之一，归有光历来为家乡的人们所敬重，所仿效。在这片江南沃土，始终洋溢着的文学精神，并没有被市场经济的汹涌浪潮所冲淡。一代又一代后人秉承归有光的风格与技巧，以手中的笔，在散文园圃辛勤耕耘，每年佳作迭出。

2015 年底，将近 400 万字的《归有光全集》，经过专家学者 7 年的点校整理，终于在上海出版，这是迄今为止最完善的版本，无疑是对这位在中国文学史上占有极高地位的散文大家的最好纪念。

时光匆匆流逝。转眼间，归有光生活的年代已过去了500年。可是我们依然看到，在茫茫的历史烟尘中，一个卓然独立的身影，正蹒跚地向前走去。那宽厚、执拗又有几分忧伤的神情告诉我们，他很想向后人叙说些什么……

附录（一）：归有光评论资料选辑

王世贞《归太仆赞有序》

故太仆寺丞直文仪制敕归震川先生，讳有光，字熙甫，昆山人也。生而美风仪，性渊沉，于书无所不读，而尤邃经术，长于制科之业。自其为诸生，则已有名，及门之屦恒满。而先生方以久次膺贡，举应天乡试第二人。故相张文毅公治时主试，得先生文而奇之，大以国士相许。然至公车，辄报罢。行年六十而始登第。又不得馆选，出令湖之长兴，逾三载，仅迁判顺德府。高新郑，其座主也，以大相秉铨，怜先生屈，拔为太仆丞。寻以太仆入司制敕，气稍发舒。而浙之台使复苛摘之，先生方属疾，郁郁不乐，遂卒。

先生于古文词，虽出之自《史》《汉》，而大较折衷于昌黎、庐陵。当其所得，意沛如也。不事雕饰，而自有风味，超然当名家矣。其晚达而终不得意，尤为识者所惜云。赞曰：

风行水上，涣为文章。当其风止，与水相忘。剪缀帖括，藻粉铺张。江左以还，极于陈梁。千载有公，继韩、欧阳。余岂异趋，久而始伤。

（《四部丛刊》影印清康熙十四年（1705 年）刊本《震川先生集》卷末附录）

王世贞《书〈归熙甫文集〉后》

余成进士，熙甫已有大公车间名，而积数年不第。每罢试，则主司相与咤恨，以归生不第，何名为公车。而同年朱检讨者，佻人也，数问余得归生古文词否，余谢无有。一日，忽以一编掷余面曰：“是更不如崔信明水中物耶！”且谓“何不令归生见我，当作李密视秦王时状”，余戏答：“子遂能秦王耶？即李密未易也。”退取读之，果熙甫文，凡二十余章，多率略应酬语。盖朱所见者，杜德机耳。而又数年，熙甫之客中表陆明谟，忽诒书责数余以不能推毂熙甫，不知其说所自。余方盛年侨气，漫尔应之，齿牙之锷，颇及吴下前辈中，谓陆浚明差强人意，熙甫小胜浚明，然亦未满语。又数年，而熙甫始第，又数年而卒。客有梓其集贻余者，卒之未及展，为人持去。旋徙处昙靖，复得而读之，故是近代名手。若论议书疏之类、滔滔横流不竭，而发源则灏渟朗著。志传碑表，昌黎十四，永叔十六，又最得昌黎割爱脱赚法，惟铭词小不及耳。昌黎于碑志极有力，是兼东、西京而时出之；永叔虽佳，故一家言耳。而茅坤氏乃颇右永叔而左昌黎，故当不识也。他序记，熙甫亦甚快，所不及者，起伏与结构也。起伏须婉而劲，结构须味而裁，要必有千钧之力，而后可至于照应，点缀绝不可少，又贵琢之无痕。此毋但熙甫，当时极推重于鳞，于鳞亦似有可憾者。嗟乎！熙甫与朱生，皆不可作矣，恨不使朱生见之，复能作秦王态否！熙甫集中有一篇盛推宋人，而目我辈为蜉蝣之撼不容口，当是于陆生所见报书，故无言不酬，吾又何憾哉，吾又何憾哉。

（张传元、余梅年著《归震川年谱》附录，商务印书馆 1936 年版）

归子祜《〈归先生文集〉序》

先君生平所著文，每脱稿，往往为门人持去，虽多散佚，然所加意者未尝不存于家。在安亭有安亭稿，在都水有都水稿，往岁官邢州，亦尝自拣选，至于应酬之作，多所删去。今子祜等少加增益，而又人以应制之文，汇成一集，共得文五百余篇，分为三十卷，诗百十首为一卷，又寿文一卷，虽不足以尽先君生平之制作，然有关于世道及足以辅翊乎“六经”者，可谓十之七八矣。今所行于世者，多非先君遗意，又率多赝本，读者宜察之。至于《五经注解》，当自成一集，尚未及录焉。男子祜谨识。龙丘翁良瑜雨金堂梓行。

（《归先生文集》卷首，明万历四年（1576年）翁良瑜雨金堂刻本）

钱谦益《题〈归太仆文集〉》

归熙甫先生文集，昆山、常熟皆有刻，刻本亦皆不能备。而《送陈自然北上序》《送盖邦式序》，宋人马子才之作，亦误载焉。余与熙甫之孙昌世，互相搜访，得其遗文若干篇，较椠本多十之五，而误者芟去焉。于是熙甫一家之文章粲然矣。熙甫生与王弇州同时，弇州世家膴仕，主盟文坛，海内望走，如玉帛职贡之会，惟恐后时。而熙甫老于场屋，与一二门弟子，端拜雒诵，自相倡叹于荒江虚市之间。尝为人叙其文曰：“今之所谓文者，未始为古人之学，苟得一二妄庸人为之巨子，以诋排前人。”弇州笑曰：“妄诚有之，庸则未敢闻命。”熙甫曰：“唯庸故妄，未有妄而不庸者也。”弇州晚年，颇自悔其少作，亟称熙甫之文，尝赞其画像曰：“风行水上，涣为文章。风定波息，与水相忘。千载有公，继韩、欧阳。予岂异趋，久而自伤。”其推服之如此。而又曰：“熙甫志墓文绝佳，惜铭词不古。”推公之意，其必以聱牙诎曲不识字句者为古耶？不独其护前仍在，亦其学问种子，埋藏八识田中，所见一差，终其身而不能改也。如熙甫之《李罗村行状》《赵汝渊墓志》，虽韩、欧复生，何以过此？以熙甫追配唐宋八大家，其于介甫、子由，殆有过之无不及也。

士生于斯世，尚能知宋、元大家之文，可以与两汉同流，不为俗学所澌灭，熙甫之功，岂不伟哉！传闻熙甫上公车，赁骡车以行。熙甫俨然中坐，后生弟子执书夹侍。嘉定徐宗伯年最少，从容问李空同文云何？因取集中《于肃愍庙碑》以进。熙甫读毕，挥之曰：“文理那得通？”偶拈一帙，得曾子固《书魏郑公传后》，挟册朗诵至五十余过。听者皆欠申欲卧，熙甫沉吟讽咏，犹有余味。宗伯每叹先辈好学深思，不可几及如此。今之君子，有能好熙甫之文如熙甫之于子固者乎？后山一瓣香，吾不忧其无所托矣。癸未中夏日书。

（钱仲联标校《牧斋初学集》卷八十三，
上海古籍出版社 1985 年版）

董正位《〈归震川先生全集〉序》

古来文章家，代不乏人，要必以卓然绝出，能转移风气为上。唐之中叶称韩子，而与韩子同时者有柳子厚、李习之。宋时称欧阳子，而先欧阳为古文者有穆伯长、尹师鲁辈。然言起八代之衰者，必曰昌黎；变杨、刘之习者，必曰庐陵：则以其学之深，力之大也。

明三百年，文章之派不一。嘉靖中有唐荆川、王遵岩、归震川三先生起而振之，而论者又必以震川为最，岂非以其学之深、力之大欤？余自少知诵法震川先生之制举业，长而得读其古文辞，信乎卓然绝出，能转移风气者也。自承乏昆山，敬哉王夫子以重梓先生集为嘱。会从先生之曾孙庄玄公氏得其来刻遗集，簿书之暇，时一披览，殆所谓县圃积玉，无非夜光，殊惜旧刻之多遗珠也。玄公因出钱宗伯选本，汇萃已刻、未刻总计四十卷，欲授之梓人，而贫无力，谋之于余。余遂首捐俸为刻数卷。同寅吴无锡伯成、赵嘉定雪嵊，及远近士大夫闻风继之，协助成事。玄公又以旧刻多乌焉鲁鱼之讹，勘订累年，悉已是正。较之旧本，顿尔改观，诚快事也。

余读先生之《易图论》《洪范传》，知其经学深邃。于《马政志》《三途并用》诸议，知其世务通达。而濬吴淞江、三吴水利诸书，今方行其说，殆东南数百年之利。至其自述令长兴时，以德化民，又汉代之循良也。今国家偃武修文，广厉士子以通经学古，而科目之士亦将学而后入政，则是集行世，其亦昌明文运，造就人才之一助乎？

玄公以序见属，末学何能赞一辞。顾以夙仰先生，既欣睹全集之流播海内，加惠后学，而玄公亦工诗古文，能世其家学，又喜先生之有后也。故不辞而为之书。

康熙癸丑仲春，文林郎知昆山县事上谷后学董正位题。

（《四部丛刊》影印清康熙十四年刊本《震川先生集》卷首）

徐乾学《重刻〈震川先生全集〉序》

归子玄恭刻其曾大父太仆公集，未就若干卷而卒。余偕诸君子及其从子安蜀续成之，计四十卷。

初太仆集一刻于吾昆山，一刻于常熟，二本不无异同，亦多纰缪。玄恭惧久而失传也，乃取家藏抄本与钱宗伯较雠次第之，编定四十卷。然后讹者以订，缺者以完，好古者得以取正焉。

太仆之文，宗伯论之详矣。然宗伯恶夫稗贩剽贼、掇拾涂泽之流，而余独谓夫文章之递变，非一世之积也。宋之推经术者，惟曾南丰氏，然以较于程、朱之旨，不侔矣。南渡后，诸儒之说盛行，于是学者莫不拟之而后言，随其所见之分量浅深大小以发之于文，则莫不有所合。自南宋历元，以及于明之初年，其所称大儒之文皆是也。然至其风格薾萎，益颓而为老生学究之习，若是者虽大儒不免也。负才者思有以易之而不得其说，则不难一切抹杀理学之绪言，反而求之秦、汉以上。虚气浮响，杂然并作，至欲远驾于古之作者。夫天下岂有离理而可以为文者哉！故文之病而几至于亡者，亦相习而相矫以然也。

太仆少得传于魏庄渠先生之门，授经安亭之上。其言深以时之讲道标榜者为非。至所论文，则独推太史公为不可及。尝自谓得其神于二千余年之上，而与世之摹拟形似者异趋。故余谓文至太仆，始称复古。非太仆而言文者，明中叶之病于剽窃者也。由明初以溯之宋、元以前之文，其不为剽窃而犹未尽乎文之极致者，时代压之，风格薾萎者是也。欲知太仆之文，必合前后作者而观之，则文章之变尽此矣。太仆久困公车，屏居绝迹，淹综百代，始成一家之言。其曾孙玄恭负盛才，既穷且老，日抱其遗书而号于同人，醵金而刻之。垂竣身没，不见其成。此予之叹夫文之难如此，其传之难又如此，后之读者宜如何其爱惜之也。

康熙十四年乙卯春三月，同里后学徐乾学谨序。

（《四部丛刊》影印清康熙十四年刊本《震川先生集》卷首）

归庄《书先太仆全集后》

先太仆府君文集，凡三刻矣。始府君之门人王子敬，为令闽之建宁，刻于闽中，文既无多，流传亦少。先伯祖某刻于昆山，其人不知文而自用，擅自去取，止刻三百五十余篇，又妄加删改，府君见梦于梓人，梓人以为言，乃止。故今书、序二体中，往往有与藏本异者。其后宗人道传又刻于虞山，篇数与昆山本相埒，文则昆山本所无者百有余篇，然颇多错误。诸刻既未备，又非善本，先君子常恫于怀，取所藏原本，考较是正，又虑有缺遗，命庄假馆虞山，从先师钱牧斋宗伯借藏本，录其所无者，合得八百余首，箧而藏之。语庄兄弟曰："汝曾祖文章，可继唐宋八家，顾不尽流传于世。吾欲以诸刻本与未刻者合而锓之，今穷老无力，他日汝辈事也。"庄谨志之，不敢忘。

今先君捐馆，两昆殉难，二十余年，室家破散，孤穷困踣，开箧披先世著述，辄呜咽不能读；念至，则涕汗交流，不可以为人。尝谋之虞山族叔比部君裔兴，比部慨然任其事，因以府君全集质之牧斋先生，先生先是已序府君之文，载《初学集》中，至是更加排缵，选定四十卷，自尺牍古今诗之外，计五百九十六篇。重作一序，并定凡例，庄于是考较加详。比部已梓三十余篇，会病卒。

嗟乎！韩退之文起八代之衰，一时宗仰之者半，非笑之者半。后二百余年，得欧阳永叔而始大显。府君之文，一时虽压于异趋，而盛名著至于今，未及百年，而世无不推崇之，比于欧、曾，方之昔贤，不为不幸矣。然韩公之文，世未尝无之，但五代之乱不尚文，宋初又尚杨、刘之习，故不知贵重耳。未有世皆知尊仰，而文反不流传如府君者也。亡友南昌王于一尝语庄曰："吾在江西，欲观君家太仆文，遍求不可得。"前年黄州顾赤方亦言，楚中士大夫多知震川先生之名，而无由见其文集。江楚至吴中，仅二千余里，已不能流传到彼，则远者可知矣。

夫文章者，天地之菁英，古今之宝藏也。一代之士，得与于此者，不过数人。土既毕一生之聪明、思虑、才气以收其菁英，获其宝藏，必欲宣昭发扬，以见于世，不甘没没也。天下之士既爱慕其人之文章，亦思掇其菁英以自饰，袭其宝藏以自润，秘而不与，亦复何取？天既笃生其人，阨其遇，老其才，使之专力一心于文章，以持天下之文运，以造天下之文才，亦必不愿以其菁英、宝藏私于一己也。今文章如太仆府君，而后之人不使之流传，不能承父之志，扬祖之美，以副当世之士宗仰爱慕之心，而上答天生人才之意，岂惟得罪于先公，抑亦得罪于当世之土，得罪于天矣。顾庄自知负罪，而壁立磬悬，无可如何，惟有朝夕向家祠叩头长跪，冀冥漠之哀宥。又自念老而无子，孑独一身，而近日风波，几不免祸，脱不幸溘先朝露，则此书更谁托哉？此其尤痛心疾首，而不能一刻宽者也。既力不能付梓，且多留副本于世，及人有借抄者与之，仍刻期见还，此亦不得已之思也。若合锓以流传，不知当在何时。则庄之可告无罪于先世，于天、于当世之士，亦不知在何时？呜呼，可哀也已！丁未四月既望，曾孙庄谨书。

（《归庄集》卷四，上海古籍出版社 1984 年版）

戴名世《书〈归震川文集〉后》

余从事于古文有年矣，虽不能为古人之文，而窃知之不同于众人。最后得归震川之书，有惬于心，余好之。或有问余，震川佳处何在？余心口之间拟议良久，竟不能言其然。呜呼，此震川之所以为震川，而余知之为独深也欤！

震川好《史记》，自谓得子长之神。夫子长之神即班固且不能知，吾观《汉书》，其于子长文字删削处，皆失子长旨，而后之学《史记》者，句句而摹之，字字而拟之，岂复有《史记》乎？震川独得其神于百世之下，以自奋于江海之滨。当是时，王、李声名震动天下，震川几为所压，乃久而其光益著，而是非以明，然后知伪者之势不长，而真者之精气照耀人间而不可泯没也。顾今之知震川者少，而今之为震川者，其孤危又百倍震川，以俟后之为震川者知耳。

（王树民编校《戴名世集》卷十五，中华书局 1986 年版）

方苞《书〈归震川文集〉后》

昔吾友王昆绳目震川文为肤庸，而张彝叹则曰："是直破八家之樊，而据司马氏之奥矣。"二君皆知言者，盖各有见而特未尽也。震川之文，乡曲应酬者十六七，而又徇请者之意，袭常缀琐，虽欲大远于俗言，其道无由。其发于亲旧及人微而语无忌者，盖多近古之文。至事关天属，其尤善者，不俟修饰，而情辞并得，使览者恻然有隐。其气韵盖得之子长，故能取法于欧、曾，而少更其形貌耳。

孔子于《艮》五爻辞，释之曰："言有序。"《家人》之《象》，系之曰："言有物。"凡文之愈久而传，未有越此者也。震川之文于所谓有序者，盖庶几矣，而有物者，则寡焉。又其辞号雅洁，仍有近俚而伤于繁者。岂于时文既竭其心力，故不能两而精与？抑所学专主于为文，故其文亦至是而止焉？此自汉以前之书所以有驳有纯，而要非后世文士所能及也。

（刘季高校点《方苞集》卷五，上海古籍出版社 1983 年版）

黄宗羲《〈明文案〉序上》

某自戊申以来即为明文之选，中间作辍不一，然于诸家文集搜择亦已过半，至乙卯七月，《文案》成，得二百七十卷。而叹有明之文莫盛于国初，再盛于嘉靖，三盛于崇祯。国初之盛，当大乱之后，士皆无意于功名，埋身读书，而光芒卒不可掩；嘉靖之盛，二三君子振起于时风众势之中，而巨子哓哓之口舌，适足以为其华阴之赤土；崇祯之盛，王、李之珠盘已坠，邾、莒不朝，士之通经学古者耳目无所障蔽，反得以理既往之绪言，此三盛之由也。某尝标其中十人为甲案，然较之唐之韩、杜，宋之欧、苏，金之遗山，元之牧庵、道园，尚有所未逮。盖以一章一体论之，则有明未尝无韩、杜、欧、苏、遗山、牧庵、道园之文；若成就以名一家，则如韩、杜、欧、苏、遗山、牧庵、道园之家，有明固未尝有其一人也。议者以震川为明文第一，似矣；试除去其叙事之作，时文境界，间或阑入，较之宋景濂尚不能及。此无他，三百年士之精神，专注于场屋之业，割其余以为古文，其不能尽如前代之盛者，无足怪也……

（沈善洪主篇《黄宗羲全集》第十册《南雷诗文集》(上)，浙江古籍出版社 1993 年版）

黄宗羲《〈明文海〉卷一二四归有光书斋铭》评语

先夫子曰：归有光字熙甫，昆山人，南京太仆寺丞。震川之文一往情深，故于冷淡之中，自然转折无穷。一味羃兀，雄健之气都无所用也。其言“为文以‘六经’为根本，迁、固、欧、曾为波澜”，圣人复起，不易斯言。今之耳食者便欲以震川为根本，愈求而愈不似矣！

（同上，第十一册《明文海评语汇辑》一卷）

朱彝尊《静志居诗话》

归有光，字熙甫，昆山人。嘉靖乙丑进士，除长兴知县，量移顺德通判，迁南京太仆寺丞。有《震川先生集》。

弇州早年评震川文，谓“如秋潦在地，有时汪洋。不则，一泻而已”。晚岁，乃作赞云：“千载有公，继韩、欧阳。予岂异趋，久而自伤。”盖悔之深矣。诗非兼擅，然犹胜七子成派。《游灵谷寺》云：“晨出东郭门，初日照我颜。春风吹习习，好鸟声绵蛮。岩阿见黄屋，登坡寻神山。半日犹山麓，十里长松间。蜿蜒芳草路，寂寞古禅关。画廊落丹雘，朱户蚀铜镮。殿起无梁迴，塔留玩珠攀。

苍鼠戏树捷，野鹿看人间。山深静者爱，日晏未知还。”（卷十三）

（人民文学出版社 1990 年版，下册）

王应奎《柳南续笔》

震川之文，钱尚书推为有明第一。而黄梨洲则云：“观《震川集》，试除去其叙事之作，时文境界，间或阑入，求之韩、欧集中无是也。”又李安溪云：“看震川古文，拖沓说去，又不明白，两三行可了者，千余言尚不了，令人气闷。”望溪方氏云：“震川之文，辞号雅洁，仍有近俚而伤于繁者。王昆绳目为肤庸，必非无所见而云然。”《明史·文苑传》云：“自有光之文出，而操觚之家，从此鲜实学，而妄谈欧、曾，亦不能无弊。”夫古文如震川，亦可以已矣，而犹不免于后人之议。甚矣，斯道之难言也。

（《柳南随笔续笔》卷四《诸家论震川古文》，中华书局 1983 年版）

袁枚《随园诗话》

或言八股文体制，出于唐人试帖，累人已甚。梅式庵曰：“不然。天欲成就一文人、一儒者，都非偶然。试观古文人如欧、苏、韩、柳，儒者如周、程、张、朱，谁非少年科甲哉？盖使之先得出身，以捐弃其俗学，而后乃有全力以攻实学。试观诸公应试之文，都不甚佳，晚年得力于学之后，方始不凡。不然，彼方终日用心于五言八韵、对策三条，岂足以传世哉？就中晚登科第者，只归熙甫一人。然古文虽工，终不脱时文气息；而且终身不能为诗，亦累于

俗学之一证。”（卷七）

（人民文学出版社 1960 年版）

王鸣盛《〈钝翁类稿〉序》

明自永、宣以下，尚台阁体；化、治以下，尚伪秦、汉，天下无真文章者数十百年。

震川归氏起于吾郡，以妙远不测之旨，发其澹宕不收之音，扫台阁之肤庸，斥伪体之恶浊，而于唐宋七大家及浙东道学体，又不相沿袭，盖文之超绝者也。七大家之文，大抵皆取正面，震川则反面、旁面、侧面，如画家烘云托月之法。画有逸品，有神品，有能品，逸品全以气韵胜，去形模，品为最高。震川之文，画之逸品也。琵琶、筝、笛，入耳喧喧，咄然而止，了无余韵。琴有泛声，乃在弦外。盐止于咸，梅止于酸，而良庖治之，恒令味溢于酸咸之外。震川之文，弦外有声，酸咸外有味者也。是故言在此而意在彼，节愈短而趣愈长。或似显而实幽，或似近而忽远，褒中带刺，欲抑先扬。一篇之中，外重旨，言中隐义，有不可以遽测者焉。

（张传元、余梅年著《归震川年谱》附录，商务印书馆 1936 年版）

《四库全书总目》

明归有光撰。有光有《易经渊旨》，已著录。是编为其曾孙庄所订，首经解，终祭文，凡二十四体。别集首论策，终古今体诗，凡十有一体。初太仓王世贞传北地、信阳之说，以秦、汉之文倡率天下，无不靡然从风，相与剽劕古人，求附坛坫。有光独抱唐宋诸家遗集，与二三弟子讲授于荒江老屋之间，毅然与之抗衡，至诋世贞为庸妄巨子。世贞初亦抵牾，迨于晚年，乃始心折，故其题有光遗像赞曰："风行水上，涣为文章。风定波息，与水相忘。千载惟公，继韩、欧阳。余岂异趣，久而自伤。"盖所持者正，虽以世贞之高名盛气，终无以夺之。自明季以来，学者知由韩、柳、欧、苏，沿洄以溯秦、汉者，有光实有力焉，不但以制艺雄一代也。

文集旧本有二，一为其族弟道传所刻，凡二十卷，为常熟本；一为其子子祐、子宁所刻，凡三十二卷，为昆山本，去取多不相同。庄以家藏抄本互相校勘，又补人未刻之文，汇为全集，刻于国朝康熙间。前有王崇简、徐乾学二序，庄自作凡例，极言旧刻本之讹，诋斥不遗余力。然考汪琬《尧峰文集》有《与庄书》二篇，又反复论其改窜之非，至著为《归文辩诬》以攻之。是庄所辑亦未为尽善。然旧本多漏略，得庄掇拾散佚，差为完备，既别无善本，姑从而录之。有光诗格殊不见长，汪琬乃为作笺注，王士祯颇以为讥。今未见传本，殆当时众论不与，即格不行欤？

（卷一百七十二《别集》类著录《震川文集》三十集、《别集》十卷）

明归有光撰。有光有《易经渊旨》已著录。是编为其子子祐、子宁所辑，前有万历三年周诗序，所谓昆山本者是也。其中漏略尚多，故其曾孙庄又裒辑为四十卷，而有光之文始全。相传子宁改窜父书，有光见梦于贾人童姓，其事虽不足信，而字句之讹舛，诚有如庄所指摘者。末载《行述》一篇，子祐所作；又《序略》一篇，子宁所作也。

（卷一百七十八《别集》类存目著录《震川文集》初本三十二卷，中华书局 1965 年影印浙江杭州本）

章学诚《文史通义》内篇三《文理》

偶于良宇案间，见《史记》录本，取观之，乃用五色圈点，各为段落。反覆审之，不解所谓；询之良宇，哑然失笑，以谓己亦厌观之矣。其书云出前明归震川氏，五色标识，各为义例，不相混乱。若者为全篇结构，若者为逐段精彩，若者为意度波澜，若者为精神气魄，以例分类，便于拳服揣摩，号为古文秘传。前辈言古文者，所为珍重授受，而不轻以示人者也。又云："此如五祖传灯，灵素受箓，由此出者，乃是正宗；不由此出，纵有非常著作，释子所讥为野狐禅也。余幼学于是，及游京师，闻见稍广，乃知文章一道，初不由此。然意其中或有一二之得，故不遽弃，非珍之也。"

余曰：文章一道，自元以前，衰而且病，尚未亡也。明人初承宋、元之遗，粗存规矩。至嘉靖、隆庆之间，晦蒙否塞，而文几绝矣。归震川氏生于是时，力不能抗王、李之徒，而心知其非，故斥凤洲以为庸妄，谓其创为秦、汉伪体，至并官名地名，而改用古称，使人不辨作何许语，故直斥之曰文理不通，非妄言也。然归氏之文，气体清矣，而按其中之所得，则亦不可强索。

故余尝书识其后，以为先生所以砥柱中流者，特以文从字顺，不汩没于流俗；而于古人所谓闳中肆外，言以声其心之所得，则未之闻尔。然亦不得不称为彼时之豪杰矣。但归氏之于制艺，则犹汉之子长、唐之退之，百世不祧之大宗也。故近代时文家之言古文者，多宗归氏。唐、宋八家之选，人几等于《五经》四子所由来矣。惟归、唐之集，其论说文字皆以《史记》为宗，而其所以得力于《史记》者，乃颇怪其不类。盖《史记》体本苍质，而司马才大，故运之以轻灵。今归、唐之所谓疏宕顿挫，其中无物，遂不免于浮滑，而开后人以描摹浅陋之习。故疑归、唐诸子，得力于《史记》者，特其皮毛，而于古人深际，未之有见。今观诸君所传五色订本，然后知归氏之所以不能至古人者，正坐此也。

（叶瑛《文史通义校注》上册，中华书局 1985 年版）

陈田《明诗纪事》

汪琬《尧峰文抄》："先生诗，往往有出入孙愐《广韵》及吴才老《韵补》者，最为古雅。"田按：熙甫五古得古人遗韵，据事敷辞，皆有关系。王阮亭笑汪钝翁注熙甫诗："人之嗜好，实有不可解者。"犹不免词人之见。

《题周冕赠任别驾卷》二首："江南列郡尽乘城，藏穴何人肯出兵。惟有使君躬擐甲，刘家港口看潮生。""东仓白昼静城闉，烟火连天豺虎嗔。忽驾回潮趋海道，传呼尽避瘦官人。"田按：此纪苏州同知任环破倭事也。史称倭患起，长吏不娴兵革。环性慷慨，独以身任之，即第一诗"惟有使君躬擐甲，刘家港口看潮生"也。朱竹垞云："任公躯瘦瘠，倭人目曰瘦官人，望而避之。"即第二诗"忽驾回潮趋海道，传呼尽避瘦官人"也。

熙甫又有《海上纪事》诗云："任公血战一生余，莲碧花娇村坞虚。义士刘平能代死，吴门今不数专诸。"史称倭犯太仓，环驰赴之，短兵接，身被三创，几殆，宰夫捍环出，死之，即义士刘平代死事也。

熙甫又有颂任公诗云："轻装白袷日提兵，万死宁能顾一生。童子皆知任别驾，岿然海上作金城。"任公以御倭擢按察佥事，进山东参政。当时皆以为赏薄，不足酬劳。厥后给事中徐师曾颂其功，诏赠光禄卿，复加赠巡抚，建祠苏州，春秋致祭。史不言赠巡抚事，疑遗漏也。

（《明诗纪事》己签卷十五，上海古籍出版社 1993 年版）

郑振铎论归有光之散文

但于散文深有所成就者，还当推归有光。有光字熙甫，昆山人，应进士不第，退居安亭江上，讲学著文二十余年，学者称曰震川先生。嘉靖四十四年始成进士，年已六十。授长兴知县。不久卒（1506—1571）。他尝序《项思尧文集》道："盖今世之所谓文者难言矣。未始为古人之学，而苟得一二妄庸人为之巨子。争附和之以诋排前人。韩文公云：'李杜文章在，光焰万丈长。不知群儿愚，那用故谤伤。蚍蜉撼大树，可笑不自量！'文章至于宋、元诸名家，其力足以追数千载之上而与之颉颃。而世直以蚍蜉撼之，可悲也！毋乃一二妄庸人为之以倡导之与？"所谓"妄庸巨子"盖指当时有大力的文坛主将王世贞。然王世贞晚年亦心服之。尝赞有光的画像道："风行水上，涣为文章。当其风止，与水相忘。千载有公，继韩欧阳。"盖有光的散文，澹远有致，虽平易而实丰腴，像《书斋铭》《项脊轩志》等都是很隽美的抒情文，为"古文"里的最高的成就。荆州、遵岩皆所不及。有光颇好《太史公书》，相传他尝为之批点（此书今传于世）；但其周纳附会的评论，却和李、王诸子所论者也未必见得相差很远，或未必确出于其手欤？

（郑振铎著《插图本中国文学史》第四册，
人民文学出版社 1957 年版）

钱穆论归有光散文

……到明代，骈文终于是没落了。而散文则更为盛大起来。明代前、后七子如王世贞、李梦阳和李攀龙等，都要力仿秦汉。但比较有价值的文学家，还是要推归有光，他是宗法唐宋的。

归有光极反对盲目模拟古人，并力斥前、后七子的文章都像是空架子，只在格调词藻方面下功夫。归则以日常生活的描写为主。他可算已抓住了极重要的一点——即是以文学来表现人生。这又回复到韩愈及宋学家们的精神了。

归有光在政治上不得意。一生过的多是平民日常的生活。他因此最擅长在家庭生活方面的描述。如《项脊轩志》《思子亭记》等。他的文字很能学《史记》，尤其是《外戚传》等。他从《史记》中领悟到写文章的诀窍。关于这点，给清代的“桐城派”影响很大。他的这种新的笔法，也可以说唐宋八家尚所没有；而给散文写法又开辟了一条新路线。所遗憾的，他的文章不能反映出当时的整个时代！这是因为他的生活环境限制了他！

（钱穆著《中国文学讲演集》，巴蜀书社 1987 年版）

钱锺书《谈艺录》补订

《弇州山人续稿》卷一百五十《吴中往哲象赞》于归震川曰：“先生于古文词，虽出之自史汉，而大较折衷于昌黎、庐陵。不事雕饰，而自有风味，超然当名家矣。”《赞》曰：“风行水上，涣为文章；当其风止，与水相忘。剪缀帖括，藻粉铺张。江左以还，极于陈梁。千载有公，继韩欧阳。余岂异趋，久而始伤。”钱牧斋《初学集》卷七十九《与唐训导汝谔论文书》、卷八十三《题归太仆文集》、《有学集》卷四十九《题宋玉叔文集》、《列朝诗集》丁集卷六又卷十二重叠引《赞》语，皆窃易“久而始伤”为“久而自伤”，以自坚其弇州“晚年定论”之说。周栎园《书影》卷一记弇州晚年幡然自悔，本牧斋所说，而引《赞》中此句，作“始伤”不误。归玄恭编《震川全集》，末附弇州《赞》及《列朝诗集》中震川传，亦作“始伤”，已据弇州原文以校正牧斋引文。而《明史·文苑传》、《四库总目》卷一百七十二《震川文集》提要均作“自伤”，则未检《弇州续稿》而为牧斋刀笔吏伎俩所欺。李元仲《寒支二集》卷一《答叶慧生书》云：“及元美末年为震川赞，乃曰：‘余岂异趣，晚而自伤。’盖伤震川之不可及也。”吕叔讷《白云草堂文抄》卷三《再复严明府书》云：“究之王李所成，不能轶出于韩欧之徒之上。晚而自伤。竟屈伏于震川之下。”蒋子潇《七经楼文抄》卷四《与田叔子论古文第二书》甚许弇州，言其非真推震川，乃“老而怀虚，自贬以扬之”，却仍谓弇州有“久而自伤”之语。近贤论著，因循不究。盖众咻传讹，耳食而成口实矣。一字之差，词气迥异。“始伤”者，方知震川之不易得，九原不作，赏音恨晚也。“自伤”者，深悔已之迷途狂走，闻道已迟，嗟怅何及也。二者毫厘千里。曰“岂异趣”者，以见已与震川，同以“史汉”为究竟归宿，特取径顿渐不同，未尝假道于韩欧耳。弇州弟敬美《王奉常集》卷五十三《艺圃撷余》云：“正如韩柳之文，何有不从左史来者。彼学而成为韩为柳，我却又从韩柳学，便落一尘矣。轻薄子遽笑韩柳非古，与夫一字一语必步趋二家者，皆非也。”足资傍参。弇州《读书后》卷四《书归熙甫文集后》须与《四部稿》卷一百二十八

《答陆汝陈》合观。陈眉公《妮古录》引弇州语，亦见《续稿》卷一百七十五《与徐宗伯书》，其书与卷一百八十一《与李仲子能茂》、卷一百八十二《与颜廷愉》，胥可阐明此《赞》。《书谱》记王逸少评书云："锺张信为绝伦。吾书比之锺张，锺当抗行，或谓过之，张草犹当雁行。"弇州晚岁虚憍气退，于震川能识异量之美，而非降心相从，亦不过如逸少之于铺张而已。何尝拊膺自嗟，低头欲拜哉。

（《谈艺录》补订本，中华书局 1984 年版）

附录（二）：归有光年表

明正德元年（1506 年）十二月二十四日，生于昆山城中宣化里（今宣化坊）。

高祖归璿在城中构堂，大学士顾鼎臣为之记。居于宣化里，数有瑞征。园中植蔷薇，春花盛开，中复结蕊作重叠楼子，周围满架，五色灿烂，群鸟千百来朝。庭有虹，起自地，故名有光。

正德二年（1507 年），2 岁。

唐顺之（字应德）生。

正德三年（1508 年），3 岁。

高祖归璿（承事公）卒。

正德四年（1509 年），4 岁。

王慎中（字道思）生。

正德五年（1510 年），5 岁。

正德六年（1511 年），6 岁。

已经能读紫阳先生书。

正德七年（1512 年），7 岁。入塾念书。

塾师为处士周寅之先生，授以《孝经》大义。

正德八年（1513 年），8 岁。

五月二十三日，母亲周孺人逝世。

正德九年（1514 年），9 岁。

外出见枯骨，瘗而铭之。赠父以示其友吴纯甫。吴纯甫曰：“故是司马子长、班孟坚一流人。”

李攀龙（字于麟）生。海瑞（字刚峰）生。

正德十年（1515 年），10 岁。

作《乞醯论》千余言。

正德十一年（1516 年），11 岁。

杨椒山生于五月十七日。

正德十二年（1517 年），12 岁。

尝自言，十一二岁，已慨然有志古人。

正德十三年（1518 年），13 岁。

正德十四年（1519 年），14 岁。

应童子试。一时之隽，无不推服先生，以为不可及。

正德十五年（1520 年），15 岁。

满之谦生。

正德十六年（1521 年），16 岁。

徐渭（字文长）生于二月四日。何大复卒于八月五日，年 39 岁。

明嘉靖元年（1522 年），17 岁。

嘉靖二年（1523 年），18 岁。

唐子畏卒于十二月二日，年 54 岁。

嘉靖三年（1524 年），19 岁。

读书项脊轩。祖母夏孺人以手阖门曰："吾家读书久不效，儿之成，则可待乎！"顷之，持一象笏至，曰："此吾祖太常公，宣德间，执此以朝天子者，他日，汝当用之。"作《项脊轩志》。

嘉靖四年（1525 年），20 岁。

应提学庐公试，以第一名补苏州府学生员。秋，应应天乡试。

"弱冠尽通六经三史，七大家之文，及濂洛关闵之说"（唐时升代明户部尚书、建极殿大学士王锡爵撰归有光墓志铭）。

嘉靖五年（1526 年），21 岁。

王世贞（字元美）生。

嘉靖六年（1527 年），22 岁。

嘉靖七年（1528 年），23 岁。

秋，应应天乡试。作《送夹江张先生序》。

原配魏孺人来归。魏孺人，光禄寺典籍魏庠之女。

嘉靖八年（1529年），24岁。

长女生。先生抱女抚爱之，每与魏孺人谈太孺人往事，辄夫妇相对泣。

唐顺之会试第一，改庶吉士。调兵部主事，引疾归。

嘉靖九年（1530年），25岁。

作《送县大夫杨候序》。

嘉靖十年（1531年），26岁。

与同学诸人结文社。时县中有南北两社同举，先生每日晨起赴南社，午后赴北社。著文于外，饮酒谈论，绰然有余裕。

著《尚书别解》，作《送吴纯甫会试序》。

秋，应应天乡试。

嘉靖十一年（1532年），27岁。

归有光古文、俞仲蔚诗歌、张子宾制艺，时称“昆山三绝”。

嘉靖十二年（1533年），28岁。

长子子孝生。冬十月庚子，魏孺人卒。

嘉靖十三年（1534年），29岁。

应应天乡试。作《送王汝康会试序》《送李廉甫北上序》。

嘉靖十四年（1535 年），30 岁。

读书昆山马鞍山下陈仲德家塾。

继配王孺人来归。

嘉靖十五年（1536 年），31 岁。

应选贡计偕进试于廷，分隶南邕。作《安亭镇揭主簿德政碑》。

嘉靖十六年（1537 年），32 岁。

南还，入南京国子监读书。秋，应应天乡试。考明堂辟邕之制。与诸生杂论礼乐。作《冠礼》《宗法》二书，有《寒花葬记》。

嘉靖十七年（1538 年），33 岁。

再入文社。时嘉定潘士英（字子实）读书马鞍山东麓野鹤亭（轩），为文社。作《野鹤亭记》等。

嘉靖十八年（1539 年），34 岁。

读书邓尉山中（今苏州吴中区），游虎丘山西崦上下诸山，观太湖七十二峰之胜。

仲子子祜生。

著《尚书叙录》成。

嘉靖十九年（1540 年），35 岁。

举应天乡试第二名。冬，计偕北行。

嘉靖二十年（1541 年），36 岁。

应礼部试。下第南还。

有《谱例论》《归氏世谱》《归氏世谱后》《杏花书屋记》《叶县丞苏君墓志铭》等。

嘉靖二十一年（1542 年），37 岁。

卜居安亭。三子子宁生。

嘉靖二十二年（1543 年），38 岁。

讲学授徒。四方来学者，多至数十百人。冬，计偕北行。

嘉靖二十三年（1544 年），39 岁。

应礼部试。下第南还。

有《张贞女死事》《张氏女子神异记》《答唐虔伯书》《与李浩卿书》等。

嘉靖二十四年（1545 年），40 岁。

连岁苦旱。王孺人治田四十亩，督僮奴垦荒莱，用牛挽车，昼夜灌水，颇以得谷。四方来学者，馆饩无弗给。

魏校卒。

嘉靖二十五年（1546 年），41 岁。

著《三吴水利录》成。冬，计偕北行。

王世贞补州学生，秋举应天乡试。

嘉靖二十六年（1547 年），42 岁。

应礼部试。下第南还。

王世贞会试中式，殿试二甲进士。杨椒山登进士。

嘉靖二十七年（1548 年），43 岁。

冬，长子子孝殇。

有《书张贞女狱事》《贞妇辩》《为善居铭》《兴化守周公存中行状》《安尹沈君墓志铭》。

王世贞授刑部主事。

嘉靖二十八年（1549 年），44 岁。

筑“思子亭”，自为文记之。冬，计偕北行。

嘉靖二十九年（1550 年），45 岁。

应礼部试。下第南还。

嘉靖三十年（1551 年），46 岁。

得宋太师秦国卫文节公西园旧石，置之庭中。

夏五月，王孺人卒。

王世贞在刑部升员外郎。杨椒山以谏马市贬狄道典史。

嘉靖三十一年（1552 年），47 岁。

继配费孺人来归。冬，计偕北行。

参与抗倭。

嘉靖三十二年（1553 年），48 岁。

应礼部试。下第南还。

嘉靖三十三年（1554 年），49 岁。

四子子骏生。夏四月，日本倭寇作，先生入城守御。作《御倭议》。有《甲寅十月纪事诗》《外舅魏光禄墓志铭》。

王世贞在刑部迁升郎中。

嘉靖三十四年（1555年），50岁。

倭寇退，返安亭。冬，计偕北行。

有《冰崖草堂赋》《安亭海上纪事颂任佥事留别安亭诸友诸诗》《真义堂记》《自生堂记》等。

董其昌生于正月十九日。

杨椒山为严嵩所害，年40。临刑赋诗曰："浩气还太虚，丹心照千古。生平未报恩，留作忠魂补。"

嘉靖三十五年（1556年），51岁。

应礼部试。下第南还。

王世贞除山东按察使司副使，备兵青州。

嘉靖三十六年（1557年），52岁。

上元节于世美堂中，以皇庆旧材作几，其铭曰："惟九经诸史，先圣贤所传，少而习焉，老而弥专，皆吾心之所固然，是以乐之不知其岁年。"

嘉靖三十七年（1558年），53岁。

冬，计偕北行。途次撰杂记一卷。

嘉靖三十八年（1559年），54岁。

应礼部试。下第南还。秋，王詹事永美邀游海上。

王慎中卒，年 50。

嘉靖三十九年（1560 年），55 岁。

秋八月，重游海上。

唐顺之卒，年 54。

嘉靖四十年（1561 年），56 岁。

夏四月大雨，至十月方霁。岁大祲。著《救灾事宜》，陈之当事。

冬，计偕北行。

有《次陆光禄端居篇韵诗》《世美堂后记》《见村楼记》等。

嘉靖四十一年（1562 年），57 岁。

应礼部试。下第南还。撰《壬戌纪行》二卷。

有《中丞李罗村行状》《可斋记》《本庵记》等。

嘉靖四十二年（1563 年），58 岁。

居忧里第。五子子慕生。

有《通参张石川墓表》《赠翰林检讨许君墓表》《与赵子举书》《张氏女贞节记》等。

嘉靖四十三年（1564 年），59 岁。

七月服阕。冬，计偕北行。

有《昆山县新仓兴造记》《保圣寺安隐堂记》《龚深甫墓志铭》等。

嘉靖四十四年（1565年），60岁。

礼部会试成进士，除授长兴县知县。

嘉靖四十五年（1566年），61岁。

到长兴任。六子子萧生。

明隆庆元年（1567年），62岁。

在长兴，充浙江乡试外帘官。五月。高拱罢官。

隆庆二年（1568年），63岁。

迁顺德府（今河北邢台）通判，入觐，南还，假归里门。

王世贞四月起为河南按察司副使，整饬大名兵备。以病固辞，不允，抵任。擢任浙江布政司左参政，分守湖州。

隆庆三年（1569年），64岁。

夏五月，赴顺德通判任。

四月王世贞抵湖州任。赵贞吉为文渊阁大学士。

高拱复入阁。

隆庆四年（1570年），65岁。

升南京太仆寺丞。作《马政志》。留掌内阁制敕房，纂修《世宗实录》。

李攀龙（于鳞）卒。

隆庆五年（1571年），66岁。

正月十三日，卒于官。

明万历三年（1575 年），葬先生于昆山城迎薰门内金潼里（今震川路）之归氏祖茔。

2015 年 12 月，《归有光全集》十卷，由上海人民出版社出版。2016 年 1 月 26 日，《归有光全集》出版研讨会在上海图书馆举行。

（根据张传元、余梅年《归震川年谱》整理，商务印书馆 1936 年版）

后 记

回想起来，我与归有光真有不解之缘。参加工作之初，一度在电信局，局址在震川路，由原金潼里归氏祖茔改建。刚结婚，局里分配的房子也在旁边。数十年间，虽然搬了几次家，却没有离开震川路太远。工作单位几经调动，也都在项脊轩旧址附近，做的大多是与编书、写书、读书、卖书相关的事。也写散文，自觉不自觉地运用归有光的方式，表达内心情感和对生活的看法。

尽管隔着500年风雨，但在以一个家乡人的身份阅读归有光、走近归有光、理解归有光的过程中，我越来越感觉到这位伟大散文家的亲切。尤其是有机会参与《归有光全集》的出版工作，在上海人民出版社和华东师范大学中文系的主导下完成这一重要工程时，我能读到他完整的著作，并且在向专家学者学习的过程中，对归有光的文化贡献更有了真切的体味，便始终心存为他写些什么的冲动。

用千古流芳或困顿沉郁这样的词句来形容归有光一生的命运，显然是失之浅薄的。这位倡导散文应走向现实生活的明代作家，在他短暂的66年的生命中，始终没有放弃过对于文化价值的追求。无论是科举应试、为官从政，还是讲课授徒、著书立说，他都以一种清醒而又积极的态度，与消磨人们意志的环境做不息的抗争。

然而，时代决定了他不能实现自己的终极目标。或者说，他孜孜以求的与最终抵达的无法统一。这就给他的人生涂抹上了一层悲剧色彩。

记得最早构思归有光的传记，还是在 1998 年的夏天。那年，长江三角洲出现了半个世纪以来从未有过的持续高温。在烈日炙烤下的居室犹如蒸笼，很难想象没有空调，如何阅读与思考。我工作的节奏不由自主地放慢了，但也恰好获得了拨开历史烟尘，凝望归有光的机会。连续两三个月，我每天沉浸在震川文章所弥漫的独特氛围中。我从他留给后人的大量著作中，看到的不仅仅是一个归有光，也不仅仅是与他同时代的许多文化人。整个明代中叶变幻起伏的世态都呈现在眼前。

文化，作为一种价值体系，在它的创生、发展历程中，总会经历波澜起伏的变化。但充满蓬勃生命力的文化，有时候毕竟是脆弱的，所以它总是希望生存在能够保证自己良性发展的环境中。从中国文化发展史中我们不难看出，在农民安居乐业、国家赋税充盈、社会安定、政治开明之际，文化繁荣的时代就必然出现在眼前。归有光十分推崇唐宋风格，他所留恋的盛唐时代，正是国家昌盛、文化繁荣的典型时代。均田制、府兵制、科举制和三教共弘政策，分别从经济、军事、教育和思想上保证了文化的蓬勃发展，演绎出盛唐文化的一派恢宏气象。

可惜归有光生不逢时。

生活在走向中衰的明嘉靖年间的归有光，也就不可能有王勃、卢照邻、李白那般雄劲明朗、自由奔放的作品。但归有光终究以自己顽强而坚韧的生命，走出了一条保持着独特个性的道路，以自己的一篇篇作品赢得读者的信赖，在中国散文史留下了难以磨灭的印痕。令人瞩目的震川文章开一代新风，影响着数百年间的文学发展，至今仍静静地散发着动人的光彩。

这正是我创作《项脊之光——归震川传》一书的缘起，也是这本书所要表述的主题。进入21世纪，当中国与世界经济和文化运行的轨道越来越接近的时候，我们更有理由思索时代的命运，思索自身的责任。在风云际会中转过身来，回望5个世纪以前的文坛情形，探究归有光与他同时代的文化人的生存状态、心路历程，从传统文化中汲取养分，对于我们今天也是不无裨益的。

近些年来，我以探寻吴文化底蕴为目标，用文学和史学相结合、哲理与情味相渗透的方式，撰写了一系列作品，包括列入国家重点出版工程中国历史文化名人传的《心同山河——顾炎武传》（作家出版社2014年版）。《项脊之光——归震川传》也是收获之一。昆山虽小，却拥有蕴藏量极其丰富的文化宝库，其包容的层面很广，只要用心去寻找，每个人都会有重要的发现。难怪，有识之士提出要建立“昆山学”、研究“昆山学”，把昆山三贤、昆曲、水乡古镇放在中国优秀传统文化的大背景下去认识，这就超越乡梓文化的范畴，赋予昆山深刻内涵和丰富外延了。

书稿最初起草于1998年中秋节前，在2000年春节期间与2001年12月，作了两次修改。后来列入《苏州历史名人丛书》，由古吴轩出版社出版，书名《归有光》。2016年春，在上海人民出版社编辑黄玉婷的鼓励下，我再次作了较大规模的补充和修改，把十几年间陆续写成的与归有光有关的文章，都糅合进去，努力使每个篇章、每个细节都能准确真实地描述、再现归有光的形象。书名则改为《项脊之光——归震川传》。同时，也借鉴、吸收了不少国内外专家学者研究归有光的最新成果。复旦大学邬国平教授寄赠了《新译归有光文选》（台湾三民书局2009年版），他对于归有光散文的注释，特别是对《寒花葬记》的校勘和发现，给了我很大的启示，在此谨致诚挚的谢意！

由于本人功力不逮，未必能将所占据的材料理解透彻、融会贯通，但至少是表达了我对归有光及其作品的理解和敬意。书稿中会有许多不如人意之处，祈请各位专家和朋友们批评指正！

陈 益

2016 年 4 月

图书在版编目(CIP)数据

项脊之光:归震川传/陈益著. —上海:上海人民出版社,2016
ISBN 978-7-208-13934-3

Ⅰ. ①项… Ⅱ. ①陈… Ⅲ. ①归有光(1507—1571)-传记 Ⅳ. ①K825.6

中国版本图书馆 CIP 数据核字(2016)第 153433 号

责任编辑 黄玉婷 范 晶
封面设计 范昊如
封面题字 陈 益

项脊之光——归震川传
陈 益 著
世 纪 出 版 集 团
上海人民出版社出版
(200001 上海福建中路 193 号 www.ewen.co)
世纪出版集团发行中心发行 上海商务联西印刷有限公司印刷
开本 890×1240 1/32 印张 9.25 插页 2 字数 218,000
2016 年 8 月第 1 版 2016 年 8 月第 1 次印刷
ISBN 978-7-208-13934-3/K·2530
定价 38.00 元